Rosi Mittermaier
Christian Neureuther

Mit Rosi und
Christian in Südtirol

Rosi Mittermaier
Christian Neureuther

Mit Rosi und Christian in Südtirol

* KULINARISCHE BEGEGNUNGEN *

Fotos von
Christjan Ladurner

Prolog
Unser Lieblingsgericht   6

Im Wolkenschloss   8
Das Becherhaus in Ridnaun

Südtiroler Apfelstrudel aus Mürbteig   16
Rosis Apfelstrudel   18

Freiluftkino, Kräutergärten & Biokost   20
Die Hühnerspielhütte bei Gossensaß

Rote-Bete-Spatzln mit Bergkäse   30
Rosis Blaubeerdatschi   30

Wo die Welt noch in Ordnung ist   32
Das Gasthaus Lazins in Pfelders

Ziegenfrischkäse mit selbstgebackenem Roggenbrot   40
Rosis Obazda   41

Wie die alten Rittersleut   42
Burg Taufers im Ahrntal

Pressknödel mit Ahrntaler Graukäse   50
Rosis Pressknödel mit Varianten   50

Die Schmuggler-Alm   52
Die Tolder Hütte im Gsieser Tal

Rindsgulasch mit Speckknödeln   62
Speck-Kopfsalat   63
Rosis Breznknödel   63

In den weißen Bergen   64
Die Rossalm bei Prags

Schweinsbraten mit Kartoffeln und gedünstetem Weißkraut   74
Rosis Kartoffelsalat   75

Gastlichkeit im Bauhausstil   76
Das Briol bei Barbian

Brioler Topfennocken mit Bergkräutern   86
Rosis Steinpilze   86

Fast schon kitschig   88
Die Adler Mountain Lodge auf der Seiser Alm

Ladinische Bohnensuppe mit Knödeln   98
Rosis Fleischsuppe   99

Es klappert die Mühle   100
Der Hofschank zur Malenger Mühle in Seis

Schlutzkrapfen   108
Rosis Reiberdatschi   109

Erlebnisküche mit Herzblut   110
Bad Schörgau im Sarntal

Marinierte Bachforelle mit eingeweckter Roter Bete   117
Karamellisierter Kaiserschmarrn mit glasierten Apfelperlen   118
Rosis „Arme-Leute-Schmarrn"   119

Ein Bauernhof zum Lernen 120
Der Untertrotnerhof am Ritten

Südtiroler Krapfen	126
Rosis Bayerische Creme	130
Rosis Hollermus	130

Im Einklang mit der Natur 132
Der Petersberger Leger bei Deutschnofen

Gemüsegröstl mit Kräuterpesto	142
Rosis Ingwer-Ananas-Smoothie	143
Rosis Rote-Herzen-für-die-Liebe-Smoothie	143

Im Land der Reben 144
Der Brunnenhof in Mazzon

Polenta	152
Rosis Biersuppe	152

Weiße Welt 154
Der Laaser Marmorbruch

Saure Suppe	164
Marillenknödel	164
Rosis Dampfnudeln	166
Rosis Apfelmus	167
Rosis Vanillesoße	167

Zwischen gestern und heute 168
Der Tisenhof im Schnalstal

Schnalser Schneemilch	176
Rosis Wildgulasch	177
Rosis Kartoffelknödel halb und halb	178

Genuss am Gletscher 180
Die Schöne Aussicht am Schnalser Gletscher

„Schworzplentene" Knödel	192
Rosis Speck-Krautsalat	192

Dem Ursprung entgegen 194
Die Vordere Flatschbergalm im Ultental

Südtiroler „Muas"	204
Rosis Reisauflauf mit Äpfeln	206
Rosis Johi-Gelee	207

Die Hütten-WG 208
Die Griap auf Meran 2000

Schöpsernes Bauernbratl mit Kartoffeln	218
Rosis ausgezogene Schmalznudeln	219

Die Kunst des Kochens 220
Die Miil in Tscherms

Basilikumravioli	230
Rosis Schwarzwurzelsuppe	231

Epilog 232
Taubenwald in Vöran

Leberspatzl-Suppe	240
Krautwickel	241
Rosis Fleischpflanzl	242

Rezeptverzeichnis	244
Glossar	245

Prolog
Unser Lieblingsgericht

Der eine oder andere wird sich fragen: Warum machen zwei Oberbayern ein Buch über Südtirol? Darauf antworte ich mit einer Gegenfrage: Warum nicht? Schließlich unterscheidet uns kulturell und sprachlich gar nicht so viel, geschichtlich betrachtet sind wir vom selben Schlag. Unsere Berge hängen zusammen, wir steigen gerne darauf herum und fahren fast noch lieber mit den Skiern von ihnen herunter. Rosis und mein Vater haben beide im Krieg in Südtirol gedient und trotz einer schrecklichen Zeit die wunderschönsten Geschichten mitgebracht. Zusätzlich haben beide den Rotweinabsatz wesentlich mitgefördert und uns neben vielen anderen Eigenschaften auch die Liebe zum Kulinarischen in die Wiege gelegt.

Es ist gar nicht so weit nach Südtirol, nur ein Katzensprung. Sobald man vom raueren Norden über den Brenner in den wärmeren Süden gekommen ist, möchte man jedes Tal, jeden Berg, jeden Winkel und vor allen Dingen möglichst viele Menschen kennenlernen. Aber wie schafft man das? Vor Jahren waren wir für ein anderes Buchprojekt in Südtirol unterwegs, auf der Suche nach speziellen Orten, die einem Kraft und Stärke vermitteln. Es blieb nicht bei diesen Orten, wir hatten das Glück, dabei einen Menschen zu treffen, der selber zur Entdeckung wurde: Christjan Ladurner. Bergführer, Fotograf, Heliguide – und durch und durch unkonventionell. In Südtirol kennt man ihn schon, er hat wunderbare Bücher veröffentlicht und mit Reinhold Messner den „König Ortler" fotografiert. Wir mussten uns einfach treffen und haben uns ohne viel zu reden verstanden. Keiner kennt seine Südtiroler Heimat und seine Berge besser als Christjan. Und er stößt mit seinem fotografischen Auge in Bereiche vor, die einem „normalen" Menschen unerschlossen bleiben. Das touristische Südtirol kennen Rosi und ich schon, er aber konnte uns ein Südtirol zeigen, das weit weg von Apfelblüte und Törggelen liegt, und von den Orten, die sich mit allerlei Superlativen rühmen. Er hat uns gezeigt, wo das Herz dieses Landes schlägt: bei den Menschen.

Rosi ist eine wunderbare Köchin. Wenn Gäste bei uns einkehren, wird gekocht, zusammengesessen und gegessen. Rosi bringt immer etwas auf den Tisch und sobald der Tisch gedeckt ist, öffnen sich die Seelen. Diese Augenblicke wollten wir erleben – aber eben nicht zu Hause, sondern bei unseren Gastgebern, die bereit waren, ihre Küchentür zu öffnen und sich mit Rosi an den Herd zu stellen. Und, ganz ehrlich: Der Hintergedanke, dass Rosi dabei auch ein paar Südtiroler Gerichte lernen würde, spielte auch eine Rolle, warum ich mich so auf dieses Projekt gefreut habe.

Es war also angerichtet: Wir hatten einen grandiosen Fotografen, und mit Rosi habe ich eine Frau an meiner Seite, von der ich mir vorstellen konnte, dass sie so manche sperrige Türe leichter öffnen würde. Was aber sollte ich dabei? Ich bin kein guter Koch, aber ich habe schon meine Stärken. Ich kann Wasser richtig gut heiß machen und bin auch ein guter Chauffeur. Ich habe also der Rosi und dem Christjan versprochen, dass ich mich ganz brav ins Eck verkrümeln würde, keine laienhaften Fragen zum Kochen oder Fotografieren stellen würde, dass ich dafür aber eifrig mitschreiben und zumindest beim Essen und Trinken eine gute Figur abgeben würde.

So ist dieses Buch entstanden. Drei Jahre lang waren wir immer wieder gemeinsam unterwegs und die Zeit ist wie der Wasserdampf im Kochtopf nur so verflogen. Jeder Besuch und jede Kochstunde waren für uns eine Bereicherung. Unsere Gastgeber haben uns hineinblicken lassen in ihre Welt, wir durften einander kennenlernen, haben uns ausgetauscht und unsere Lebensgeschichten, unsere Freude an der Begegnung und, nicht zuletzt, unsere Rezepte geteilt. Wir danken unserem Fotografen Christjan Ladurner und unserem Verlag für die Möglichkeit, dieses Buch umzusetzen: Es ist unser Lieblingsgericht. Guten Appetit!

Christian Neureuther

Warum machen zwei Oberbayern ein Buch über Südtirol?
———

Im Wolkenschloss

Das Becherhaus in Ridnaun

Do miass mer aui

Wir haben ja mit unserem Fotografen Christjan Ladurner einen äußerst erfahrenen Bergführer an der Seite. Eines Tages fragt er uns, ob wir uns vorstellen könnten, mit ihm das Becherhaus zu packen. Hey, Freund, denke ich mir, das kann ja wohl nicht wahr sein, „Häuser" packen wir immer.

Wir sind dann hinter Sterzing rechts rein ins Ridnauntal bis zum ehemaligen Bergwerk Schneeberg. „Becherhaus" steht da auf dem Schild: „6 h 10'". Hoppala, das scheint doch eine größere Tour zu werden. Es ist ein heißer Augusttag. Bis zur Grohmannhütte geht's noch recht gemütlich, doch danach schwingt sich der Steig steil hinauf zur Teplitzer Hütte. Drei Stunden Aufstieg liegen schon hinter uns, doch erst ganz fern am Horizont oben auf einem Grat sehen wir eine kantige Erhebung, wie so eine kleine Zündholzschachtel. „Do miass mer aui", sagte der Christjan.

Das Gelände wird nun immer alpiner, rechts von uns streckt sich eine riesige Gletscherzunge Richtung Tal und aus dem grauen Eis und den Schneefeldern sprudeln überall Wasserbäche heraus, stürzen zu Tal oder bilden eisblaue Gletscherseen. „Das ist der Rest vom größten Gletscher Südtirols, dem Übeltalferner", erklärt uns Christjan. „Schaut euch links und rechts die glatt geschliffenen Felsen an, die hat das Eis blank gerieben und die Steine unten im Tal zu riesigen Geröllhaufen aufgeschüttet. Jetzt wisst ihr, welche gigantische Dimension dieser Gletscher einmal hatte. Dramatischer kann man den Klimawandel nicht vor Augen geführt bekommen."

Ein mulmiges Gefühl befällt mich, bei aller Schönheit der Berge rund um uns herum. Irgendwie habe ich das Gefühl, auf ein Skelett zu blicken, dessen Untergang wir mitzuverantworten haben. Wenn man sich auf alten Bildern anschaut, wie dick das Eis früher war und wie weit es ins Tal hinabreichte, dann wird es einem Angst und Bange um die Zukunft unserer Berge – unseres Lebensraums.

Der Weg wird steiler und anstrengender, wir spüren die fünf Stunden Aufstieg, die wir hinter uns haben, doch vor uns liegt noch die letzte wirklich steile Passage, eine leichte, gut gesicherte Kletterei und die Lust darauf treibt uns nochmals an.

Endlich, nach sechs Stunden sind wir oben – im Wolkenschloss der Stubaier Alpen. Die Hütte taucht urplötzlich wie ein großes Vogelnest, das auf dem Gipfelfelsen thront, vor uns auf. Sie liegt auf unglaublichen 3.195 Metern und ist damit die höchstgelegene Schutzhütte Südtirols. Sie ist umzingelt von so bekannten Gipfeln wie dem Wilden Freiger, dem Zuckerhütl, der Sonklarspitze oder dem Botzer.

Der Wirt Erich Pichler und seine Frau Andrea empfangen uns gemeinsam mit ihren beiden kleinen Töchtern

Emma und Leonie und dem obligatorischen „Schnapsl". Erich kommt aus dem Passeiertal, Andrea aus dem Pitztal – hier oben, über ihren Tälern, strahlen uns Menschen an, denen man anmerkt, dass sie in einem extrem fordernden Leben ihre Berufung gefunden haben. Da schlägt einem das Herz noch höher. Erich ist gelernter Koch und Berg- und Skiführer. Früher hat er im Winter in Sölden im Skigebiet gearbeitet, wollte aber immer schon eine Schutzhütte pachten, als neue Lebensbestimmung. Als ihm das Becherhaus angeboten wurde, wusste er, was er wollte: „Das und kein anderes!"

Die beiden Mädchen springen draußen auf den Felsen wie die Gämsen herum, während uns Erich und Andrea in die Hütte holen. Ich kann gar nicht hinschauen, rundherum geht es Hunderte Meter runter. Aber Emma und Leonie bewegen sich völlig unbeschwert, wie andere Kinder auf dem Schulweg. Auch wenn sie erst acht und zehn Jahre alt sind, sie kennen den Berg, die Gefahren und auch die Grenzen. Das haben ihnen die Eltern beigebracht.

Das Leben hier oben ist hart. Erich erzählt uns, dass er letztes Jahr wegen des schlechten Wetters drei Wochen fast ohne einen Gast heroben gesessen sei, wenn es aber schön sei wie heute, dann sei es Stress pur. Morgens, mittags, abends ist die Hütte voll mit hungrigen Bergsteigern, dazu müssen die Zimmer gemacht, die Wege gesichert, die Seile kontrolliert und die Markierungen in Schuss gehalten werden. Die Lebensmittelversorgung muss organisiert werden – und der Hubschrauber ist teuer. Ohne Passion geht hier nichts und erst recht nicht ohne eine Frau, die ihn mit Herz und Hand unterstützt.

Das Matratzenlager ist spartanisch eingerichtet und bietet Platz für 100 Bergsteiger, Rosi und ich dürfen im Sissi-Zimmer übernachten. Im Haus befindet sich eine kleine Kapelle, das höchstgelegene Marienheiligtum der Alpen, und an einer Wand hängt ein Marmorrelief mit Sissis Konterfei, 80 Kilogramm schwer. Wir erfahren, dass das Becherhaus früher Kaiserin-Elisabeth-Schutzhaus hieß, denn es war Kaiser Franz Joseph, der den Bau auf Wunsch von seiner Sissi genehmigte. Die Kaiserin hatte sogar schon einen Besuch geplant – ich vermute, man hätte sie wie Baumaterial heraufbringen müssen. Doch daraus wurde leider nichts. Sie starb wenige Wochen vor dem Besuch durch die Hand eines Attentäters.

Wie die Hütte auf den Gipfel kam

Wie haben die das damals nur geschafft? Ohne Hubschrauber! Trotz Wind und Schneestürmen errichteten die Arbeiter die Hütte in nur sechs Monaten. Im März 1894 begann die Bauphase. Für den Transport der insgesamt 25 Tonnen Baumaterial verwendete man bis zum Aglsboden große Pferdeschlitten, die auf gefrorenem Firn gut vorankamen. Vom Erztransport im benachbarten Lazzacher Tal hatte man sich für den weiteren Weg die Bremsbahnen abgeschaut, bei denen mit einem Gegengewicht aus Wasser und Steinen ein Transportgut hochgezogen oder abgelassen wurde. Das letzte Stück aber, den Becherfelsen selbst, musste das Material eigenhändig über den Felssteig getragen werden. Am Abend des 16. August 1894 fand die Eröffnung statt – und pünktlich zur mitternächtlichen Stunde konnte man noch auf den Geburtstag des Kaisers anstoßen.

Das Leben hier oben ist hart

Südtiroler Apfelstrudel aus Mürbteig

Zutaten für den Mürbteig

200 g Butter
100 g Zucker
1 Ei
300 g Mehl
1 Prise Salz

Zutaten für die Fülle

7 Äpfel
50 g Zucker
50 g Semmelbrösel, in etwas Butter geröstet
40 g Sultaninen
20 g Pignoli
2 EL Rum
1 Pkg. Vanillezucker
1 Msp. Zimt
1 Msp. Zitronenschale, gerieben

1 Eigelb zum Bestreichen
1 EL Staubzucker zum Bestreuen

Zubereitung

1 Für den Mürbteig die kalte Butter klein schneiden und mit dem Zucker und dem Ei verkneten, entweder mit den Knethaken des Handrührgerätes oder mit möglichst kalten Händen. **2** Das Mehl und eine Prise Salz über das Buttergemisch sieben und mit kalten Händen alles rasch zu einem glatten Teig verkneten. Vorsicht: Zu langes Kneten lässt den Teig brüchig werden. **3** Den Teig zu einem Ziegel formen, in Folie einwickeln und mindestens 30 Minuten, besser noch eine Stunde, im Kühlschrank ruhen lassen. **4** Die Äpfel schälen und entkernen, dann in kleine Scheiben schneiden und mit Zucker, Semmelbröseln, Sultaninen, Pignoli, Rum, Vanillezucker, Zimt und Zitronenschale mischen. **5** Den Teig auf einer bemehlten Arbeitsfläche ausrollen, zwei Längsstreifen vom Teig abschneiden und zum Verzieren bereitstellen. **6** Den ausgerollten Teig auf ein eingefettetes oder mit Backpapier ausgelegtes Backblech legen. **7** Die Apfelfüllung verteilen und den Teig von beiden Seiten zuklappen, dadurch hat mehr Fülle Platz. **8** Das Eigelb verquirlen und den Strudel damit bestreichen. **9** Mit den Teigstreifen ein Rautenmuster auf den Strudel legen und im vorgeheizten Backofen bei 180 °C Ober- und Unterhitze oder 160 °C Umluft ca. 35 Minuten backen. **10** Mit Staubzucker bestreuen.

Tipp: Zum Apfelstrudel können Sie Vanillesoße (siehe Seite 167) oder geschlagene Sahne servieren.

Ich vermute, für einen Koch gibt es nichts Schöneres, als für hungrige Bergsteiger zu kochen, denn auf über 3.000 Metern bekommen wir ein Drei-Gänge-Menu, das einfach genial ist. Erich ruft uns in die Küche und sagt: „Ich freu mich so über euren Besuch, drum mach ich euch jetzt noch meinen Südtiroler Apfelstrudel." In der engen Küche herrscht Hochbetrieb, das ganze Geschirr und Besteck der Gäste muss abgewaschen werden. Das Einzige, was ich tun kann, ist beim Abtrocknen zu helfen. Es ist ein gutes Gefühl, etwas Nützliches beitragen zu können. Die Rosi schaut Erich und Andrea neugierig über die Schultern, denn sie machen den Strudel anders, als sie es aus Bayern kennt. Der Teig wird nicht eingerollt, sondern nur einmal umgeklappt. So haben mehr Äpfel Platz – und davon gibt es in Südtirol ja mehr als genug.

Rosis Apfelstrudel

Zutaten für den Teig

200 g Mehl

1 Ei

1 Prise Salz

2 EL Öl

50 ml Wasser, lauwarm

Zutaten für die Fülle

5 Äpfel

1 EL Zitronensaft

1 EL Schnaps

80 g Zucker

100 g Butter

125 ml Milch

1 EL Staubzucker zum Bestreuen

Zubereitung

1 Das Mehl auf die Arbeitsfläche sieben, einen Kegel anhäufen, oben eine Mulde machen, in die Mulde kommen Ei, Salz und Öl. Alles mit einer Gabel verrühren. **2** Mit der anderen Hand langsam das Wasser zugießen, die Mulde immer größer verrühren, bis der Teig die richtige Konsistenz hat. **3** Dann mit beiden Händen kräftig durchkneten, bis der Teig glatt und geschmeidig ist. Zu einer Kugel formen und mit Öl bestreichen. **4** 30 Minuten rasten lassen. **5** In der Zwischenzeit die Äpfel schälen, entkernen, feinblättrig schneiden, mit Zitronensaft und einem guten Schnaps beträufeln. **6** Auf einem bemehlten Tuch auf einem Tisch den Teig mit dem Nudelholz austreiben, mit beiden Handrücken von der Mitte nach allen Seiten hin weiter ausziehen bis er papierdünn ist, aber nicht reißt. **7** Ca. ein Drittel des Teiges mit zerlassener, lauwarmer Butter bestreichen. **8** Die anderen zwei Drittel mit den geschnittenen Äpfeln belegen und Zucker darüberstreuen. **9** Nun wird der Strudel durch Anheben des Tuches eng aufgerollt, bei der Seite mit der Fülle beginnend, sodass die zuvor aufgetragene Butter den Strudel am Ende zuklebt. **10** Eine Reine mit etwas Butter ausstreichen, den Strudeln drauflegen (mithilfe des Tuches). **11** Die restliche Butter zerlassen, den Strudel damit bestreichen und ca. 40 Minuten bei 180 °C Ober- und Unterhitze backen. **12** Wenn er leicht gebräunt ist, noch eine Tasse Milch drüberträufeln und noch 5 Minuten fertig backen, bis die Milch verdampft ist. **13** Mit Staubzucker bestreuen und noch warm servieren.

Es wird gesungen und gelacht

Bei Rosis Teig ist das viel mühsamer. Während Andrea, Rosi und die beiden Mädchen Äpfel schälen und die „Weimerlen" verstreuen, unterhalte ich mich mit Erich über die guten alten Zeiten in Sölden, woran wir beide viele Erinnerungen haben. Sölden war ja über Jahre das Trainingszentrum von Rosi und mir. Gleichzeitig beobachte ich, mit welcher Begeisterung Emma und Leonie beim Strudel mithelfen und auch ihren Teil zum „Überleben" auf der Hütte beitragen. Nirgendwo als am Berg lernt man besser, dass man aufeinander angewiesen ist und sich gegenseitig hilft. Bei Andrea und Erich wird das vorgelebt und nicht anerzogen. Eine bessere Lebensschule gibt es nicht.

Im ersten Moment könnte man glauben, so eine Kindheit auf einer Hütte wäre eintönig, denn zum Spielen gibt's eigentlich nur die Hütte. Doch das Gegenteil ist der Fall. Jeden Tag kommen neue, interessante Menschen zur Tür herein und erzählen von spannenden Erlebnissen am Berg. Da passiert immer etwas Aufregendes oder auch Tragisches. Die Gäste haben Zeit und freuen sich, mit den Kindern Mühle, „Mensch ärgere dich nicht" oder Canasta zu spielen. Es wird gesungen und gelacht. Alle sind hier eine große Familie und alle werden gleich behandelt. Da bekommt auch jeder nur ein kleines Stück von dem Apfelstrudel und am nächsten Morgen ist das Gletscherwasser, mit dem wir uns das Gesicht waschen, für alle gleich kalt. Und so schnell munter wie bei dem eiskalten Wasser wird man nach einer Nacht mit wenig Schlaf wohl sein ganzes Leben nicht mehr.

Freiluftkino, Kräutergärten und Biokost

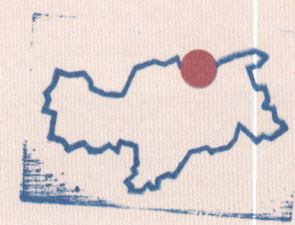

Die Hühnerspielhütte bei Gossensaß

Die kälteste Liftfahrt meines Lebens

Wenn man vom Brenner runter nach Sterzing fährt, dann fiel einem früher immer so ein einzelner Sessellift auf, der links den steilen Hang hinaufführte. Ich erinnere mich deshalb so gut an ihn, weil ich damit die kälteste Liftfahrt meines Lebens verbinde. Ich war damals ungefähr 14 und bin zu einem Schülerrennen nach Gossensaß aufs „Hühnerspiel" – so hieß das Skigebiet – eingeladen worden. Treffpunkt war an der Talstation des Liftes. Von unten sieht man nur dunklen, steilen Wald und erahnt nicht, dass sich oberhalb ein wunderbares, freies Gelände eröffnet. Auf jeden Fall lag der Lift in einem totalen Schattenloch, es war bitterkalt, eisiger Wind pfiff über den Pass und der Lift bewegte sich daher mit maximal 3 km/h. Stocksteif gefroren bin ich nach zwei Stationen oben ausgestiegen und anschließend im Rennen genauso stocksteif gefahren. Darum wurde es nix mit einem dieser großen Pokale, die es dort zu gewinnen gab und die bei uns Kindern die Augen leuchten ließen. So ein Erlebnis vergisst man nie. Und jedes Mal wenn ich mit der Rosi vom Brenner runterfahre, muss ich ihr diese Geschichte wieder erzählen. Die Temperaturen sinken natürlich bei jeder Erzählung noch tiefer und der Wind pfeift auch immer stärker.

Heute gibt es diesen Sessellift und das dazugehörige Skigebiet nicht mehr. Nur da, wo einst die Mittelstation war, ist tatsächlich eine Gastwirtschaft übrig geblieben, die einzigartig ist. In der Hühnerspielhütte auf immerhin 1.868 Metern Höhe ist nämlich alles bio, vom Wein bis zu den Speisen. Alle Gerichte stammen aus hauseigener Herstellung in der Tradition der Südtiroler Küche mit Zutaten aus ausgewählten regionalen Bio-Betrieben. Aufgrund meiner Vorgeschichte war klar, da wollte ich wieder hin, diesmal ohne Lift und Kälte, aber mit großer Vorfreude auf die Vergangenheit.

Die ursprüngliche Hütte wurde 1889 etwas unterhalb des heutigen Standorts gebaut. Diese älteste private Schutzhütte Südtirols war damals weit über die Landesgrenzen hinaus als Ausflugsziel bekannt. Nach den beiden Weltkriegen wurde das Skigebiet errichtet, 1991 aber wieder geschlossen. Bis dahin hatte sich dort eine Fernmeldeanlage der NATO befunden. Als der Stützpunkt aufgelöst wurde und die Liftanlagen durch das amerikanische Militär nicht mehr subventioniert wurden, musste der Betrieb des Skigebiets eingestellt werden. Ende der 1990er-Jahre wurde die Hütte dann neu eröffnet, 2006 übernahmen Brigitte und Klaus Leider die Bewirtschaftung.

Der Klaus ist eigentlich ein positiv Wahnsinniger, der schon überall auf der Welt unterwegs war und trotz aller Ideen und Visionen jetzt hier auf dieser einsamen Hütte seine Bestimmung findet. Klaus wusste, dass mit normaler Verpflegung keiner zu ihm herauf kommen würde und erkannte die Chancen. Er musste eigene Ideen entwickeln und Wege gehen, die ihn unvergleichlich und attraktiv machen würden. Er war sich sicher: Zu dieser einzigartigen Landschaft und Natur passt ein Bio-Angebot, das kompromisslos Kulinarik, Kultur mit Marketing verbinden würde, ideal. Gelingen konnte das nur mit seiner Brigitte, die mit ihrer reinen Einstellung zur Natur ihre Bestimmung im Kochen gefunden hat.

Schon am Eingang begrüßen uns die Pantoffelblumen an den Fenstern. Schöner als mit blühenden Blumen kann ein Empfang für Rosi nicht sein. Brigitte und Klaus führen uns herum, zeigen uns die original erhaltene Liftstation und setzen mich wie zum Hohn auf so einen Uraltsessel, der mich vor fast 52 Jahren beinahe zum Erfrieren gebracht hätte. Was sind wir alle nur für Weicheier geworden, denke ich mir. Heute sitzen wir in gepolsterten Achter-Sesseln mit Haube und Sitzheizung und keiner erahnt mehr, was wir früher für harte Hunde waren.

Gut, dass es jetzt in die Küche geht. Klaus ist der Mann für das Marketing, Brigitte sorgt für das leibliche Wohl. Und es funktioniert! Die Philosophie der beiden hat sich herumgesprochen, das Lokal ist gut besucht und oft geht ohne Reservierung gar nichts. „Vor allem auch Gäste mit Unverträglichkeiten kommen immer wieder gerne und sind begeistert", sagt Brigitte. Ihre Küche und die strengen Bio-Richtlinien sind bekannt geworden und finden die entsprechende Klientel. So haben sie sich ihren Platz erobert, nicht nur für ihr Restaurant, sondern auch für sich selbst. Diese Hütte ist ihr Leben.

Klaus erzählt uns von der Geschichte von Gossensaß und dem Wipptal. Nach dem Zweiten Weltkrieg haben alle gejubelt, als die Autobahn gebaut wurde. Da herrschte Goldgräberstimmung. Doch bald kam die Ernüchterung: Die Autobahn brachte keine neuen Touristen oder Gäste, im Gegenteil, sie lotste sie in rasendem Tempo am Dorf vorbei. Und irgendwann wurde auch der Lift geschlossen. Bald sprechen der Klaus und ich über alles Mögliche: den Euro, die virtuelle Welt und immer wieder Marketing. In der Zeit, in der Brigitte kocht, widmet er sich neuen Vermarktungsideen. Für eine Hütte auf 1.800 Metern Höhe, die nur zu Fuß erreichbar ist, ist das schon eine außergewöhnliche Einstellung und Umsetzung. Doch der Erfolg gibt ihm recht.

Die beiden Frauen sind in die Küche verschwunden und wir hören sie freudig herumhantieren. Unsere Themen sind nicht deren Welt, Computer, Handy und Internet. Doch irgendwie spüren wir beide, die wirklich wichtigen Botschaften des Lebens werden von unseren Frauen vermittelt.

„Komm Christian", sagt Klaus. „Ich zeig dir noch schnell unser Freiluftkino." Ein Freiluftkino hier oben auf dem Berg?, wundere ich mich. Klaus schmunzelt und zeigt auf viele alte Liftsessel, die vorne am Abhang wie im Kino aufgereiht sind. Davor baut sich die unvergleichliche Leinwand unserer Berge auf. Stundenlang kann man in so einem Sessel sitzen, braucht nicht frieren, sondern verinnerlicht die Kraft dieses unvergleichlichen Bergpanoramas.

Was sind wir alle nur für Weicheier geworden

Sterzing

Wer die Brennerautobahn in Richtung Süden nimmt, passiert nicht nur den Brenner ohne stehen zu bleiben, sondern lässt meistens auch Sterzing links liegen – leider. Denn diese kleine, ehemals wichtige Handelsstadt lohnt sich für einen Abstecher. Allein das mittelalterliche Rathaus aus dem Jahr 1473 ist eines der schönsten Gebäude Südtirols. Der historische Ratssaal ist holzvertäfelt und beherbergt einen Kachelofen und einen von Albrecht Dürer entworfenen Kandelaber. Das Wahrzeichen der nur 6.700 Einwohner zählenden Stadt ist der Zwölferturm. Mit seinen 46 Metern Höhe ist er das höchste Gebäude und bildet das Tor zur pittoresken Altstadt. Hier wird alljährlich im Dezember der Sterzinger Christkindlmarkt aufgebaut.

Diese Hütte ist ihr Leben

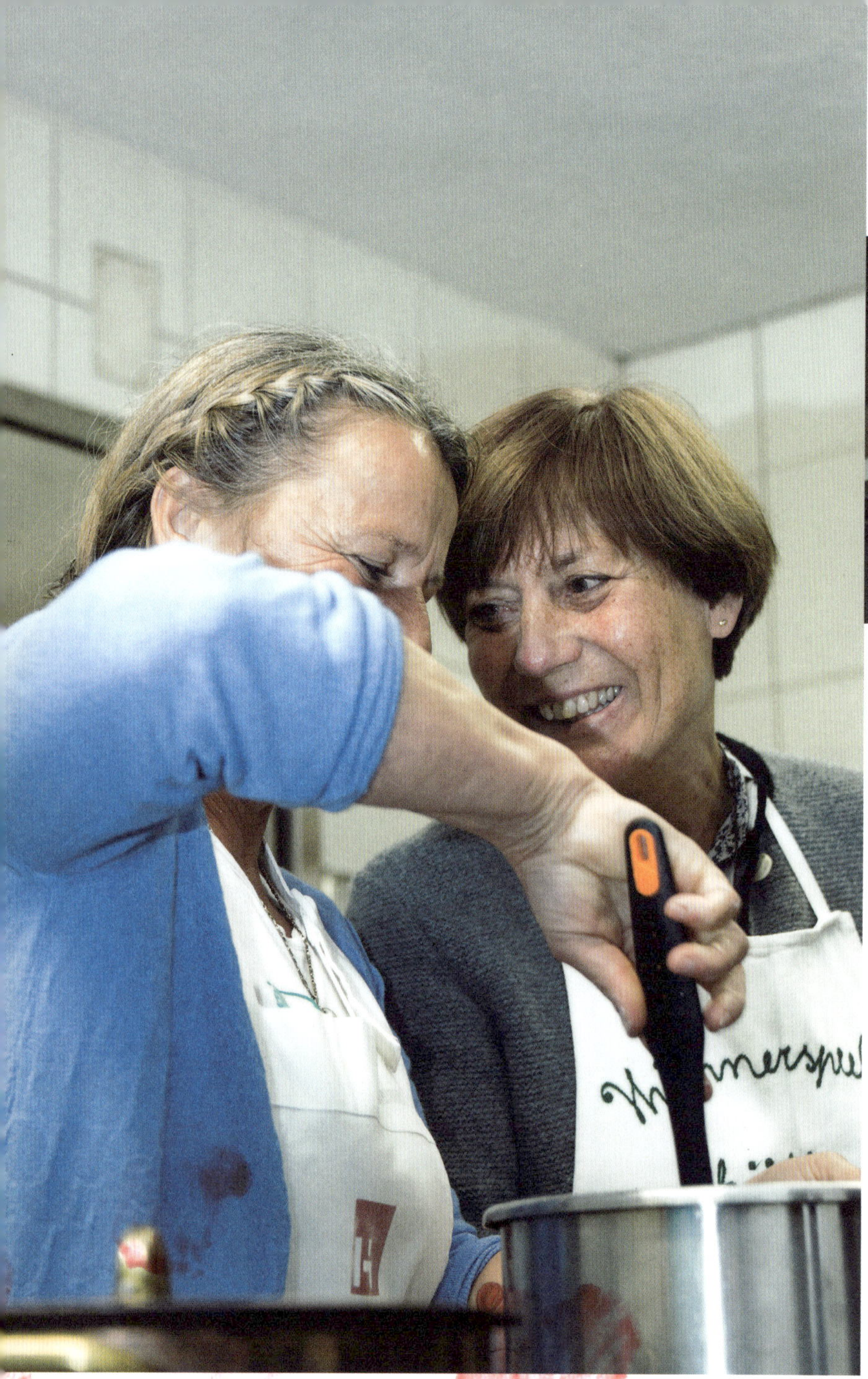

A bisserl mehr oder a bisserl weniger

Die Hühnerspielhütte ist umgeben von mehreren Kräutergärten. Alles, was Brigitte in der Küche verwendet, stammt von hier oder ist regional, aber vor allen Dingen bio. Je nach Jahreszeiten wird die Speisekarte mit saisonalen Produkten gestaltet – keine klassische Hüttenkost. Deshalb bekommen wir jahreszeitengerecht selbst geerntete „Rohnen", wie hier in Südtirol die Rote Bete genannt wird. Dazu Bergkäse aus eigener Produktion. Brigittes Motto: wenig Fett, wenig Salz, dafür viele Gewürze und die Kräuter vom Garten oder der Wiese. Frisch und hochwertig muss alles sein, das ist die Grundlage für schmackhafte und gesunde Kost.
Der Klaus hat genauso wenig Ahnung vom Kochen wie ich. Aber er versteht etwas vom Essen, von Alleinstellungsmerkmalen und von Zeitgeist und Kultur. Brigitte und er haben verstanden, dass man Essen auch spannend inszenieren und neben dem Gaumen auch die anderen Sinne ansprechen kann. Kunst, Sport und Natur kann man wunderbar miteinander verbinden, gerade am Berg. Deshalb finden in ihrer Hühnerspielhütte auch Kunst- und Fotoausstellungen statt. Es werden Theater- und Filmvorführungen gegeben, Konzerte mit echter Volksmusik angeboten, oder auch mit modernen, experimentellen Klängen.
Alles hier rund um die Hütte hat noch seinen ursprünglichen Charakter, auch die Stube hat sich in den letzten Jahrzehnten nicht viel verändert. Warum auch? Wichtig ist, dass hier gerne, gut und mit Leidenschaft gekocht wird. Auch wenn der Klaus sich beim Kochen eher zurückhält, beim Blick in die Küche spürt man die Freude des Mannes an der Technik. Es glänzt und blitzt rundherum, dass es eine Freude ist. So eine perfekt ausgestattete Küche hätte ich hier heroben nie erwartet. Viel Stahl, super Geräte und ein Gasherd, den ich auf unseren Fahrten in viel größeren Küchen gesehen habe. Ich glaube aber, die Brigitte käme auch ohne das alles gut zurecht, denn als ich sie während der Arbeit nach Rezeptangaben frage, bekomme ich meist als Antwort: „Ungefähr ein Löffelvoll." Ich kenne solche Antworten von der Rosi, da heißt es: „Ungefähr a Handvoll." Und ich merke: Eigentlich geht es nur ums Gespür, um Erfahrung und nicht um die genauen Grammangaben, die ich so gerne geliefert bekommen hätte. Ganz nach dem Motto von Rosi und Brigitte: „Einfach a bisserl mehr oder a bisserl weniger."

Bei der Verarbeitung der Roten Bete tragen Rosi und Brigitte Handschuhe, um die Hände vor der roten Farbe zu schützen. Sowas habe ich bei Rosi noch nie gesehen, sieht fast aus wie in der Chirurgie. Das muss ich mir merken, wenn wir wieder mal Blaubeeren pflücken – eine Lieblingsbeschäftigung von uns. Auf der Winklmoosalm und auch hier um die Hütte könnte man sich wochenlang davon ernähren. Und die Blaubeerdatschi von Rosi sind unvergleichlich, da könnte sich sogar die Brigitte noch etwas abschauen.
Brigitte hat alle ihre Rezepte von ihrer Mama geerbt. Sie hat der Mama schon als kleines Mädchen über die Schultern geschaut, immer gerne mitgeholfen und dadurch viel gelernt. In unseren Zeiten, wo Kinder in Kitas, Kindergärten und Ganztagsschulen aufwachsen, wo sie weit weg vom heimischen Herd verköstigt werden und glauben, die Kuh sei lila, wird es schwer, solch wertvolles Wissen von Generation zu Generation weiterzugeben und zu erhalten. Je öfter ich in Südtirol bin, desto mehr habe ich den Eindruck, dass hier noch mehr in Familienwerten gedacht und das Zusammenhalten noch mehr gelebt wird. Weshalb fühlen sich alle Menschen, die nach Südtirol kommen, so herzlich willkommen und so gut versorgt? Vielleicht, weil uns hier Werte und Bindungen vermittelt werden, die ihren Ursprung in der wichtigsten Zelle des Lebens, nämlich der Familie, haben.

Rote-Bete-Spatzln mit Bergkäse

Zutaten

2 Rote Bete
Salz, Pfeffer
Kümmel, gemahlen
350 g Mehl
3 Eier
3 EL Öl
50 g Butter
50 g Bergkäse
Petersilie zum Garnieren

Zubereitung

1 Rote Bete in kochendem Wasser etwa 45 Minuten weich kochen, herausnehmen, schälen (Handschuhe anziehen) und in Würfel schneiden. **2** Kalt werden lassen und dann mit dem Pürierstab oder der Flotten Lotte fein pürieren. Mit Salz, Pfeffer und Kümmel würzen. **3** Mehl, Eier, Öl und die pürierten Rote Bete zu einem Teig verrühren – es soll ein sehr zäher, dickflüssiger Teig werden – und nochmals salzen. **4** Reichlich Salzwasser zum Kochen bringen und den Teig durch ein Spatzlsieb ins Wasser drücken. **5** Wenn die Spatzln an die Oberfläche kommen, sind sie gar. **6** Mit einer Lochkelle herausnehmen und unter kaltem Wasser abschrecken. **7** Butter in einer Pfanne erhitzen und die Spatzln darin wenden, würzigen Bergkäse in Würfel schneiden und unter die Spatzln mischen. **8** Auf den Teller geben und mit viel Bergkäse und Petersilie bestreuen.

Rosis Blaubeerdatschi

Zutaten

250 ml Milch
120 g Mehl
2 Eier
1 Prise Salz
250 g Blaubeeren
4 EL Butter zum Herausbacken
Zucker

Zubereitung

1 Aus Milch, Mehl, Eiern und einer Prise Salz einen dünnen Pfannkuchenteig rühren. **2** Die Blaubeeren vorsichtig unterheben. **3** Die Butter in einer Pfanne erhitzen und mit einem Schöpflöffel kleine, handtellergroße Datschi in die Pfanne gießen. **4** Auf einer Seite anbacken, vorsichtig umdrehen und auf der zweiten Seite fertigbacken. **5** Die Datschi auf die Teller verteilen und großzügig zuckern.

Tipp: Die Zähne bekommt man wieder sauber, indem man in eine Zitronenspalte beißt.

31 ✳ HÜHNERSPIELHÜTTE

Wo die Welt noch in Ordnung ist

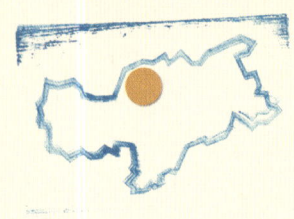

Das Gasthaus Lazins in Pfelders

Wie schön: Pfelders ist autofrei

"Felix, ihr trainierts doch öfters in Pfelders?", hab ich unseren Sohn gefragt, "Da müssen wir morgen hin! Wie fahr ich da am besten?" "Was, ihr fahrts nach Pfelders? Sagts bitte der Oma vom Hotel Edelweiß an lieben Gruß, die verwöhnt uns immer so." Jetzt sind wir gespannt, denn Felix schildert uns begeistert von dem dortigen kleinen Skigebiet, ganz hinten in einem Seitental vom Passeiertal. 1.628 Meter hoch liegt der Ort und wenn nirgendwo sonst Schnee liegt – dort kann man immer trainieren. Skirennfahrer werden dort wie Helden verehrt.

Jetzt ist aber Sommer und wir kurven nach dem Brenner rechts rauf auf den Jaufenpass und hinten wieder runter ins Passeiertal. Eine Serpentine nach der anderen, unübersichtlich, abenteuerlich, ich träume von früheren Motorradzeiten. Die Biker von heute schneiden jede Kurve wie wir damals und Rosi schreit auch genauso wie früher, nur saß sie damals hinter mir und nicht wie jetzt neben mir. Als das Hinweisschild St. Leonhard auftaucht, stimmt Rosi eines unserer Lieblingslieder vom berühmten Tiroler Freiheitskämpfer Andreas Hofer an, der dort, in St. Leonhard, lebte, gegen die Franzosen kämpfte, 1810 in Mantua hingerichtet wurde: „Ach Himmel, es ist verspielt, ich kann nicht mehr lang leben ..." Das Lied haben wir in der Schule gelernt.

Wie schön: Pfelders ist autofrei. Wir wandern an traditionellen Holzbauten, Höfen, Stadeln und Pensionen vorbei, eine üppige Geranienpracht begleitet uns durch dieses idyllische Bergdorf. 40 Minuten dauert der bequeme Aufstieg zum Gasthof Lazins, neben uns läuten Kuhglocken, die weißen Mähnen der Haflinger leuchten im Gegenlicht. Die Wiesen öffnen sich etwas und man hat einen super Blick auf die Dreitausender rundherum. Ein Tal weiter hat's den Ötzi erwischt, doch den Gedanken verlieren wir sofort, als wir zur Hütte kommen. Gasthof Lazins? Ich sehe weit und breit keinen Gasthof. Ich schaue auf ein bäuerliches Anwesen mit Kühen und Ziegen drumherum, mit uralten, gehackten Balken und sonnengegerbten Brettern. Sicher: Die Geranien in den Bergschuhen, die Skier und Schlittschuhe an der Stadelwand sind sehr touristisch, aber dieser Neugeist hat gegen 800 Jahre alten Hüttengeist keine Chance. Man muss sich das vorstellen, im 12. Jahrhundert ist die Hütte als Lehen erstmals schriftlich erwähnt. 50 Jahre lang führten die Pixners die Hütte als Pächter. 2003 konnte sie Sohn Franz dann von der Talgenossenschaft kaufen und so übernahm – wie sich's gehört – die jüngere Generation den Betrieb, der Franz mit seiner Doris. Die beiden haben drei Buben, die Zwillinge Peter und Patrick und den Christof, einen totalen Bayern-Fan. Die Mutter vom Franz hatte noch 14 Kinder.

Uns zieht es fast magisch in die Hütte. Wir treten ein und mit einem Mal wissen wir, weshalb wir hier herauf gewandert sind. Das Gebäude hat Hunderte Jahre, Wind und Wetter, Stürme und Lawinen überstanden. Es hat sich geduckt und überlebt, die Kapelle draußen hat mit geschützt. Die Stube aus dem 18. Jahrhundert, gleich links neben dem Eingang, kennt keinen Effekt, nur Frömmigkeit und Dankbarkeit.

Die junge Wirtin holt uns in ihr Reich, die Küche. Die Schwestern vom Franz und die Kinder warten bereits. Hier hilft jeder jedem, sonst hätte man nicht so lange überlebt. Irgendwie habe ich ein schlechtes Gewissen, weil wir den ganzen Betrieb aufhalten und den letzten freien Platz in der engen Küche wegnehmen, doch darauf kommt's jetzt auch nicht mehr an. Ich erzähle den Kindern vom FC Bayern und die Zwillinge erzählen mir, dass sie zur Kommunion zwei Ziegen geschenkt bekommen haben, die schon fleißig Milch geben. Die muss natürlich verarbeitet werden und mit Ziegenmilch kennt sich Doris gut aus. Ich bin noch nie mit frischer Ziegenmilch in Kontakt gekommen, sie soll sehr fetthaltig und gesund sein. Aber am liebsten mag ich Ziegenprodukte, wo man die Ziege nicht so schmeckt. „Keine Sorge", sagt Doris. „Meinen Ziegenfrischkäse und mein frisches Brot wirst du lieben!"

Die Mutter vom Franz hatte noch 14 Kinder

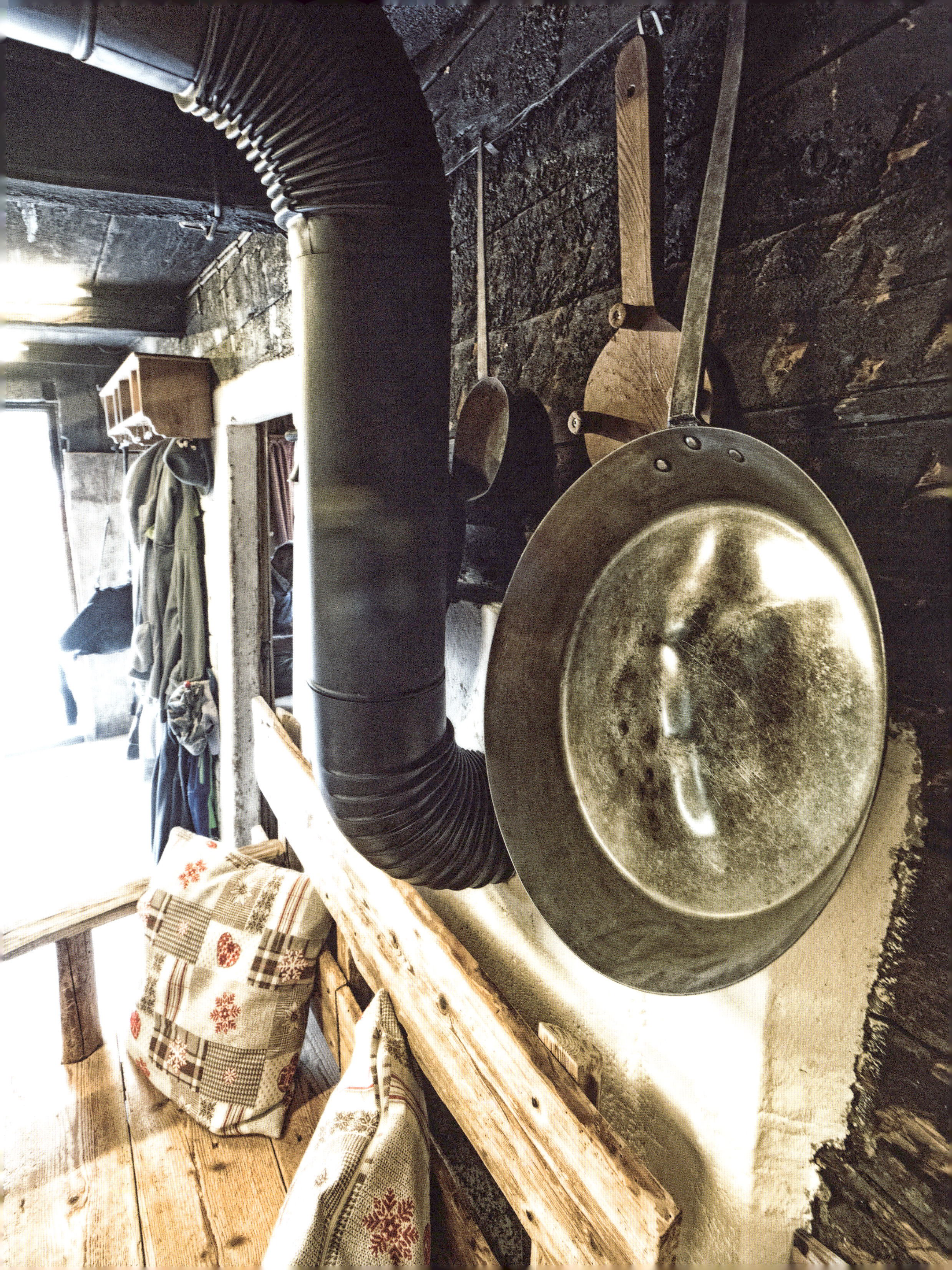

Der Almabtrieb in Pfelders

Jahr für Jahr läuten im September viele Dutzende „Kuhschellen" ein besonderes Schauspiel in Pfelders ein: den Passeirer Almabtrieb. Dabei kehren circa 150 bis 200 festlich geschmückte Kühe von ihrer Sommerfrische auf den Wiesen rund um die Pfelderer Almen ins Tal zurück. Begleitet von Pferden und Kutschen treten die Kühe und Kalbinnen ihren Weg ins Dorf an. Viele von ihnen tragen prachtvolle Blumengeflechte als Kopfschmuck. Natürlich gehört zu jedem Almabtrieb auch das anschließende Bauern- und Hirtenfest, bei dem es neben Musik und Tanz auch einheimische Speisen gibt, die die Bäuerinnen des Dorfes zubereiten.

Ein Tal weiter hat's den Ötzi erwischt

Frischkäse ist ein Alleskönner

Ich bewundere junge Frauen wie die Doris, die hier auf der Alm heroben einen gastronomischen Betrieb führen, dazu noch Kinder aufziehen, die ganze Familie organisieren und dabei eine Herzlichkeit und Lebensfreude ausstrahlen, die ansteckend ist. Doris vermittelt das Gefühl, als habe sie in dieser Mammutaufgabe ihr Lebensglück gefunden. Sie kommt mit der Ziegenmilch aus „eigener Produktion". Bei Ziegenmilch fällt mir immer ein, dass Rosi auf der Winklmoosalm nach dem Krieg mit Ziegenmilch großgezogen wurde, vielleicht ist sie auch deshalb so robust. Ich bin nicht so der große Fan von Ziegenprodukten, aber ich weiß, dass Ziegenmilch gesünder sein soll als Kuhmilch und dass sie bei Laktoseunverträglichkeit eine gute Alternative sein kann. Vier Liter Milch liefert eine Ziege am Tag, erzählt uns Doris.

Die beiden Frauen hantieren am Herd und sind sich in ihrer Ausgeglichenheit sehr ähnlich. Was ich so aus der Unterhaltung raushöre, muss Frischkäse ein Alleskönner sein: Macht nicht dick, man kann ihn je nach Jahreszeit beliebig mit Kräutern vom Almboden, ja sogar mit Brennnesseln vermischen, man kann ihn mit Kartoffeln oder frischem Brot servieren, und der Vorteil für Doris ist, dass sie dadurch die Speisekarte immer spannend und lebendig halten kann. Der Nachteil ist, dass der Frischkäse nicht so lange hält, weil so viel Wasser drin ist. Aber Zusatzstoffe, um ihn haltbarer zu machen, kämen bei Doris nie infrage.

Wir bekommen heute den Ziegenkäse mit selbst gemachten Brotlaiberln, die den Frauen locker nebenbei von der Hand gehen. Danach sitzen wir in der alten Stube. Brot, Ziegenkäse und Rotwein stehen vor uns, den Kindern um uns herum fällt dauernd neuer Blödsinn ein und so kommt man erst später beim Nachdenken zum Schluss, dass hier die Welt noch in Ordnung ist.

Ziegenfrischkäse mit selbst gebackenem Roggenbrot

Zutaten Ziegenfrischkäse

2 l Ziegenmilch

1 Zitrone oder 100 ml Essig

2 EL frische Kräuter (Frauenmantel, Schnittlauch, Petersilie)

1 TL Salz, Pfeffer

3 Eier

3 EL Öl

Zutaten Roggenbrot

150 g Roggenmehl

500 g Weizenmehl

150 g Weizenvollkornmehl

1 Päckchen Trockenhefe

1 TL Salz

Anis, Fenchel, Kümmel, Brotklee und andere Gewürze

250 ml Ziegenmolke

Zubereitung Ziegenfrischkäse

1 Die Milch aufkochen und vom Herd nehmen. **2** Nach 2–3 Minuten den Saft einer Zitrone oder den Essig unterrühren. **3** Jetzt sollte die Milch gerinnen – falls dies nicht passieren sollte, einfach nochmals aufkochen. **4** Die Milch auskühlen lassen, bis sie lauwarm ist, dann durch ein Sieb seihen. **5** Vorsicht: Ist die Masse noch zu warm, gelingt dies nicht richtig, da das Geronnene auch mit durchläuft. **6** Diese geronnene Masse dann nach Belieben mit frischen Kräutern (hier haben wir Frauenmantele und Schnittlauch verwendet), Salz und Pfeffer würzen und am besten in einer Käseform abkühlen und abtropfen lassen.

Tipp: Mit Tomaten und Basilikum serviert, schmeckt Ziegenfrischkäse toll.

Variante: Wer Ziegenmilch nicht mag, kann den Käse auch aus Kuhmilch machen.

Zubereitung Roggenbrot

1 Die Mehle mit der Trockenhefe, dem Salz und den Gewürzen vermischen. **2** Dann die Ziegenmolke untermengen und ordentlich kneten. **3** Den Teig zugedeckt an einem warmen Ort aufgehen lassen, bis sich die Masse ungefähr verdoppelt hat, dann zu 2 Brotlaiben formen und im Backofen bei Ober-Unterhitze bei 200 °C Grad ca. 20 Minuten backen. **4** Das Brot ist fertig, sobald es beim Draufklopfen hohl klingt. **5** Falls Bräunung fehlt, einfach mit etwas Milch bestreichen.

Tipp: Wenn Sie eine Schüssel mit Wasser beim Backen in den Ofen stellen, wird das Brot weniger trocken.

Variante: Den Brotteig kann man nach Belieben verfeinern. Sehr gut schmecken Sonnenblumenkerne oder Sesam, aber man kann auch gekochte, zerdrückte Kartoffeln oder getrocknete Tomaten untermischen. Statt Ziegenmolke kann man auch Joghurt, Buttermilch oder Bier mit lauwarmem Wasser vermischt verwenden.

Rosis Obazda

Zutaten

200 g Camembert
50 g Butter
1 Zwiebel
1 TL Paprika
Salz, Pfeffer
3 EL Topfen
Zwiebelringe

Zubereitung

1 Camembert mit einer Gabel so lange zerdrücken, bis eine streichfähige Masse entsteht. **2** Mit Butter mischen, Zwiebel, Paprika, Salz, Pfeffer und Topfen zugeben und abschmecken. **3** Auf einem Teller oder Holzbrett anrichten und mit Zwiebelringen garnieren.

Variante: Jeder Haushalt hat ein anderes Rezept. Oft werden statt dem Topfen Bier, Milch oder Wein verwendet.

Wie die alten Rittersleut

Burg Taufers im Ahrntal

Ich träume von Ritterfräuleins

Südtirol ist ja auch ein Land der Burgen und Schlösser. Wenn man durch die Täler fährt, sieht man sie überall auf Felsvorsprüngen thronen. Von da oben konnte der Feind schon von Weitem gesichtet werden und das Land ließ sich gut verteidigen. Jeden Buben fasziniert diese Zeit und selbst als erwachsener Mann träumt man hin und wieder von Ritterfräuleins oder gewonnenen Duellen. Bei uns in Garmisch-Partenkirchen gibt's die Burgruine Werdenfels aus dem 13. Jahrhundert. Schon in der Schule haben wir alles über diese Bauwerke erfahren. Zum Beispiel, dass sich die Wendeltreppen immer von unten gesehen rechts herum nach oben drehen. Die Burgbesitzer konnten dadurch besser auf die von unten anstürmenden Angreifer draufhauen, weil ihre rechte Hand mehr Platz zum Ausholen hatte.

Es wurde also höchste Zeit, auch mal eine Burg in Südtirol zu besuchen und in dicke Mauern und Gewölbe, in Rüstungen und schwere Holzmöbel einzutauchen. Rosi und ich haben uns deshalb eine der schönsten Burgen Südtirols ausgesucht. Am Eingang zum Ahrntal, oberhalb von Sand in Taufers, thront sie: Burg Taufers. Mächtige Berge umgeben den Talkessel, im Hintergrund türmen sich die Zillertaler Alpen auf. Doch trotz dieser gewaltigen Kulisse nimmt die Burg eine absolute Sonderstellung ein. Hoch droben liegt sie auf einer natürlichen Felsnase, als wolle sie das gesamte Ahrntal im Auge behalten und überwachen. Die Burg bewohnten bereits im 13. Jahrhundert die Herren von Taufers, als dieses Adelsgeschlecht ein Jahrhundert später ausstarb, wechselte die Burg ständig ihre Besitzer. Das ist vielleicht der Grund, dass die gesamte Anlage so vielfältig und reich ausgestattet ist. Burgkapelle, Brunnenhaus, Zugbrücken und Wehrgänge kamen im Laufe der Zeit dazu. Das große Glück ist, dass die 64 Innenräume mit 24 getäfelten Stuben fast vollständig erhalten sind und einen einzigartigen Einblick in die wechselhafte Geschichte der Burg liefern. Noch heute beheizen alte Kachelöfen die Wohnräume, die Fresken, Rüstungen und das Mobiliar führen einen in die unterschiedlichsten Kunstepochen. Anscheinend waren die Burgherren auch in Bezug auf die Stellung der Frau ihrer Zeit weit voraus, denn wir erfahren, dass hier bereits im Mittelalter Mädchen geschult und unterrichtet wurden. Sie wurden zu gebildeten Burgfräulein erzogen – zu denen, von denen ich seit meiner Kindheit träume.

Noch heute beheizen alte Kachelöfen die Wohnräume

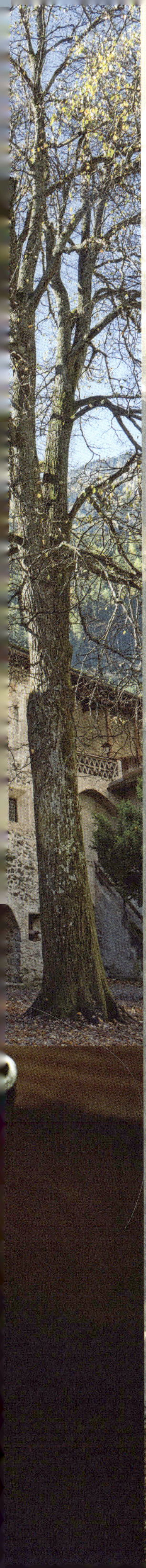
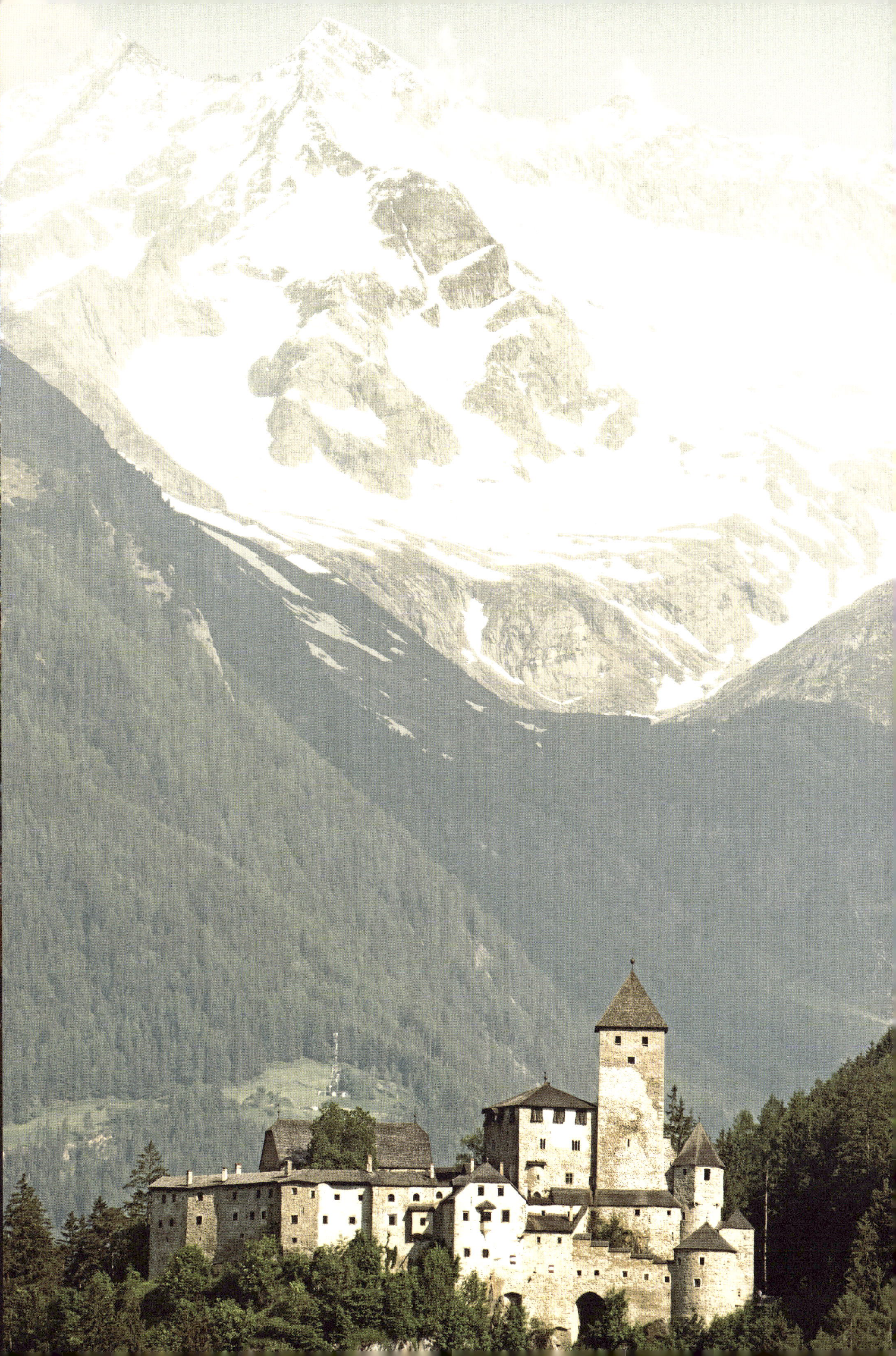

Was wäre eine Burg ohne Schänke? Im ältesten Teil der Burg unter dem Turm aus dem Jahr 1200 ist sie untergebracht. Damian und Stephanie Innerbichler empfangen uns. Gemeinsam mit Damians Bruder Markus und dem gemeinsamen Cousin Roman haben sie die Ritterschänke gepachtet. Stephanie ist zwar Grafikerin und Damian Krankenpfleger in Innsbruck, aber dennoch erfüllen sie sich hier in familiärem Zusammenhalt den Traum einer selbstbestimmten Tätigkeit. Im Winter haben sie frei, denn die Burg ist auf blankem Fels gebaut und die Wasserleitungen sind nicht im Boden verlegt, sondern liegen überirdisch auf dem kalten Fels. Daher muss das gesamte Wasser der Burg bei niedrigen Temperaturen ausgelassen werden. Doch im Sommer hat das kleine Team keinen freien Tag, sondern gibt seine gesamte Energie an Gäste weiter.

Es ist diese geniale Verbindung zwischen historischem Denkmal und Modernität, die einen beim Eintritt der Schänke innehalten lässt. In der Gotik war der Sinn des Lebens ganz aufs Jenseits ausgerichtet. Passend dazu stehen vor den 800 Jahre alten Mauersteinen schlichte Holzbänke, die nicht ablenken und somit auch das weiß gekalkte Gewölbe mit seinen schweren Bögen hervorragend wirken lassen. Es überkommt einen beim Rundumschauen schon Ehrfurcht: Was diese Räume Geschichten erzählen könnten, wie viel Freud und Leid sie miterlebt haben. Bei uns gibt's nur Freude, als wir Stephanie in der Küche am Gasherd hantieren sehen. Um sie herum stehen auf modernen Edelstahlregalen Gläser, Flaschen und Küchengeräte. Einen besseren Kontrast zur mittelalterlichen Schwere könnte es nicht geben. Eigentlich, so denke ich mir, ist die Ritterschänke ein perfekter Törggelekeller, inmitten dieser alten Gemäuer, so modern und stilvoll renoviert und eingerichtet. Wir werden wieder kommen. Heute ist aber Ruhetag auf der Burg und Stephanie hat daher Zeit gehabt, schon alles für ihre Spezialität, Pressknödel mit Ahrntaler Graukäse, herzurichten. Rosi bindet sich sogleich einen braunen Schurz um und widmet sich dem, was sie am liebsten tut, nämlich beim Herrichten mitzuhelfen und gleichzeitig wieder etwas Neues beim Kochen zu lernen und mit nach Hause zu nehmen. Die Frauen sind gut beschäftigt, daher machen Damian und ich einen kleinen Rundgang. In den Räumen neben der Ritterschänke war die Räucherkammer, die gotische Tür mit dem gotischen Schloss ist original. Oben über der Schänke befand sich die Kornkammer und die Bauern sind genau dort, wo Rosi und Stephanie gerade hantieren, mit den Fuhrwerken drunter gefahren, um das Korn aufzuladen. Der alte Weinkeller liegt auf der anderen Seite des Lokals, die Tür wird eigenartigerweise von einem Haufen Kanonenkugeln bewacht, wie ich sie in dieser Größe noch nie gesehen habe. Die kühle, feuchte Luft im Weinkeller ist sicher noch die gleiche wie vor Hunderten von Jahren, Gott sei Dank müssen wir aber nicht mehr den gleichen Wein trinken – da warten in der Schänke ganz andere Qualitäten. Trotzdem, die damaligen adligen Schlossherren haben es sich bestimmt richtig gut gehen lassen, sicher auch auf Kosten der ärmeren Bevölkerung. Heute kann jeder die Kultur, den Wein und das gute Essen genießen und genauso feiern wie die „alten Rittersleut". So lange, bis die Rüstung spannt.

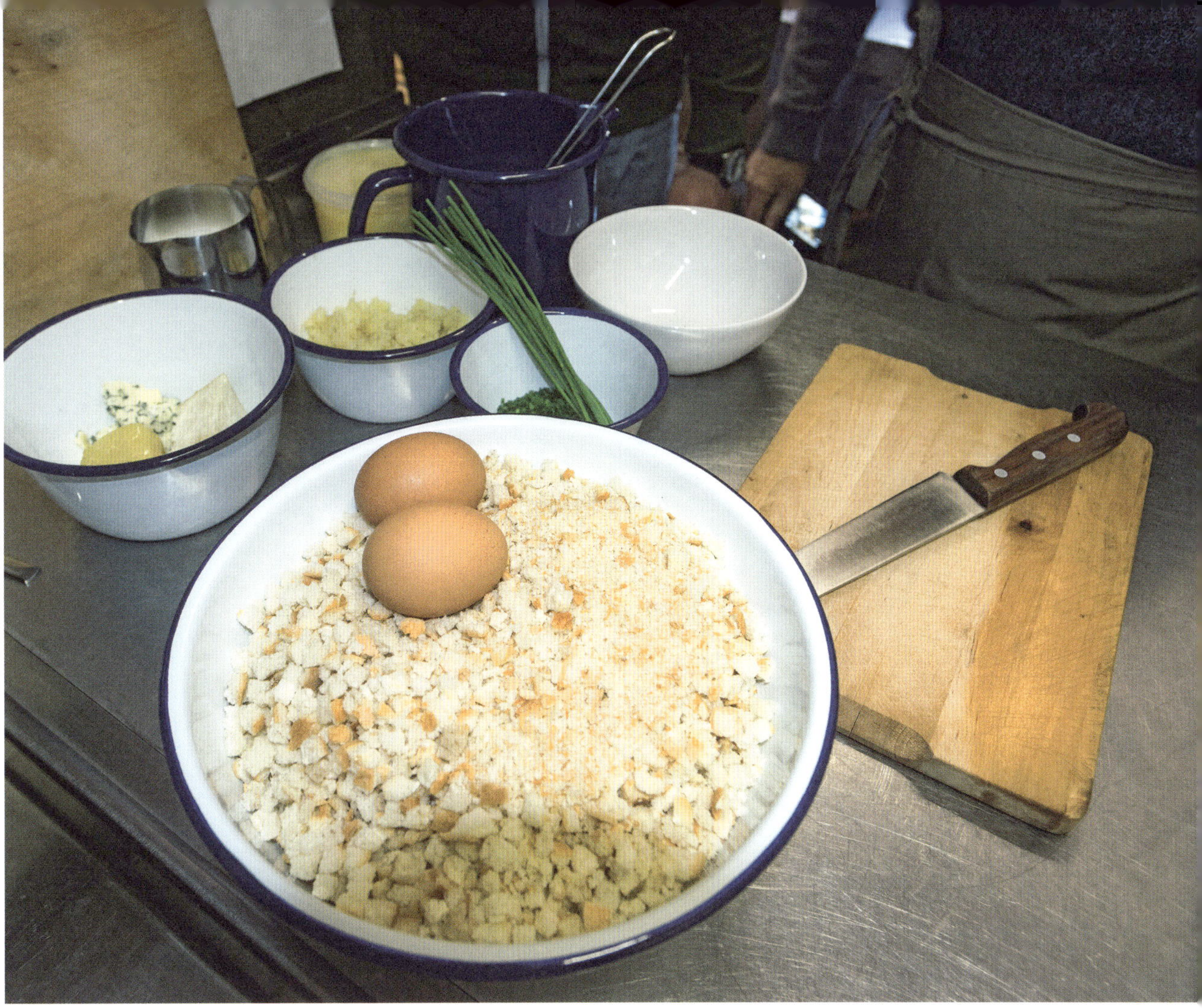

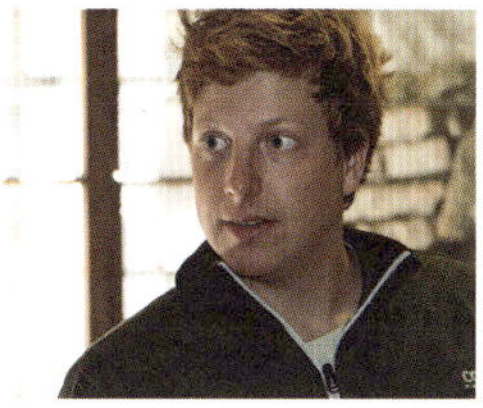

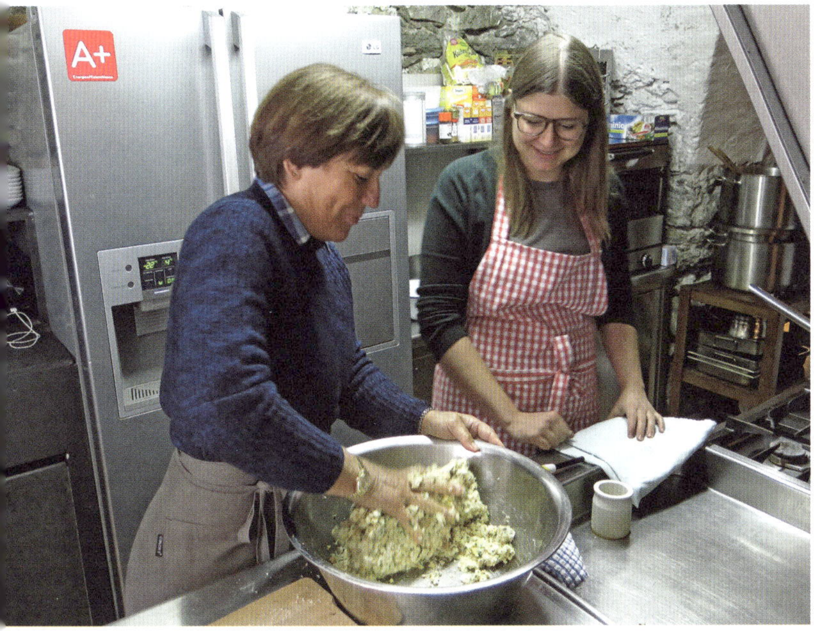
A+

Törggelen

Das Törggelen ist seit jeher Brauch in Südtirol. Der Begriff „Törggelen" stammt vom Lateinischen *torquere*, was so viel wie „Wein pressen" bedeutet. Überall dort, wo es Wein gab, wurde im Herbst nach dem Weinpressen ordentlich gefeiert und gegessen. Alle Helfer wurden zu einer großen Marende eingeladen, einem kulinarischen Fest, bei dem der neue Wein und der „Suse", der Wein vor der Gärung, probiert werden. Das Törggelen ist inzwischen zu einem Brauch geworden, der nicht nur Erntehelfern vorbehalten ist. Zu essen gibt es Kraut, Knödel, Geselchtes, Hauswürste, Speck und Aufschnitt mit Kaminwurzen und Käse. Zum Schluss werden Krapfen und „Keschtn", gebratene Kastanien, gereicht.

Genießen, bis die Rüstung spannt

Pressknödel mit Ahrntaler Graukäse

Zutaten

ca. 100 g Käse (Ahrntaler Graukäse oder ein ähnlicher Graukäse)
250 g Knödelbrot
4 EL Milch oder Buttermilch
1 EL Mehl
1 Prise Salz
Petersilie
3 Eier
Pflanzenöl zum Anbraten

Zubereitung

1 Käse klein würfeln. 2 Knödelbrot, Käse, Milch, Mehl, Salz und fein gehackte Petersilie gut vermischen. 3 Wichtig ist, dass sich die Brotmasse mit dem Käse gut vermischt, die Käsemenge kann man nach Geschmack selber bestimmen. 4 Die Eier in den Teig einarbeiten. 5 Die Knödel formen und dann platt drücken. 6 In heißem Fett (geschmacksneutralem Pflanzenöl) beidseitig braten und anschließend ca. 6 Minuten in kochendes Salzwasser einlegen, nur mehr ganz leicht köcheln lassen.

Tipp: Dazu passt der Krautsalat von Seite 192.

Rosis Pressknödel mit Varianten

Zutaten für die Grundmasse

8–10 Semmeln (ca. 3 Tage alt)
500 ml Milch, lauwarm
1 Zwiebel
Petersilie, gehackt
20 g Butter
4 Eier
½ TL Salz
Öl zum Anbraten

Zubereitung

1 Die Semmeln in kleine Würfel schneiden und mit der lauwarmen Milch übergießen. 2 Zugedeckt 30 Minuten ziehen lassen. 3 Zwiebel fein schneiden, mit Petersilie in Butter andünsten, zu den Semmeln geben und untermischen, danach die Eier dazugeben, zu einem Teig verarbeiten, gut salzen. 4 Wenn die Masse zu feucht ist, kann man noch Semmelbrösel dazugeben. 5 Mit nassen Händen Knödel formen, zusammenpressen, in der Pfanne resch herausbraten (nicht mehr in kochendes Wasser legen).

Tipp: Servieren Sie die Pressknödel mit gedünstetem Weißkraut (siehe Seite 74), Sauerkraut oder einfach einem Salat. Man kann sie auch in Scheiben schneiden und als Suppeneinlage verwenden (siehe Rosis Fleischsuppe auf Seite 99).

Varianten: Die Pressknödel sind eine typische Resteverwertung. Man kann Käse, Graukäse, angebratenen Speck, alle Arten von Kräutern (Liebstöckl, Petersilie, Schnittlauch) und sogar geriebene Zucchini daruntermischen.

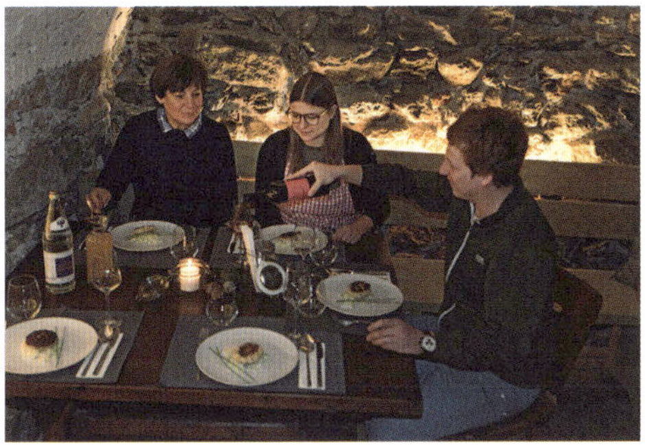

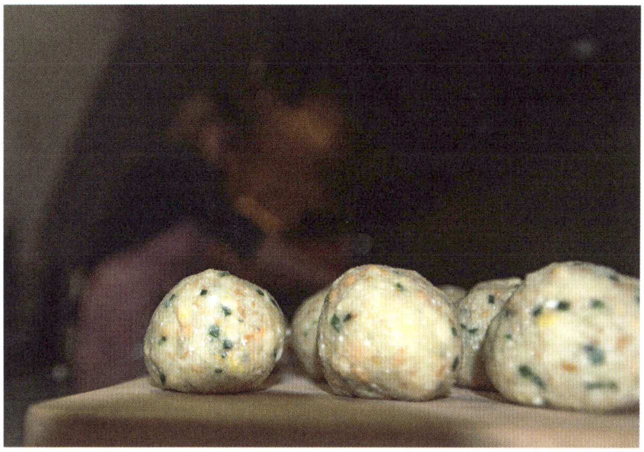

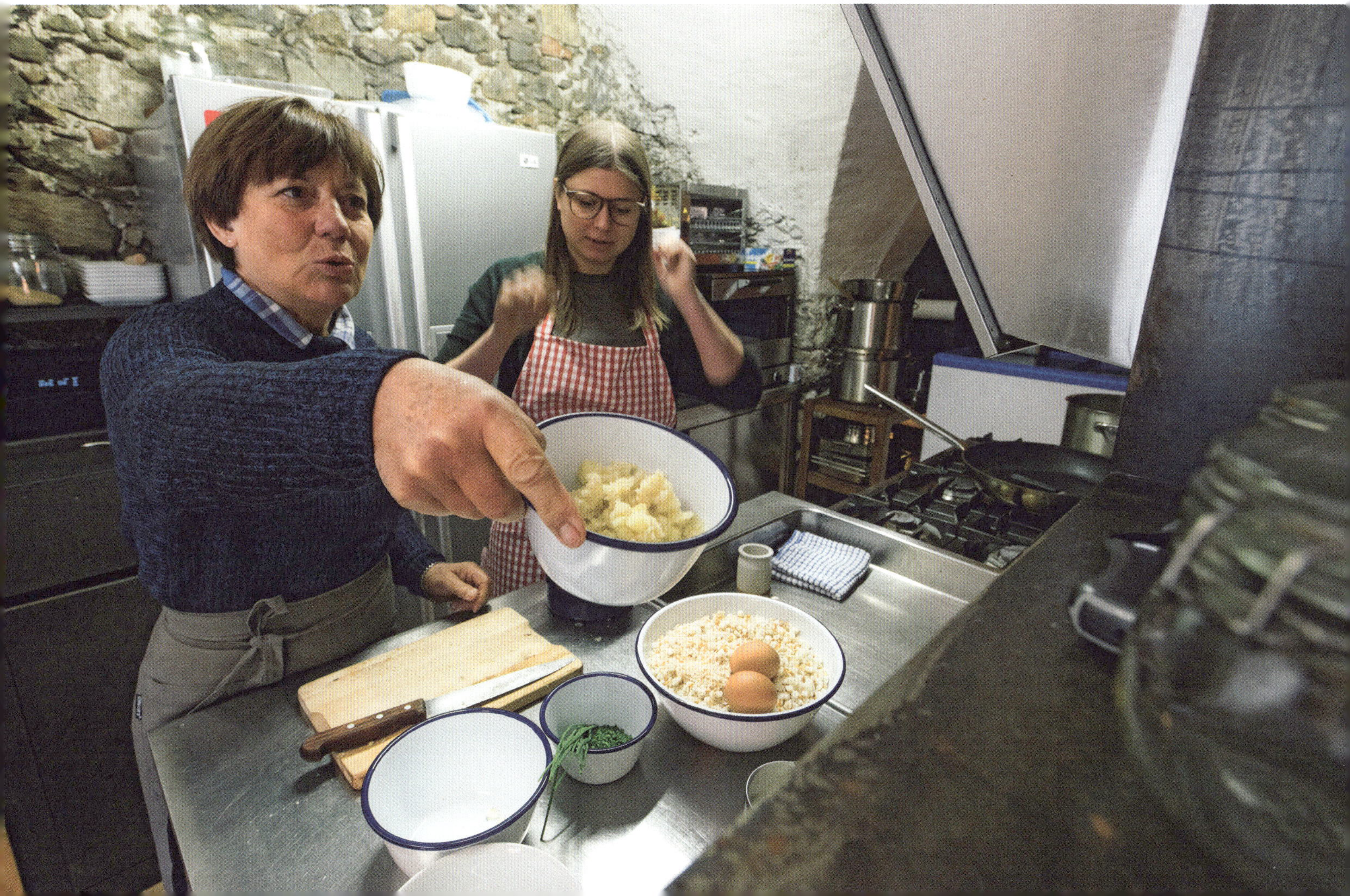

Die Schmuggler-Alm

Die Tolder Hütte im Gsieser Tal

Tolder Hütte 1940 m

Das Gsieser Tal ist ein paradiesisches, naturbelassenes Seitental des Pustertals, ganz hinten, am Ende trennen nur noch ein paar Gipfel Südtirol von Österreich. Oberförster Günther Pörnbacher, der Amtsdirektor des Forstinspektorats von Welsberg, bringt uns zu einer kleinen Alm. Er weiß viel über diese Gegend, er kommt von hier und erzählt uns von der Zeit des Faschismus, als in Südtirol alle Bräuche und auch die deutsche Sprache verboten wurden. Er erzählt uns auch von den Schmugglerrouten, wo immer schon Lebensmittel, Salz, Tabak über die grüne Grenze hin- und hergebracht wurden – und während der wilden 1960er-Jahre auch Sprengstoff und Waffen.

Die Tolder Almhütte, zu der er uns lotst, ist klein, die alte, urige Hütte steht inmitten von Wald und Wiesen auf 1.940 Metern Höhe. An den Fenstern gedeihen Geranien, rundherum blüht ein Alpenblumenmeer. Die Hütte trägt ein Schindeldach mit Steinen oben drauf. Das Zirmholz ist 300 Jahre alt. Hinter der Hütte ragen die Gipfel der Kalkalpen schroff und brüchig in die Höhe. Die Lärchen schützen die Hütte vor abgehenden Lawinen. Theresia hat ihr halbes Leben hier auf der Alm verbracht. Seit 50 Jahren kommt sie im Sommer hier herauf. Jetzt ist sie 76 Jahre und jede Falte in ihrem Gesicht könnte wunderbarste Geschichten erzählen. Wir haben ein schlechtes Gewissen, weil wir nicht zu Fuß den Almweg heraufgegangen, sondern mit dem Auto heraufgefahren sind. So eine Begegnung sollte man sich eigentlich erarbeiten. Doch kaum schütteln wir der Theresia die Hand und schauen uns in der Hütte um, vertreibt ihre Ausstrahlung alle Gedanken an unsere motorisierte Welt. Draußen schimpft derweil ein Bauer Sepp in seinem Traktor auf die Sch...-Deutschen, die da mit einem BMW auf seine Alm herauf kommen und ich kann ihn gut verstehen. Doch als er sieht, dass wir offiziell mit dem Förster unterwegs sind, ist alles gleich wieder gut. Den Günther mögen sie alle hier und sie respektieren ihn. Er und sein Team kümmern sich nicht nur um das Wild und den Wald, sondern ebenso intensiv um Hütten und Stadel. Dabei besorgen sie auch Fördermittel, damit das gesamte Landschaftsbild im Originalzustand erhalten werden kann. Dazu braucht es viel Idealismus und Liebe zur Heimat, sonst könnten die Almen nicht so original erhalten werden und sonst könnten die Menschen dort oben kein Auskommen finden. Für uns Besucher ist dieses Urbild einer jahrhundertealten Kulturlandschaft eine tolle Gelegenheit aufzutanken und über die Sinnhaftigkeit so mancher eigener Auswüchse nachzudenken.

Ein Bild von Theresias Mann hängt eingerahmt in der Stube, er ist leider schon verstorben. Zwei Buben und vier „Gitschen" haben sie großgezogen und neben der Landwirtschaft im Tal auch die Almhütte so erhalten, wie wir sie jetzt erleben dürfen. Die nächste Generation hat inzwischen die Pflichten und die Verantwortung für das Erbe übernommen. Tochter Lydia und Sohn Josef Hintner sind ab Juli auf der Tolder Hütte und verpflegen die vorbeikommenden Wanderer oder Almbauern. Am Tisch in der Stube sitzen auch der Enkel Damian und der „Hirtenbua" Noah. 13 Jahre ist er erst alt, aber in den Sommerferien, wenn er nicht in die Schule gehen muss, verantwortlich für 26 Stück Vieh. Voll Stolz blickt die Oma auf die beiden Kinder.

Sch...-Deitscha!

Günther Pörnbacher hat auch seinen Vorgänger Luis mitgenommen, der inzwischen pensioniert ist, aber sich immer noch mit Leidenschaft um die Almen und deren Erhalt kümmert. Er unterstützt den Günther mit aller Kraft und ich denke mir, wie gut Generationswechsel funktionieren können, wenn man sich in der Nachfolge unterstützt, statt gegeneinander zu arbeiten oder den anderen auszugrenzen. Luis ist ein wunderbarer Erzähler. Mit acht Jahren kam er als Hirt mit seinem Vater herauf auf die Alm. Täglich musste er die Kühe melken. Sie selber hatten nur eine Ziege und zu essen gab es trockenes Brot. Geschlafen wurde im Heu, zum Frühstück gab es Brennsuppe. Sonntags ging es rauf auf die Alm, freitags wieder runter ins Tal und am Sonntag darauf wieder rauf. Den ganzen Sommer lang. Ein hartes Leben war das. Aber Luis sagt: „Es war eine wunderschöne Jugend." Der alte Schmugglerpfad, an dem die Hütte liegt, führt nach Österreich, dem alten Vaterland der Südtiroler. Luis schildert die frühere Zeit mit Leidenschaft, ich spüre seinen Nationalstolz und sein Draufgängertum, als es um die Schmugglergeschichten geht. Seine Großmutter hat hier schon gelebt und auch sie hat Vieh, Wein und Sprengstoff von drüben im Defreggental hin- und zurückgeschmuggelt. Automatisch kommen wir auf die Südtiroler Freiheitskämpfe der 1960er-Jahre, und irgendwie beschleicht mich das Gefühl, dass da jemand aus dem eigenen Leben erzählt. Auch Theresias Augen leuchten. Als junges Mädchen musste sie im berühmten Mailänder Prozess aussagen. Es ging um Sprengstoff oder Würfelzucker. Sie schmunzelt wissend. Diese Frau ist beeindruckend. Sie würde nie jemanden verraten. Nur diese beeindruckenden Linien in ihrem Gesicht zeugen davon, dass das Leben tief greifende Geschichten geschrieben hat, die man besser für sich behält. Sie ist mit sich im Reinen, gefestigt und zufrieden blickt sie uns an. Sie redet nicht viel, schade, denn ich hätte gerne mehr von den Geheimnissen in ihrem Gesicht erfahren.

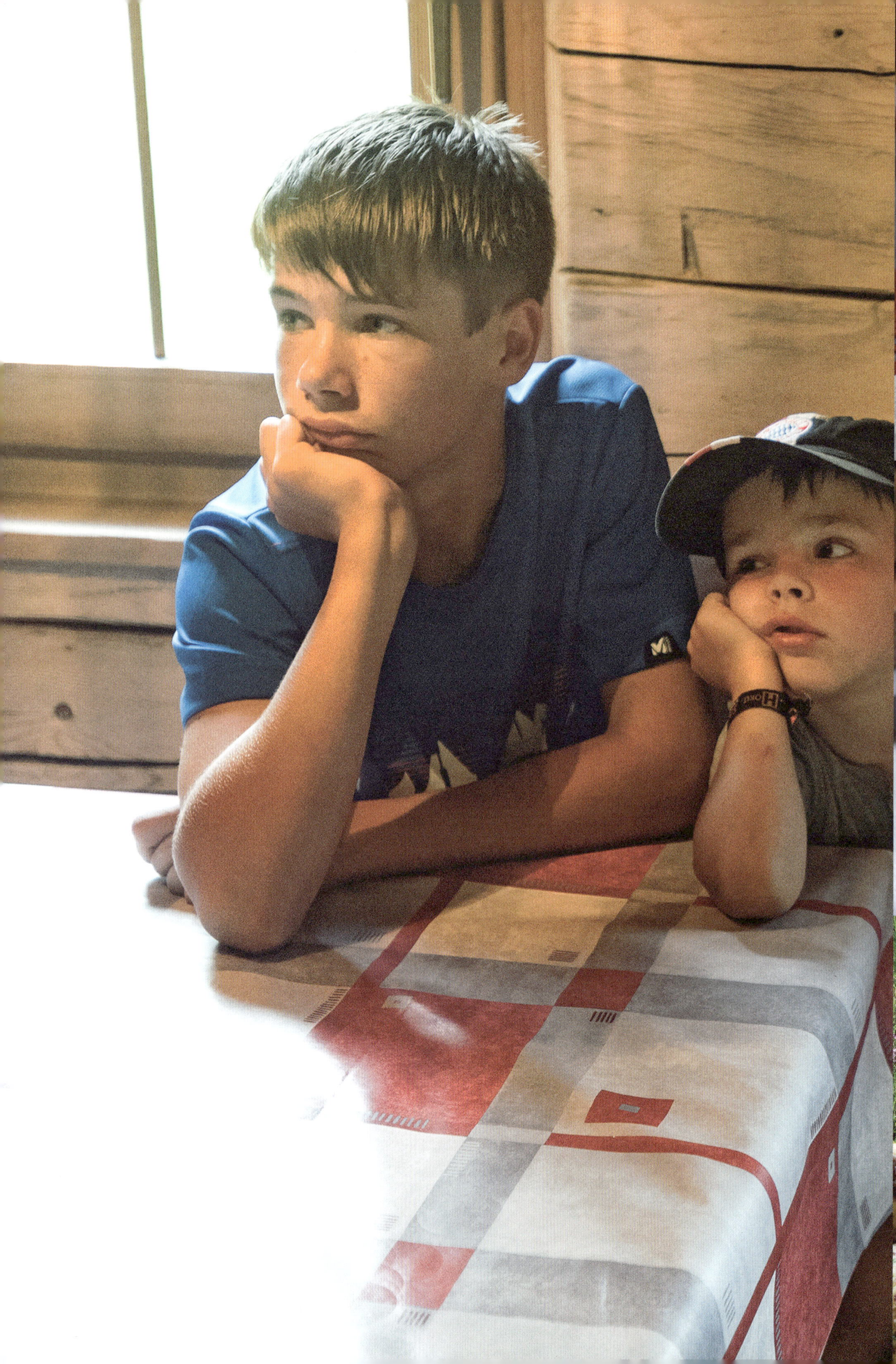
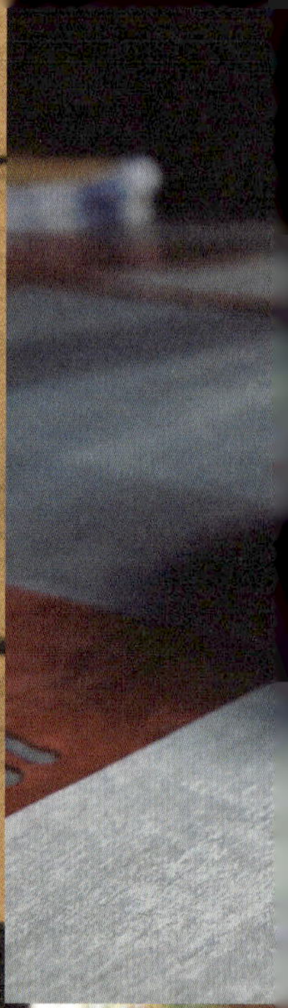
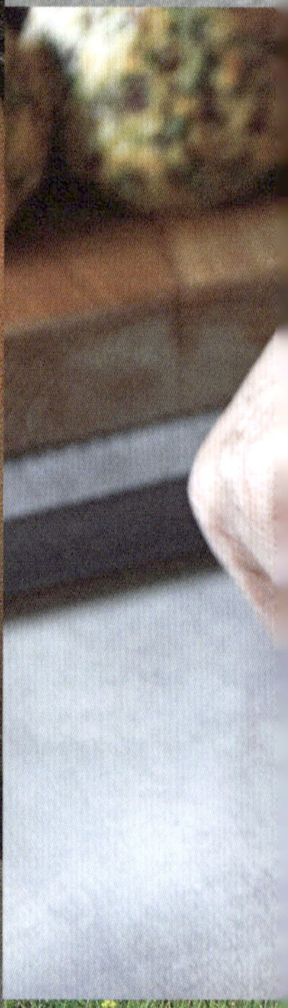
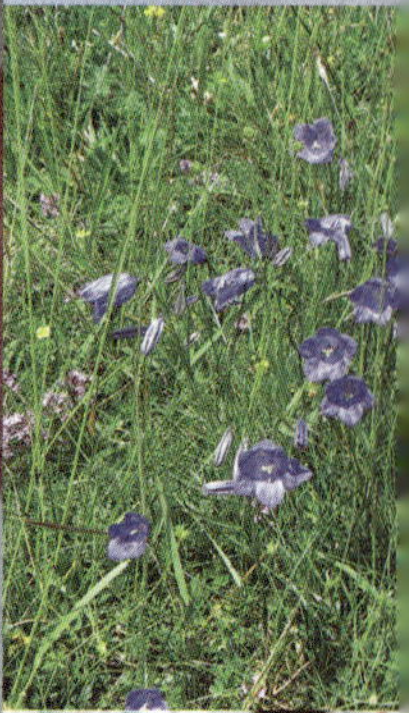
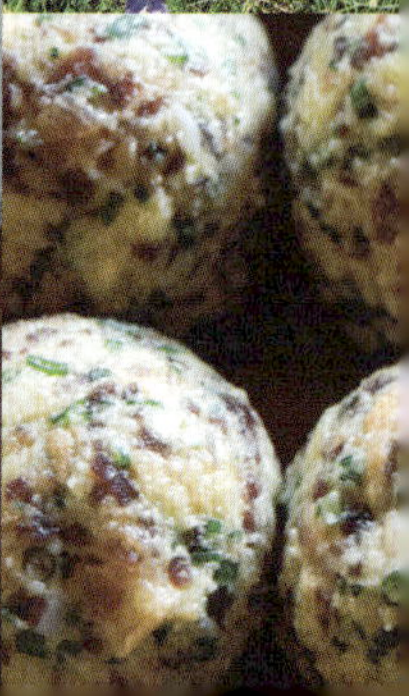

Es ging um Sprengstoff oder Würfelzucker

Kleiner Geschichtsunterricht

Nach Ende des Ersten Weltkrieges 1918 wird Südtirol in den Friedensverhandlungen Italien zugesprochen – und damit vom restlichen Tirol abgespalten. Als 1922 in Rom die Faschisten an die Macht kommen, versuchen sie, die Tiroler Kultur zu unterdrücken: Namen werden italianisiert, die deutsche Sprache verboten, die Ansiedelung von Italienern durch den Ausbau der Industrie angetrieben. 1939 planen Mussolini und Hitler die Umsiedlung deutscher Südtiroler – die sogenannte „Option" stellt die Bevölkerung vor die Wahl, ins „Deutsche Reich" auszuwandern, oder in der Heimat zu bleiben und damit Italiener zu werden.

     Nach Kriegsende erhält Trentino-Südtirol ein erstes Autonomiestatut, das der Region die Selbstverwaltung zusichern soll. De facto kann sich Südtirol kaum selbst verwalten und die deutsche Minderheit wird nach wie vor nicht geschützt. Trient und Rom siedeln Tausende italienische Industriearbeiter an und vergeben zahlreiche Arbeitsplätze und Sozialwohnungen an diese. Zunehmend wird in der deutschen Bevölkerung Unmut laut über die ungleiche Behandlung. Die Südtiroler Volkspartei (SVP) setzt sich politisch für mehr Rechte ein. Der „Befreiungsausschuss Südtirol" (BAS) formiert sich und verfolgt seine Ziele mit steigender Gewalt. Er verübt zahlreiche Bombenanschläge auf Strommasten, es kommen aber auch Menschen ums Leben. In der Folge werden einige BAS-Mitglieder verhaftet, gefoltert und in Schauprozessen abgeurteilt, u. a. im Mailänder Prozess von 1964.

     1972 tritt nach zähen Verhandlungen ein zweites, weitaus umfangreicheres Autonomiestatut in Kraft. Heute gilt Südtirol als zweisprachige Musterregion, in der die Idee eines geeinten Europas gelebt wird.

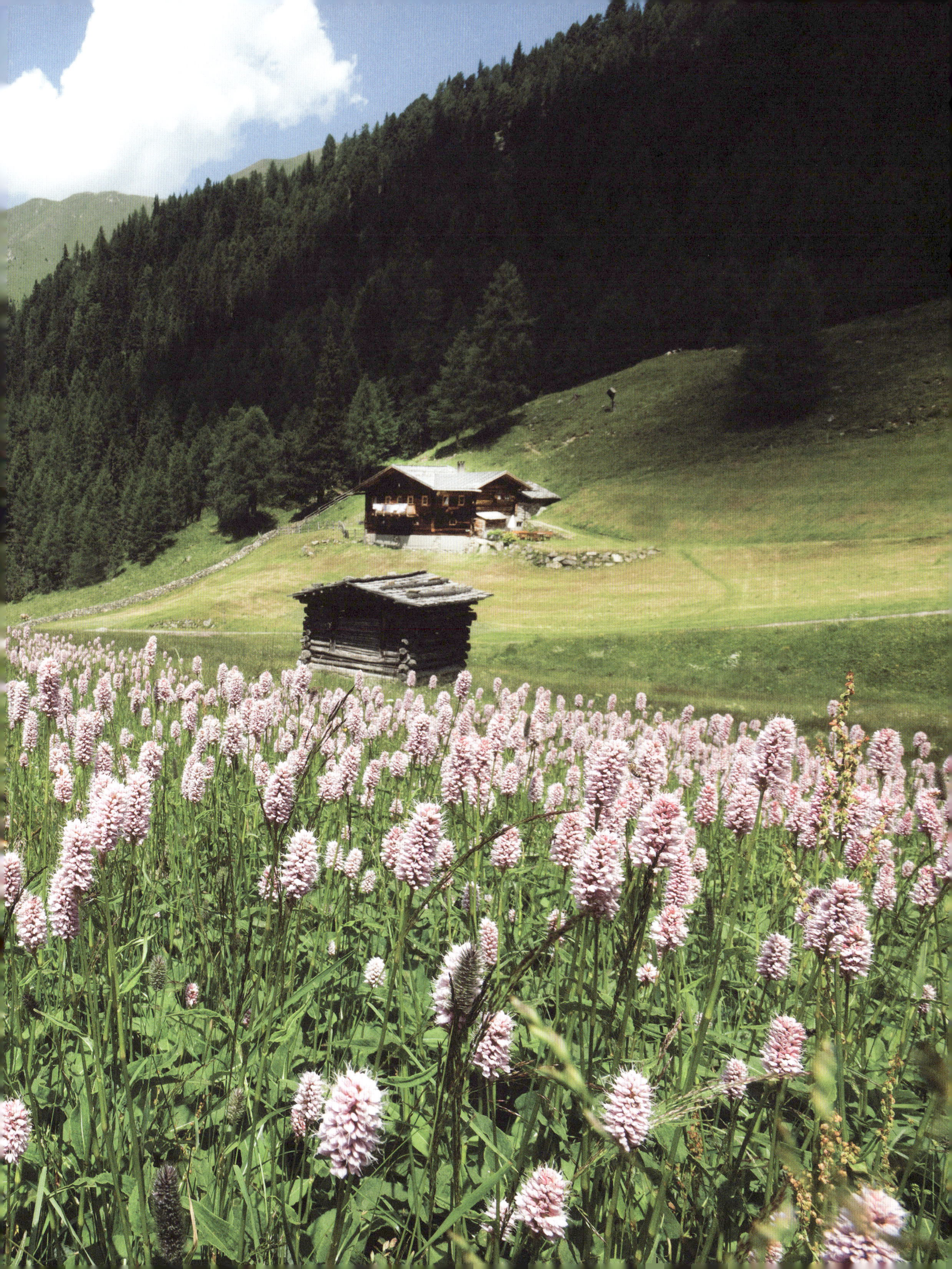

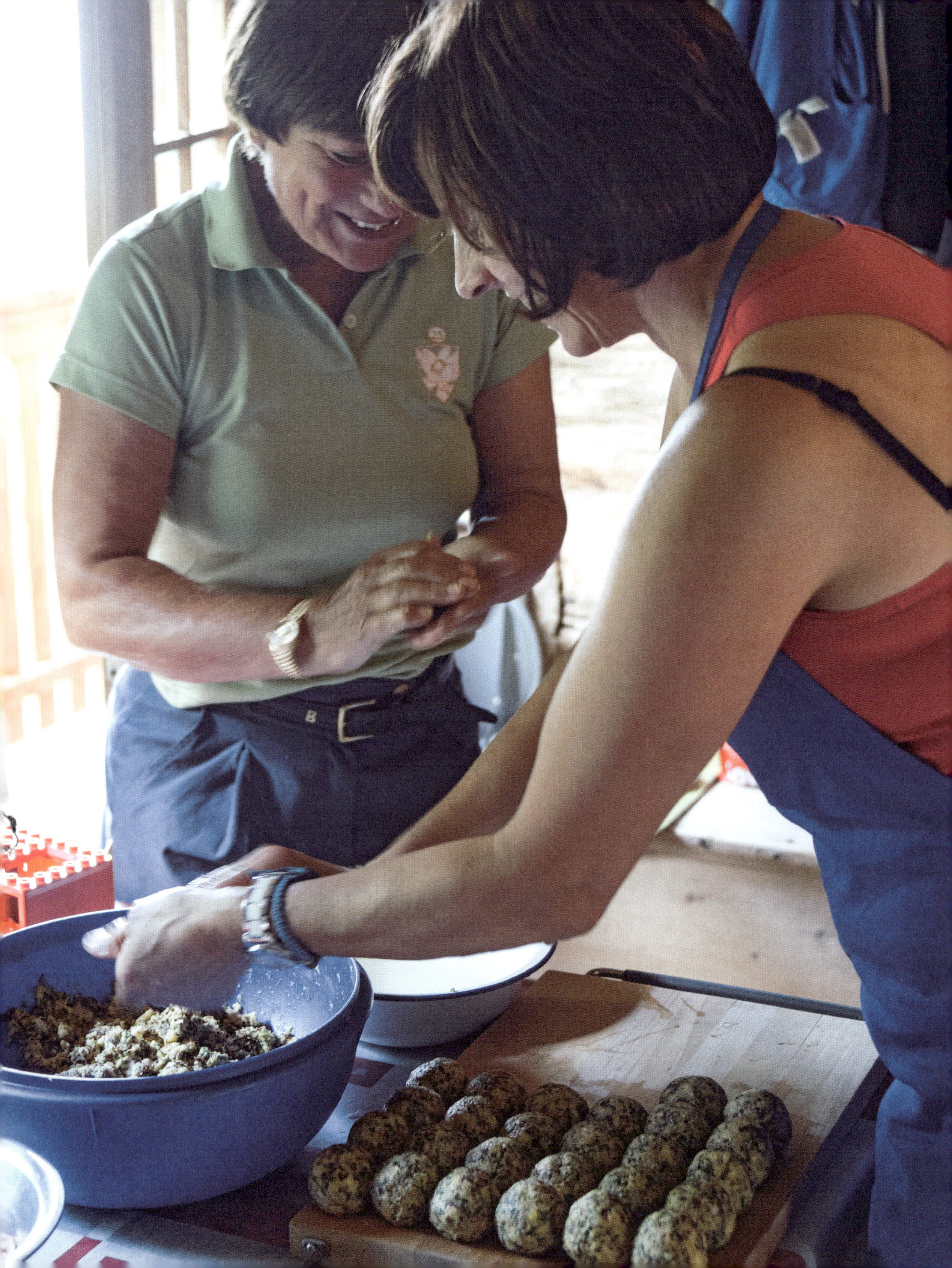

Lydia hat schon in der Früh Holz hereingeholt, damit es unterm Ofen trocken wird. Heute gibt es Speckknödel, das typischste aller Südtiroler Gerichte. Das Südtiroler Nationalgericht, könnte man sagen. Dazu kocht Lydia Rindsgulasch und macht Salat. Alles ist vorbereitet: Der Salat ist gewaschen, aber sie gibt kein Öl hinein und keinen Essig, sondern „Sairat" mit geröstetem Speck. „So wie früher", sagt Lydia, „als man sich Olivenöl nicht leisten konnte." „Was ist da drin?", frage ich sie. „Sairat" habe ich noch nie gehört. Sie erklärt es mir: Es ist das „Kaserwasser", die Molke, die bei der Topfenherstellung entsteht. In einer „Sairatbrante", einem Holzgefäß, gärt sie für 14 Tage, so entsteht die Säure für ein einfaches, aber nahrhaftes und schmackhaftes Salatdressing.

Das Knödelbrot steht bereit, die hauseigenen Eier und das frische Quellwasser auch. Der Bergschnittlauch liegt ebenfalls frisch geschnitten da, er wächst auf den Wiesen rund um die Hütte und schmeckt natürlich unvergleichlich. Es ist, als ob man die Almwiesen auf den Küchentisch geholt hätte. Die Butter ist eine richtige Bauernbutter mit einer Bergblume oben drauf, der Speck hat so ein rauchiges Aroma und die „Vinschgerlen" riechen intensiv nach den Gewürzen, die in den Broten drin sind.

Was für eine Idylle!

Die Frauen rollen die Knödel und auf dem Boden, zwischen den Beinen, spielen der Noah und der Damian Playmobil. Was für eine Idylle! Die Rosi hilft beim Knödelrollen, ich bin stolz, weil sie das wirklich genial kann. Die Frage stellt sich nur, ob das vom vielen Schneeballwerfen oder von der Arbeit im Studentenheim kommt. Die Frauen lachen viel, sie wirken so vertraut wie „alte" Freundinnen, aber vielleicht wirkt Knödelrollen ja wie eine Zusammenführungstherapie. Theresia lehnt am Herd und schaut zu. Ihr Geist dringt in jeden Winkel der Stube. Ich bin fasziniert von dieser Frau und würde sie am liebsten malen. Da gäbe es so viel festzuhalten und zu interpretieren. Kindheit, Ehe, Arbeit, Schmuggler, Krieg, Faschismus, Alter und auch Leid, aber vor allen Dingen Dankbarkeit für ein reiches Leben.

Rindsgulasch mit Speckknödeln

Zutaten für das Rindsgulasch

500 g Zwiebeln, geschnitten

4 EL Öl zum Anbraten

800 g Rindfleisch (Schulter, Wadschinken oder Hals)

2 EL Tomatenmark

1 TL edelsüßes Paprikapulver

125 ml Rotwein

1 TL Weißweinessig

Salz, Pfeffer

1 Lorbeerblatt

2 l braune Kalbsbrühe, Fleischsuppe oder Wasser

1 Knoblauchzehe, fein gehackt

½ TL Kümmel, gemahlen

½ TL Majoran

1 Msp. Zitronenschale, gerieben

Zutaten für die Speckknödel

100 g Bauchspeck

1 Zwiebel

2 EL Öl oder Butter

7 Semmeln (ca. 3 Tage alt)

4 EL Milch, lauwarm

2 EL Mehl

Salz, Pfeffer

4 Eier

Schnittlauch, fein geschnitten

Zubereitung Rindsgulasch

1 Die geschnittenen Zwiebeln im heißen Öl rösten. **2** Das Rindfleisch in Würfel schneiden, zu den Zwiebeln geben und mitbraten. **3** Das Tomatenmark hinzugeben und kurz mitrösten. **4** Nun mit Paprikapulver bestreuen und gleich mit Rotwein und Weißweinessig ablöschen. **5** Einkochen lassen, salzen, pfeffern und das Lorbeerblatt hinzugeben. **6** Nach und nach mit brauner Kalbsbrühe, Fleischsuppe oder Wasser aufgießen und noch ca. 2 Stunden schmoren lassen. **7** Die Knoblauchzehe, Kümmel, Majoran und Zitronenschale unter das Gulasch rühren und servieren.

Tipp: Sie können das Fleisch beim Anbraten auch mit etwas Mehl bestäuben, damit die Soße besser bindet.

Zubereitung Speckknödel

1 Den Bauchspeck und die Zwiebel in kleine Würfel schneiden und in Öl oder Butter leicht bräunen. **2** Die Semmeln in kleine Würfel schneiden, mit der lauwarmen Milch übergießen und etwas ziehen lassen. **3** Speck, Zwiebel, Mehl, Salz und Pfeffer in die Brotmasse geben und gut vermengen. **4** Die Eier dazugeben, nach Bedarf auch etwas Wasser, und zu einem Teig verarbeiten. **5** Alles etwas durchziehen lassen. **6** Mit nassen Händen Knödel formen und in kochendes Salzwasser legen. **7** Ca. 10 Minuten köcheln lassen. **8** Mit Schnittlauch bestreuen und servieren.

Tipp: Wer noch nie Knödel gemacht hat, sollte die Knödel besser in einem Dampfeinsatz garen. Dann zerfallen sie sicher nicht.

Variante: Typisch sind Speckknödel als Einlage in der Suppe (siehe Rosis Fleischsuppe auf Seite 99). Wenn sie als Beilage zum Gulasch gegessen werden, wird der Speck oft weggelassen, dann kann man statt der Zwiebel auch Lauch verwenden (siehe Semmelknödel auf Seite 98).

Speck-Kopfsalat

Zutaten

1 Kopfsalat

Salz, Pfeffer

1 EL Öl

140 g Speck

1 TL Essig

Zubereitung

1 Kopfsalat waschen, abtropfen lassen, in kleine Stücke reißen und in eine Schüssel geben. **2** Salz und Pfeffer darübergeben. **3** Das Öl in einer Pfanne erhitzen, den Speck klein würfeln und im Öl langsam braten. **4** Mit einem Schuss Essig ablöschen und alles heiß über den Salat geben. **5** Durchmischen und servieren.

Rosis Breznknödel

Zutaten

150 g Laugenbrezn, frisch

100 ml Milch, lauwarm

1 Zwiebel

Petersilie, gehackt

20 g Butter

2–3 Eier

Salz, Pfeffer, Muskat

Zubereitung

1 Die Brezn in dünne Scheiben schneiden. **2** Die lauwarme Milch über die Brezn gießen und zugedeckt ziehen lassen. **3** Die Zwiebel in kleine Würfel schneiden, mit der Petersilie in Butter andünsten und mit den Eiern zur Breznmasse geben. **4** Die Masse zu einem Teig verarbeiten und mit Salz, Pfeffer und Muskat abschmecken. **5** Mit nassen Händen kleine Knödel formen und in heißem Salzwasser ziehen lassen. Wenn sie obenauf schwimmen, sind sie fertig.

Tipp: Die Breznknödel passen als Beilage zum Gulasch (siehe Seite 62 oder 177).

Variante: Wenn man eine Wurst aus dem Teig formt und sie im Salzwasser kocht, kann man Scheiben schneiden wie bei Serviettenknödeln.

In den weißen Bergen

Die Rossalm bei Prags

Nur die Murmeltiere pfeifen

Die leicht angezuckerten Berge, die uns an diesem Herbstmorgen umgeben, sind mit die beeindruckendsten Zeugen einer Zeit, als es uns Menschen noch nicht gab: die Dolomiten. Hier wo wir stehen, tummelten sich vor circa 280 Millionen Jahren pflanzenfressende Saurier, bevor der gesamte Lebensraum vom Meer überspült wurde. Das Gestein um uns entstand dann vor 250 Millionen Jahren aus den Algenbänken, als sich das Wasser wieder zurückzog. Ich liebe Steine und deren Geschichte und versuche immer, Erinnerungsstücke mit nach Hause zu nehmen. Rosi sucht eher Herzsteine, doch die Liebe ist die gleiche. Der französische Geologe Déodat de Dolomieu hat in der zweiten Hälfte des 18. Jahrhunderts hier geforscht und die versteinerten Korallen entdeckt. Nach ihm sind auch die Dolomiten benannt. Am Wochenende pilgern hier nun die Massen herauf, Tausende von Touristen und Wanderern, heute, unter der Woche, sind wir fast alleine in diesem Gebiet, das seit 2009 zu Recht zum Weltnaturerbe der UNESCO gehört. Die Größe und Grazie der Berge erfasst man nur, wenn man alleine unterwegs ist. Dieser Blick auf die Drei Zinnen! Umwerfend!

Wir wandern zur Rossalm. Nur die Murmeltiere pfeifen und der Wind pfeift ein bisschen mit, sonst ist alles still. Der Massentourismus ist ein Phänomen, von dem besonders Südtirol betroffen ist. Das Schöne ist, dass man ihm durchaus ausweichen und entfliehen kann, man muss nur ein bisschen schlau sein. Antizyklisch denken und handeln. Unter der Woche in die Berge gehen anstatt an den Wochenenden, Ferienzeiten meiden. Es ist wie im Winter auf den übervollen Skipisten. Früh aufstehen, etwas früher auf die Hütte zum Einkehrschwung und abfahren, bevor alle ins Tal wollen. Nicht die ausgetretenen Routen gehen, sondern die Einsamkeit suchen, die liegt nur wenige Meter neben den bevölkerten Wegen. Dann bekommt man das, was die Natur und die Berge am wertvollsten macht. Wir wandern also

Für den jungen Hebs war Südtirol zu klein

IF YOU WANT
breakfast
IN BED,
Go sleep in
THE KITCHEN.

an diesem Montagmorgen ungestört und genießen die Dolomiten und die Tierwelt dieser Berge. Das hier oben ist das Gebiet der Gamsen, Steinböcke – und vor allen Dingen der 40.000 „Murmelen". 800 dürfen jedes Jahr geschossen werden. Sie leben in großen Kolonien mit bis zu 200 Tieren, sie sind sozusagen die ideale Großfamilie mit Großeltern, Eltern und Enkeln. Sie halten fest zusammen und passen aufeinander auf. Die Wächter unter ihnen stehen auf den Hinterbeinen und wenn Gefahr droht, hört man einen schrillen Pfiff – eigentlich ist es ein Schrei – und alle sind wie vom Erdboden verschluckt. Verschwunden.

Hier, auf 2.000 Metern Höhe, färben sich schon die Lärchen goldgelb und bilden einen wunderbaren Farbkontrast zu den weißen Berggipfeln. Von Weitem sieht man die Alm, was uns gefühlt noch schneller und leichter hinkommen lässt. Oben angekommen, begrüßt uns Wirt Herbert, den alle, und er sich selbst auch, nur Hebs nennen. Den Hebs muss man nicht lange studieren, so

New York, Himalaja, Rossalm

wie er mit den Bierglaserln dasteht und so wie er einen herzergreifend begrüßt, da weiß man sofort: Hier lebt ein außergewöhnlicher Mensch, der sicher viele verrückte Sachen in seinem Leben angestellt hat. Ich kann mir nicht vorstellen, dass irgendetwas an ihm „normal" ist. Wahrscheinlich muss man aber so sein, um so eine Hütte zu schmeißen. Der Hebs ist ein wahrer Lebenskünstler. Es hat ihn in die Welt hinausgezogen, für den jungen Hebs war Südtirol zu klein. Ohne einen Pfennig oder besser: Ohne eine Lire in der Tasche hat er sich alles angeschaut, die großen Metropolen wie New York, die beeindruckendsten Landschaften und höchsten Berge wie den Himalaja. „Hasta la Rossalm siempre" steht auf seiner Visitenkarte, er ist der „Che Hebs Guevara". Auf der ganzen Welt war er unterwegs und sicher gibt's viele Geschichten, die er nicht erzählen kann, die aber in seinen lustigen Falten im Gesicht nachzulesen sind. Und trotzdem hat ihn das heimatliche Ur-Gen wieder zurückgezogen, jetzt ist er verheiratet, hat Kinder und eben diese Rossalm, die er mit wunderbarem Geist und Frohsinn erfüllt.

Der Hebs würde die Biergläser am liebsten immer wieder neu auffüllen. Rund um die Alm grasen drei schwarz-braune „Fockn", die Schweinderln, auf die er besonders stolz ist. Sie genießen die Sonne und suhlen sich im Schlamm. Sie wissen nicht, dass es ihnen in drei Tagen an den Kragen geht, wenn das große Almfest gefeiert wird. Da kommen alle Hüttenwirte und Jäger und auch die Musiker hier oben auf der Rossalm zusammen, um gemeinsam vom Bergsommer Abschied zu nehmen. Gut, dass wir keine Zeit haben, vorbeizuschauen, wir könnten kein Stück Fleisch von den lieben Schweinen verzehren.

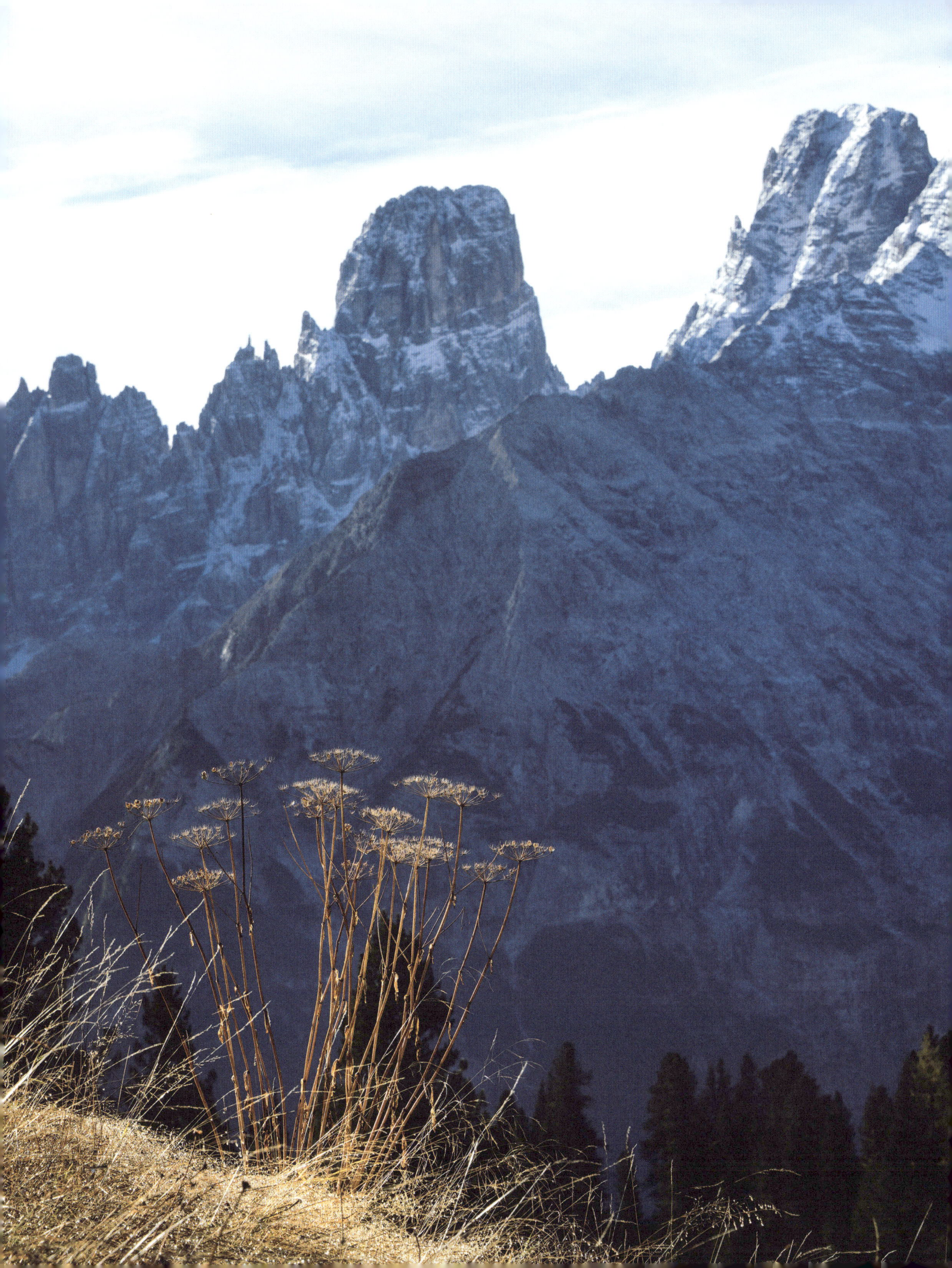

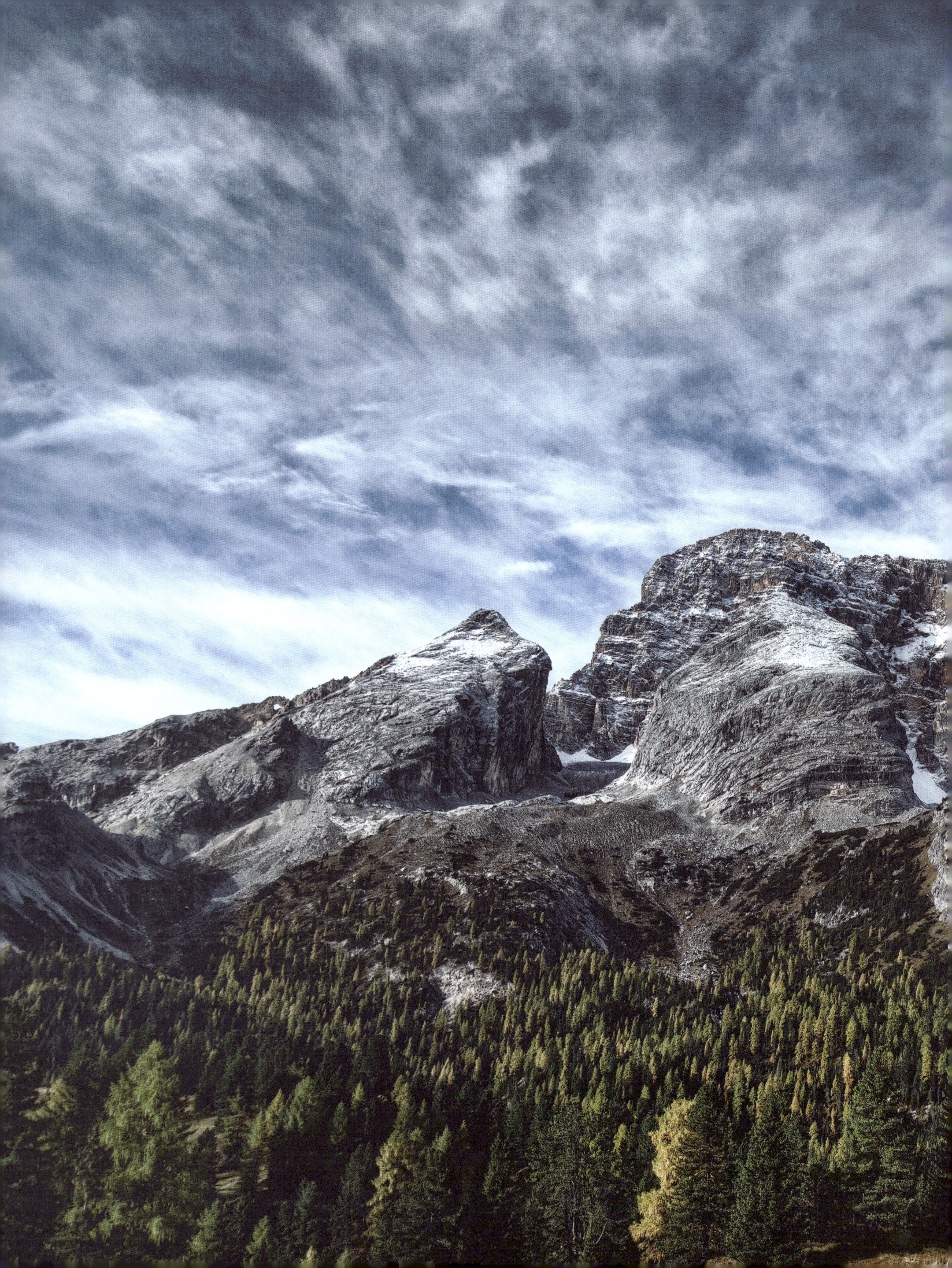

Die Mondprinzessin

Der Sage der Mondprinzessin nach war die Gesteinsfarbe der Dolomiten ursprünglich nicht so hell wie heute. Die Sage erzählt von einem traurigen Königssohn. Er wollte zum Mond reisen, doch er wusste nicht wie. Eines Nachts traf er im Wald zwei alte Männlein, die behaupteten, sie kämen vom Mond, und ihn mit dorthin nahmen. Oben angekommen, verliebte sich der Prinz in die Tochter des Mondkönigs und schenkte ihr rote Alpenrosen. Auf dem Mond waren alle Blumen weiß – so strahlend weiß, dass des Königssohns Augen zu erblinden drohten. Deshalb nahm er die Prinzessin mit auf die Erde. Sie brachte einige Blumen mit und begann sie zu pflanzen. Die Erdenbewohner nannten diese alsbald „Edelweiß". Doch bald war es die Prinzessin, der es auf der Erde nicht mehr gut ging: Sie fürchtete, die schwarzen Berge würden sie erdrücken. Der König der Salwáns, eines Zwergenvolkes, wusste aber eine Lösung: Die Salwáns gingen gemeinsam auf die schwarzen Berge, zupften kleine, leuchtende Fäden vom Mond und umhüllten damit das gesamte Gebirge, bis es weiß zu leuchten begann.

Nix fein schneiden!

In der Küche geht es lustig her. „If you want breakfast in bed, go sleep in the kitchen", steht da. Typischer Hüttenhumor. Der Hebs ist zwar ein Arbeitstier, aber wegen „Kochen mit Rosi" hat er seinen besten Freund, den Sepp Schuster, aus dem Tal heraufgeholt. Er war mal Pächter vom Hotel Brückele unten in Prags und – ganz ehrlich – ich bin froh, dass der Sepp den Schweinsbraten herrichtet, denn so, wie der in seiner blauen Schürze in der Küche hantiert, merkt man sofort den Profi mit viel Erfahrung. „Das Schöne am Schweinsbraten ist, dass der Ofen das meiste macht und wir dabei viel Zeit zum Ratschen haben", meint der Sepp. Also wird wie üblich übers Skifahren geredet und Rosi muss eigentlich gar nichts helfen, weil der Sepp alles im Griff hat. Jeder Handgriff sitzt. Schweinsbraten war, wie es sich für einen g'standenen Bayern gehört, das Lieblingsgericht von Rosis Vater Heinrich. Den musste Rosi ihm jedes Mal zubereiten, wenn er auf Besuch kam. Insofern war sie echt gespannt, ob es große Unterschiede zwischen ihrem und dem hiesigen Schweinsbraten geben würde. Knödel sind ja in Bayern Pflicht, beim Sepp gibt es den Schweinsbraten aber mit Kartoffeln und gedünstetem Weißkraut. Rosi will das Kraut fein fein schneiden. „Nix fein schneiden!", sagt der Sepp. „Der gehört rustikal geschnitten." Ich bin begeistert über den Küchenton und als der Sepp die Reinen mit dem Braten aus dem Ofen holt, weiß ich sicher, dass die Rosi selbst beim Schweinsbraten noch etwas lernen kann. Die Kruste: ein Traum! Und ich habe noch nie so viel Soße rund um einen Schweinsbraten gesehen. Darin schwimmen die vollgesogenen Kartoffeln und die Karotten, die Zwiebeln, der Lorbeer und Rosmarin verbreiten einen so wunderbaren Geruch, dass gleich alle in die Stube kommen und vom Sepp fürstlich bedient werden. Hebs ist auch wieder in seinem Element. Er holt eine Flasche einheimischen Vernatsch aus dem Keller und ich stelle mit Erstaunen fest, dass einem Bayern auch Rotwein statt Bier zum Schweinsbraten schmeckt. Es liegt halt nur an der Qualität.

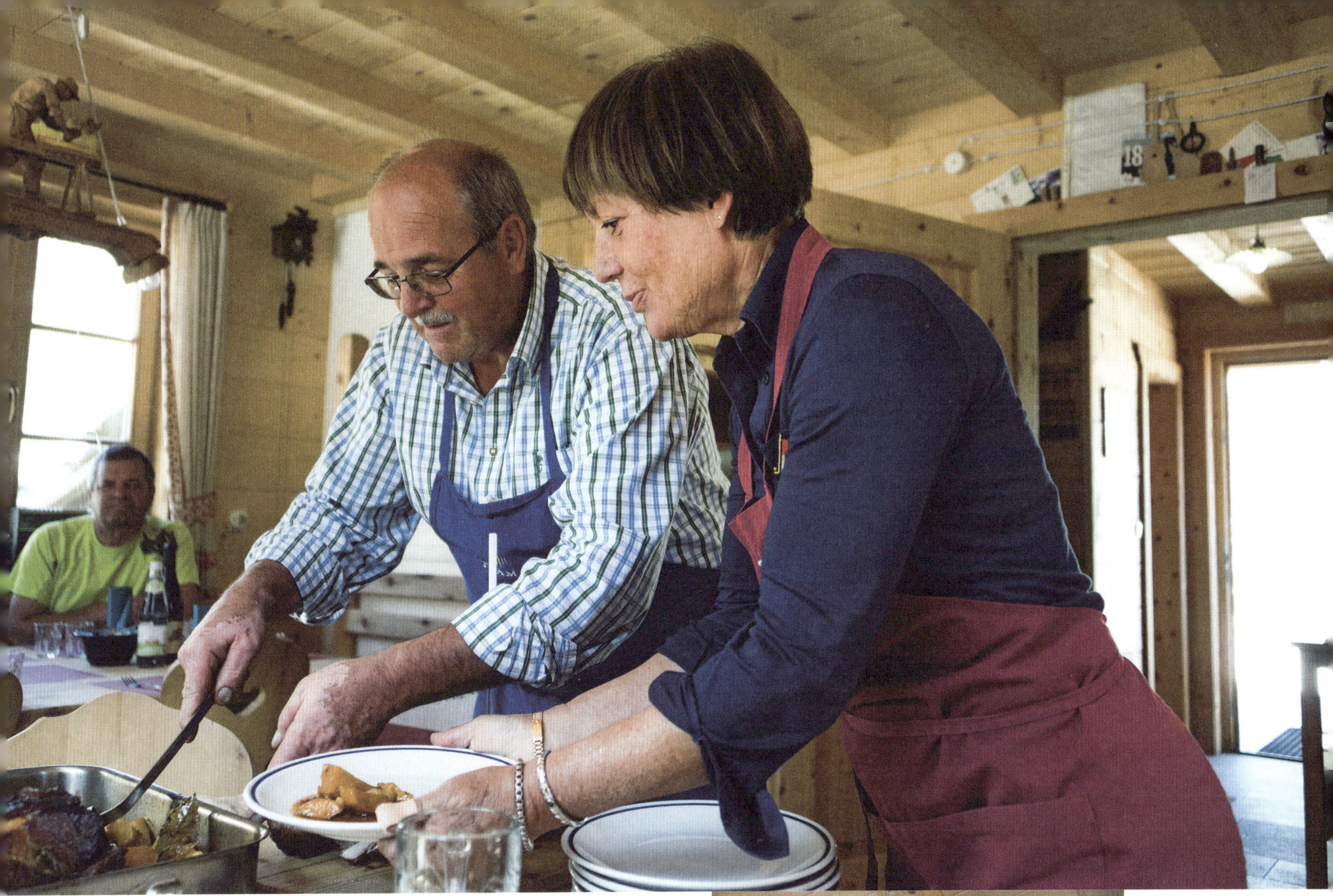

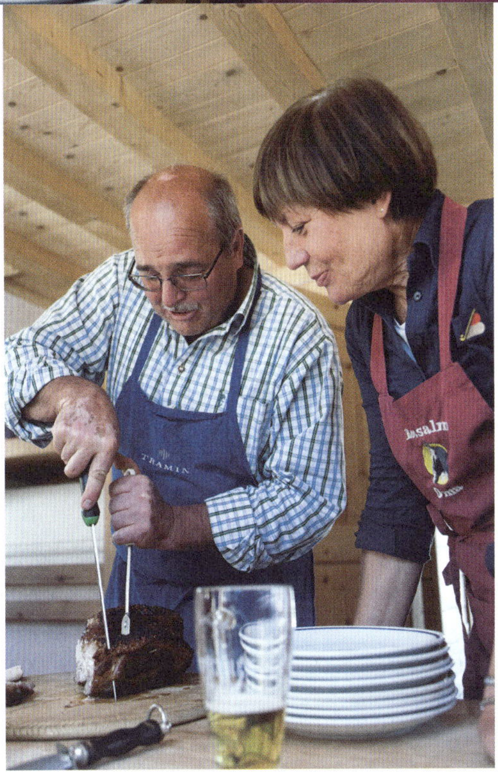

Schweinsbraten mit Kartoffeln und gedünstetem Weißkraut

Zutaten für den Schweinsbraten

1 kg Schweinsschulter mit Schwarte
2 Knoblauchzehen
1 EL Kümmel, gemahlen
1 EL Salz
1 EL Pfeffer
1 EL Rosmarin, klein gehackt
4 EL Öl
2 Zwiebeln
1 Karotte
3 Lorbeerblätter
350 ml Fleischsuppe
500 g Kartoffeln, geschält und geviertelt
Salz, Pfeffer

Zutaten für das gedünstete Weißkraut

1 kleiner Krautkopf
½ Zwiebel
2 EL Butter
2 EL Weißwein
Salz, Pfeffer, Kümmel

Zubereitung Schweinsbraten mit Kartoffeln

1 Fleisch gut mit gepressten Knoblauchzehen, Kümmel, Salz, Pfeffer und Rosmarin einreiben. **2** Öl in einer Kasserolle erhitzen und das Fleisch auf allen Seiten gut anbraten. **3** Zwiebeln und Karotte grob schneiden und mit den Lorbeerblättern zum Fleisch geben. **4** Anbraten und mit etwas Suppe aufgießen. **5** Alles im vorgeheizten Backrohr bei 180 °C ca. 1,5 Stunden garen. **6** Immer wieder kontrollieren, ob genügend Saft beim Braten ist, ansonsten mit Suppe nachgießen. **7** Nach ca. 1 Stunde die Kartoffeln dazugeben, Suppe nachgießen und weiterschmoren lassen. **8** Am Schluss mit Salz und Pfeffer nach Geschmack abschmecken.

Tipp: Dazu passt Krautsalat (siehe Seite 192) oder gedünstetes Weißkraut (siehe unten).

Variante: Rosi gießt den Schweinsbraten mit Bier auf.

Zubereitung Weißkraut

1 Den Krautkopf in dünne Streifen schneiden. **2** Die Zwiebel in dünne Streifen schneiden und in Butter hellgelb anrösten. **3** Das Kraut dazugeben und kurz mitrösten. **4** Mit dem Weißwein ablöschen, salzen, pfeffern, mit Kümmel würzen und bei geschlossenem Deckel weiterdünsten. **5** Immer wieder umrühren und nachschauen, ob noch mit Wasser aufgegossen werden muss.

Rosis Kartoffelsalat

Zutaten

1 kg Kartoffeln (festkochend)
2 EL Öl (Oliven- oder Sonnenblumenöl)
1 EL weißer Balsamico-Essig
Salz, Pfeffer
1 Zwiebel
250 ml Gemüse- oder Fleischbrühe

Zubereitung

1 Kartoffeln wie Pellkartoffeln mit der Schale kochen. **2** Für die Marinade Öl, Essig, Salz und Pfeffer verrühren – das Mischungsverhältnis kann je nach Geschmack verändert werden. **3** Zwiebel schneiden und in einer Pfanne in der Brühe dünsten, am besten so lange, bis die Zwiebeln nicht mehr hart sind. **4** Kartoffeln nach dem Kochen auskühlen lassen, bis man sie gut in der Hand halten kann, dann schälen und in Scheiben schneiden. **5** Mit der Marinade und den Zwiebeln in der Brühe begießen. **6** Einziehen lassen, dann ist der Kartoffelsalat servierfertig.

Tipp: Mit frisch geschnittenem Schnittlauch bestreuen. In Bayern wird der Kartoffelsalat lauwarm zum kalten Schweinsbraten gegessen.

Gastlichkeit im Bauhausstil

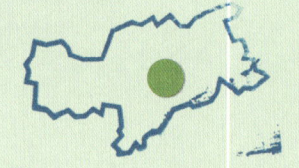

Das Briol bei Barbian

Autobahnausfahrt Gröden. Wie gewohnt, zieht's mich nach links, hinein in die Dolomiten, nach St. Ulrich, Wolkenstein und zum Langkofel. Doch heute biegen wir rechts ab, auf die alte Brennerstraße Richtung Bozen, und kurz darauf nach Barbian. „Rosi", sag ich, „weißt du noch vor 50 Jahren, da sind wir hier ewig im VW-Bus dahingezuckelt, ohne Autobahn, bis nach Sestriere." Ein Wahnsinn, wie schnell man heute an so vielen Tälern und idyllischen Orten vorbeifliegt – und wie schön, dass wir abbiegen dürfen.

Kurz verschmelzen Gestern und Heute, doch als sich der Weg immer steiler und kurviger hinaufschlängelt, ein Slalomkurs, und als uns niemand mehr entgegenkommt, heißt es aussteigen. Hoch über dem Eisacktal packen wir unseren kleinen Rucksack und wandern auf einem schmalen Weg Richtung Briol.

Jeder Wald und jede Wiese ist für Rosi „a Schwammerlgegend". Hier oben, weit weg vom Lärm und der Unruhe des Tales, dringt ihr Blick noch schärfer unter jeden Ast und unter jeden noch so schattigen Baum. „Schau, a Fliegenpilz", ruft sie, da müssen noch andere Pilze sein. „Viel zu trocken", antworte ich, doch gleich drauf kommt sie triumphierend mit einem Steinpilz daher. Ein besseres Mitbringsel für unseren „Einkehrschwung" konnte sie nicht finden.

Irgendwie spürt man die Nähe des Ziels. Die Bergwiese öffnet sich und über uns liegt es: das Briol. Die Aura und Atmosphäre, die von diesem Haus ausgehen, nehmen einen sofort gefangen. Gekonnt hineingesetzt in diese einzigartige Landschaft, steht es dennoch in einem architektonischen Spannungsfeld, das man auf dieser Höhe und in dieser Lage nie erwartet hätte. Sind wir in Dessau oder in Südtirol? Kubisch, unkitschig, modern, in bester Bauhausmanier, steht hier ein Gasthaus, das einen in seiner Schlichtheit und Einfachheit zum Bleiben animiert.

Wenn man ins Haus eintritt, verschmelzen Gestern und Heute erst recht. Das Gasthaus hat keine Rezeption, keinen auffälligen Eingang. Hier gibt es kein Streben nach architektonischen Effekten oder Ornamenten. Kein Bild an der Wand, nur die Dolomiten auf der anderen Seite des Tales. Auf jedes Zuviel wurde verzichtet. Wenige Tische stehen im Speisesaal, weiße Tischdecken und Stoffservietten. Frische Blumen von draußen, es wirkt fast weihevoll.

Die Wirtin erscheint: Johanna. Mutter von vier Kindern, gewinnend, temperamentvoll, einzigartig. Richtig heißt sie Johanna Fink-Settari. Ihre Urgroßmutter hat das Haus 1898 erbaut, 1928 wurde es zu diesem „Gesamtkunstwerk in Bauhausmanier" umgestaltet. Johanna lebt das Erbe ihrer Vorfahren weiter. Sie hat die Seele des Gebäudes und die Verpflichtung gegenüber den Generationen verinnerlicht. Wir spüren diese Spiritualität beim ersten „Grüß Gott". Mit ausgebreiteten Armen begrüßt sie uns, öffnet das Haus und unsere Herzen. „Weißt du", sagt sie zu mir, „ich freu mich so, dass ihr mich besucht. Was, einen Steinpilz habt ihr mitgebracht? Komm, Rosi, lass uns gleich in die Küche gehen!"

Sind wir in Dessau oder in Südtirol?

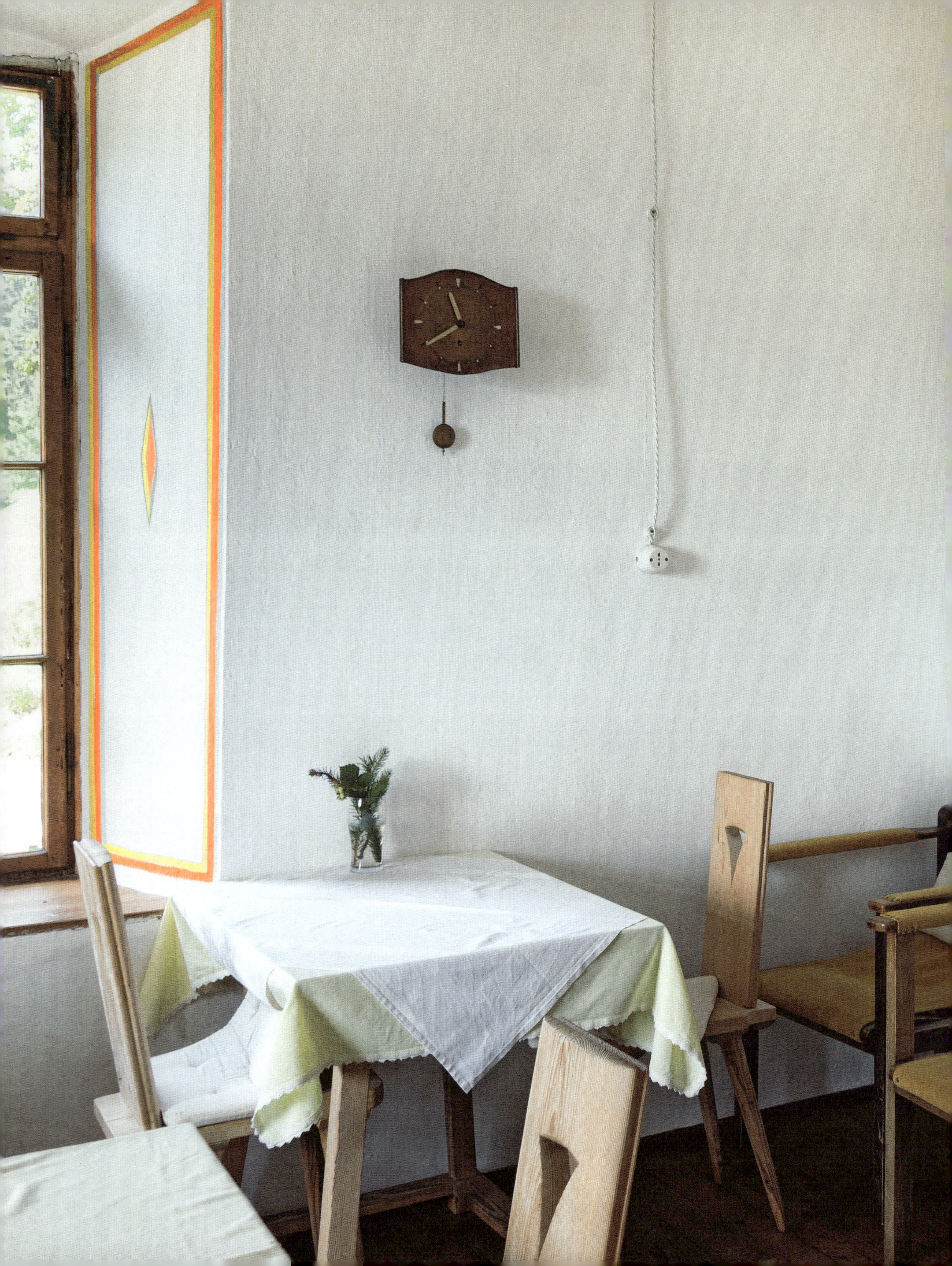

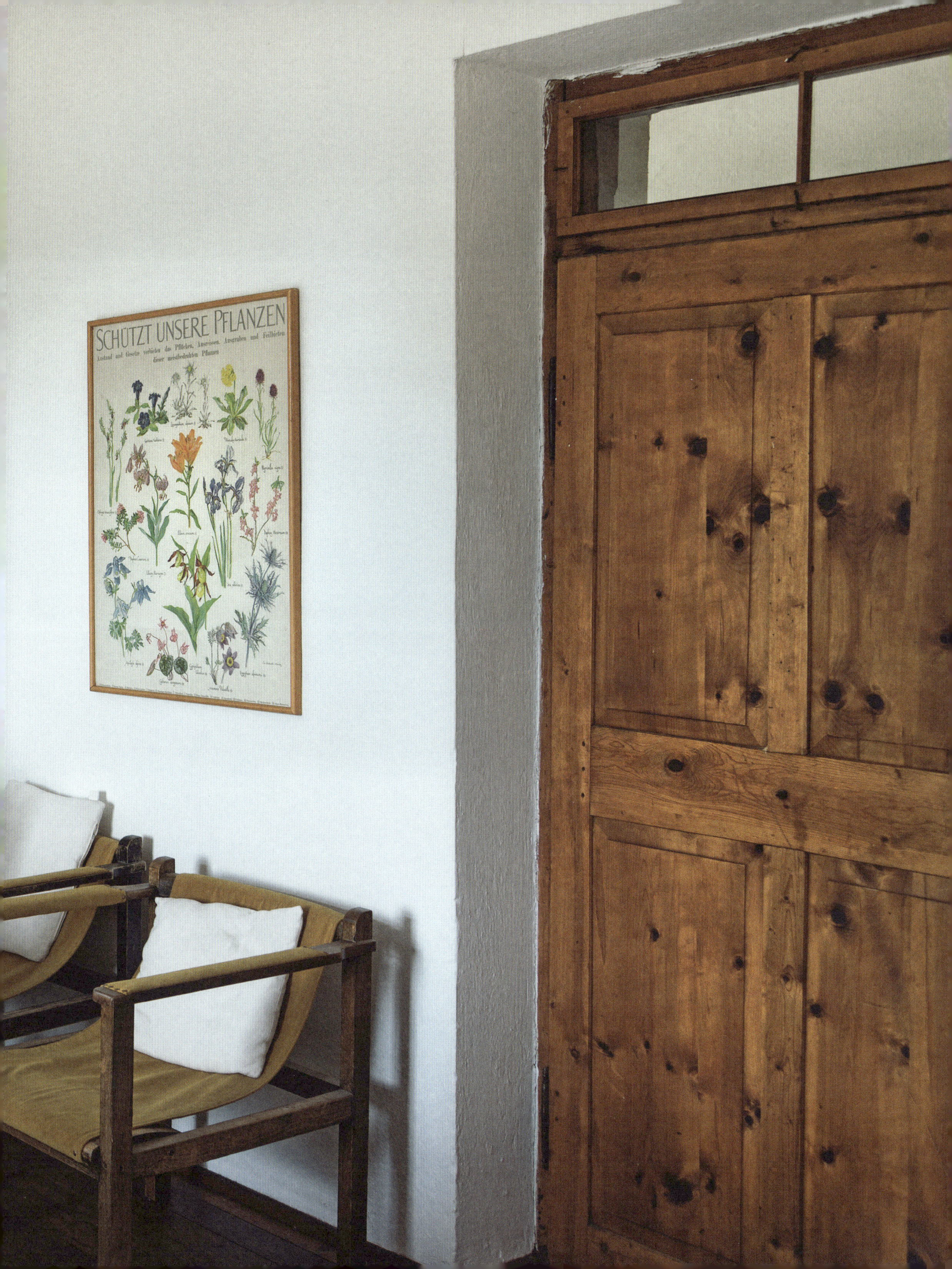
SCHÜTZT UNSERE PFLANZEN

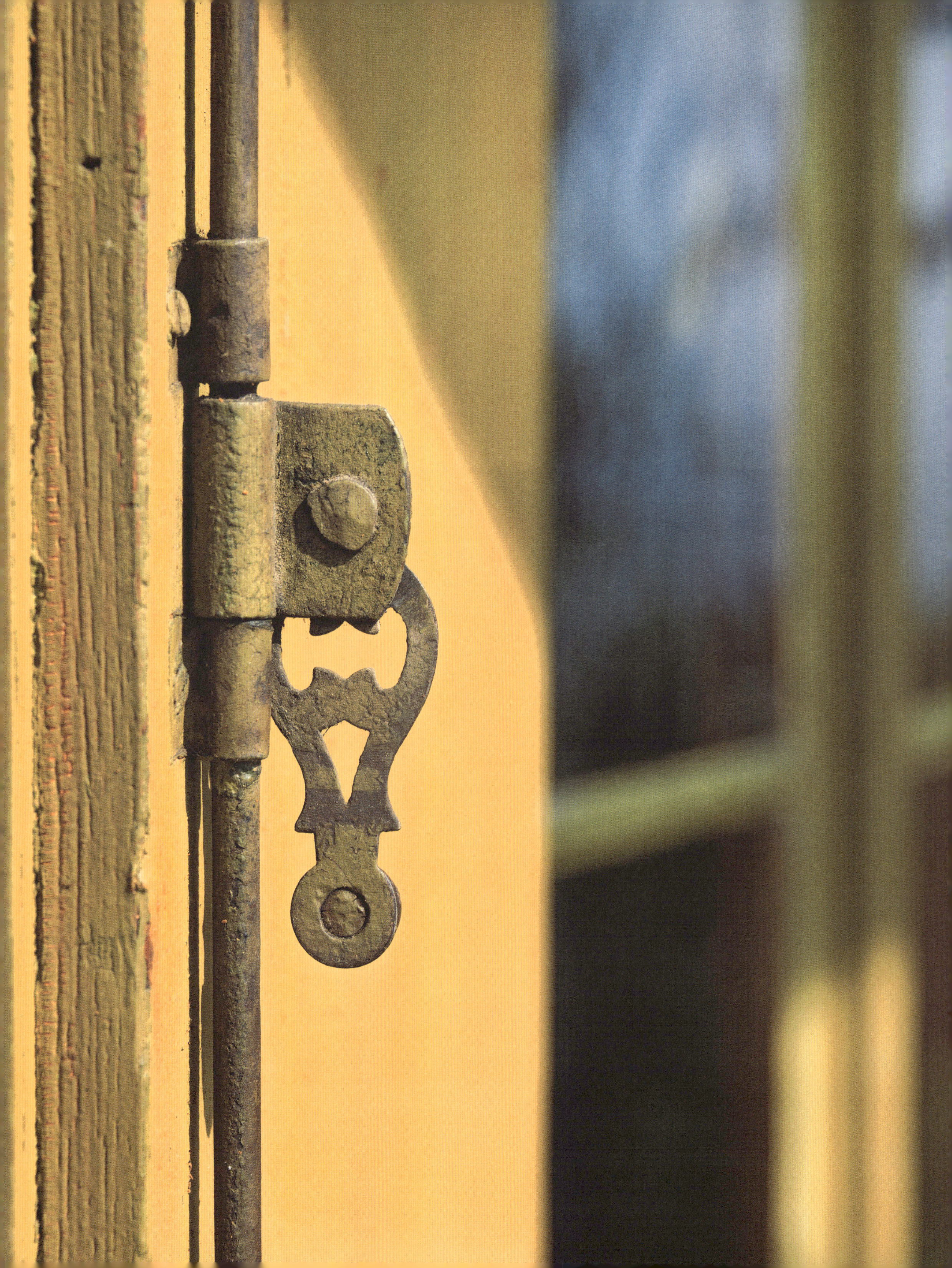

Gestern und heute

Schlichtheit und Natürlichkeit

Die Pension Briol liegt auf 1.310 Metern Höhe in Dreikirchen oberhalb von Barbian bei Klausen. Wer den Zauber dieser Sommerfrischgegend erleben will, muss sie erwandern, private Fahrzeuge sind nicht erlaubt. Die Urgroßmutter der heutigen Besitzerin, Johanna Settari, eröffnete das Gasthaus 1898. Im Jahr 1928 wurde es nach den Ideen ihres Schwiegersohns, des Architekten und Malers Hubert Lanzinger, im Bauhausstil umgebaut. Die schlichten Holzstühle mit der dreieckigen Auslassung gehören ebenso zu seinen Entwürfen wie die sparsamen dekorativen Bemalungen und das sanfte „Lanzinger-Grün", das unter anderem die Fassade der Pension schmückt. Das Briol steht unter Denkmalschutz und ist bis heute so gut wie unverändert. 2012 erhielt es die Auszeichnung „Historischer Gastbetrieb des Jahres".

  Johanna Settari war eine sehr tatkräftige Frau: Sie schenkte 15 Kindern das Leben und erbat sich bei jeder Geburt von ihrem Mann, einem Bozner Geschäftsmann, ein weiteres Grundstück in Dreikirchen, denn sie wollte jedem ihrer Kinder ein Sommer-Ferienhaus am Berg hinterlassen. So schmückten sich die Wälder um Dreikirchen bald mit einer Vielzahl kleiner Häuser im schlichten Bauhausstil. Zwei der Sommerhäuser stammen vom berühmten Architekten Lois Welzenbacher, und Hubert Lanzinger schuf für sich und seine Frau das sehenswerte Berghaus „Herrgottsbödele" unterhalb von Briol.

Es wirkt
fast
weihevoll

Ich bin raus aus den Nocken

Schon der erste Blick in die Küche verzückt einen. Statt schlichter Einfachheit strahlen einem aus jeder Ecke und aus jedem Winkel die Reichtümer der Südtiroler Natur entgegen. Man spürt sofort, hier pulsiert das Herz von Johanna, hier ist ihr Reich, hier kann sie den Überfluss ihres Herzens den Gast nicht nur fühlen, sondern auch schmecken lassen. In dieser Umgebung aus alt und neu und aus genialem Chaos verschmelzen Rosi und Johanna in ihren Ansichten über Kochen und Leben, und wer sie beobachtet, empfindet mit Ehrfurcht die Erdung, die sie verbindet. Sie wandern auf die Bergwiese vor dem Haus, schneiden wilden Salbei und Thymian und bewegen sich wie lang vertraute Geschwister.

Topfennocken mit Bergkräutern lernt die Johanna uns, so einfach und doch so schwer. Rosi schneidet die Kräuter, geschroteter Pfeffer kommt dazu, eventuell noch Majoran. Hergerichtet ist schon der Topfen vom Ricotta-Käse. Johanna schlägt vier Eier in die flüssige Butter und rührt so lange, bis es schaumig wird. Danach mischt sie Kräuter, Topfen und Butter zusammen und ich darf das Ganze vermischen. Kochen ist leicht, denk ich mir! In dem Augenblick kommt Johanna mit einer Mehltüte. Ich soll jetzt das Mehl reinrühren. Ich frage nach einer genauen Mengenangabe – keine Angabe und ich bin raus aus den Nocken. Rosi und Johanna lächeln sich milde an und geben ohne jede Maßeinheit Mehl dazu, bis eine wunderbare Konsistenz erreicht ist. Sie salzen, schmecken ab und reiben zusätzlich Parmesan dazu. Meine Rezeptgenauigkeit ist dahin, ich probiere und es schmeckt himmlisch! Ich erlaube mir, zu bemerken, dass das auch ein wunderbarer Brotaufstrich wäre und – oh Wunder – ich bekomme Zustimmung, aber ziemlich von oben herab.

Trotzdem fühle ich mich ernst genommen und wachse in meinem Selbstvertrauen, als es darum geht, Nocken in zwei Suppenlöffeln aus dem „Teig" zu drehen und dann ins kochende Salzwasser zu tauchen. Fürs Anrichten bin ich aber zu grob und Frauenhände sind wieder gefragt: die Nocken auf den Teller, mit flüssiger Butter übergießen und mit Parmesan abstreuen. Als „Highlight" obendrüber unser Mitbringsel, die Steinpilze. Klassisch, wie es sich für Edelpilze gehört, werden sie ohne Schwamm in Scheiben geschnitten und nur in Butter gebraten. Erst danach werden sie gesalzen und mit Petersilie bestreut. Wir sitzen alle draußen auf den schlichten Holzbänken unter dem Schirm und blicken hinüber zu den wolkenverhangenen Dolomiten. Die Mutter von Johanna, Frau Karin Müller-Fink, ist zu Fuß von Dreikirchen heraufgewandert und bereichert unsere Runde. Der Weißburgunder steht schon am Tisch, da kommt Johanna und serviert strahlend ihre Brioler Nocken. Wir sind dankbar für dieses Erlebnis und spüren die Klarheit, Ruhe und Tiefe, die diese Menschen und dieser Ort auf uns ausüben.

Brioler Topfennocken mit Bergkräutern

Zutaten

120 g Butter

4 Eier

1 EL Wilder Salbei von der Wiese oder handelsüblicher Salbei

1 EL Thymian

1 TL Rosmarin

800 g Topfen oder Ricotta

1 Prise Salz

Pfeffer

2 EL Parmesan

200 g Mehl

Butter und Parmesan zum Abschmelzen

Petersilie zum Garnieren

Zubereitung

1 Die weiche Butter und Eier mit dem Rührgerät schaumig rühren. **2** Kräuter fein hacken. **3** Kräuter und Topfen zur Butter-Eier-Masse geben, salzen und pfeffern, je nach Geschmack noch geriebenen Parmesankäse dazugeben. **4** Alles gut mit dem Holzlöffel verrühren. **5** Anschließend nach und nach das Mehl zugeben und vermischen, bis eine gut formbare Konsistenz erreicht ist. **6** Nocken mit dem Suppenlöffel formen und in kochendem Salzwasser 5–8 Minuten ziehen lassen. **7** Die Nocken mit einer Lochkelle aus dem Wasser nehmen und auf dem Teller anrichten. **8** Mit brauner Butter abschmelzen, mit Parmesan bestreuen und mit gehackter Petersilie garnieren.

Variante: Steinpilze passen hervorragend zu den Nocken (siehe Rosis Steinpilze unten). Man kann die Steinpilze beim Anrichten als Beet unter die Nocken legen oder als Garnitur darüber geben.

Rosis Steinpilze

Zutaten

ca. 300 g Steinpilze (je nach Fund)

1 Zwiebel

30 g Butter

1 Prise Salz

Pfeffer

Zubereitung

1 Die Steinpilze nicht waschen, sondern nur trocken putzen: mit einem Küchentuch abreiben, mit einem Messer den größten Dreck wegschneiden. **2** Steinpilze großblättrig schneiden. **3** Die Zwiebel schälen und klein schneiden. **4** Butter in der Pfanne erhitzen und die Zwiebel gelb anlaufen lassen. **5** Die Steinpilze dazugeben und bei geringer Hitze ca. 10 Minuten schmoren. **6** Vorsichtig mit Salz und Pfeffer würzen.

Tipp: Bitte beachten Sie die in Südtirol geltenden Bestimmungen für das Sammeln von Pilzen. Informieren Sie sich in der jeweiligen Gemeinde.

87 ✱ BRIOL

Fast schon kitschig

Die Adler Mountain Lodge auf der Seiser Alm

Dieses unverschämt schöne Hochplateau

Eigentlich sollten wir es gar nicht zugeben, besser gar nicht darüber reden ... aber nein, wir stehen zu unseren Versäumnissen. Da fahren die Rosi und ich seit Jahren in alle Ecken und Enden von Südtirol, erkunden jedes hinterste Seitental, laufen zu jeder Hütte hoch, aber wir waren noch nie – auf der Seiser Alm.

So, jetzt ist es raus! Nur bis Kastelruth haben wir es bisher geschafft, wo wir die herzensliebe Südtiroler Skirennfahrerin Denise Karbon besucht haben, die mich mit ihrem Lachen so sehr an die „Rosi von der Winklmoosalm" erinnert. „Ihr müsst aber schon einmal rauf auf meine Alm", hat uns die Denise gesagt. Alle sagen das ja. Alle schwärmen davon. Das sei der schönste Flecken Südtirols, ach was, der Welt. Und wir selbsternannten Südtirolfreaks waren noch nie dort – bis jetzt. Endlich holen wir lang Versäumtes nach. Lange genug hat's gedauert. Wir besuchen die Adler Mountain Lodge!

Unsere Erwartungen waren riesig, wie könnte es auch anders sein – aber als sich der Almboden vor uns öffnet, werden sie noch einmal übertroffen. Dieses unverschämt schöne Hochplateau oberhalb von Bozen auf 1.800 Metern ist Südtirols Postkartenidyll schlechthin. Ein Gemälde! Fast schon kitschig. Zu schön, um wahr zu sein. Und wenn wir schon beim Kitsch sind, dann darf man das ruhig auch mal so kitschig sagen: Uns bleibt die Luft weg.

So ein Anblick: Das satte Grün, das schroffe Gestein des Schlerns und des Langkofels, bei dem ich sofort an den legendären Luis Trenker denken muss. Ich spüre sein Verlangen, die Leidenschaft, die Abenteuerlust, sich in so eine steile Wand reinzuhängen. Da muass i aufi, denk ich mir und spüre die Ursehnsüchte, die uns Gebirgler ein Leben lang nicht loslassen, denn „Steigst du nicht auf die Berge, so siehst du auch nicht in die Ferne".

Die Rosi ist ja selbst auf einer Alm aufgewachsen, der Winklmoosalm. Ähnlich wie hier bauen sich hinter den Almwiesen die schroffen Felsen der Loferer Steinberge auf und geben den Augen einen wunderbaren Halt. Warum?, denke ich mir jetzt wieder, während ich hier oben stehe, warum faszinieren uns Menschen gerade solche Kulissen? Wir haben schon viele Berge gesehen in unserem Leben, auf allen Kontinenten, auch die Dolomiten sind uns vertraut. Vieles hat uns beeindruckt, also warum sind solche Momente, solche Orte, so etwas Besonderes, Magisches?

Die Seiser Alm, diese größte Hochalm Europas mit ihrer immensen Fläche und Weite von 52 Quadratkilometern, ermöglicht einen wunderbaren Zugang zu den Bergen.

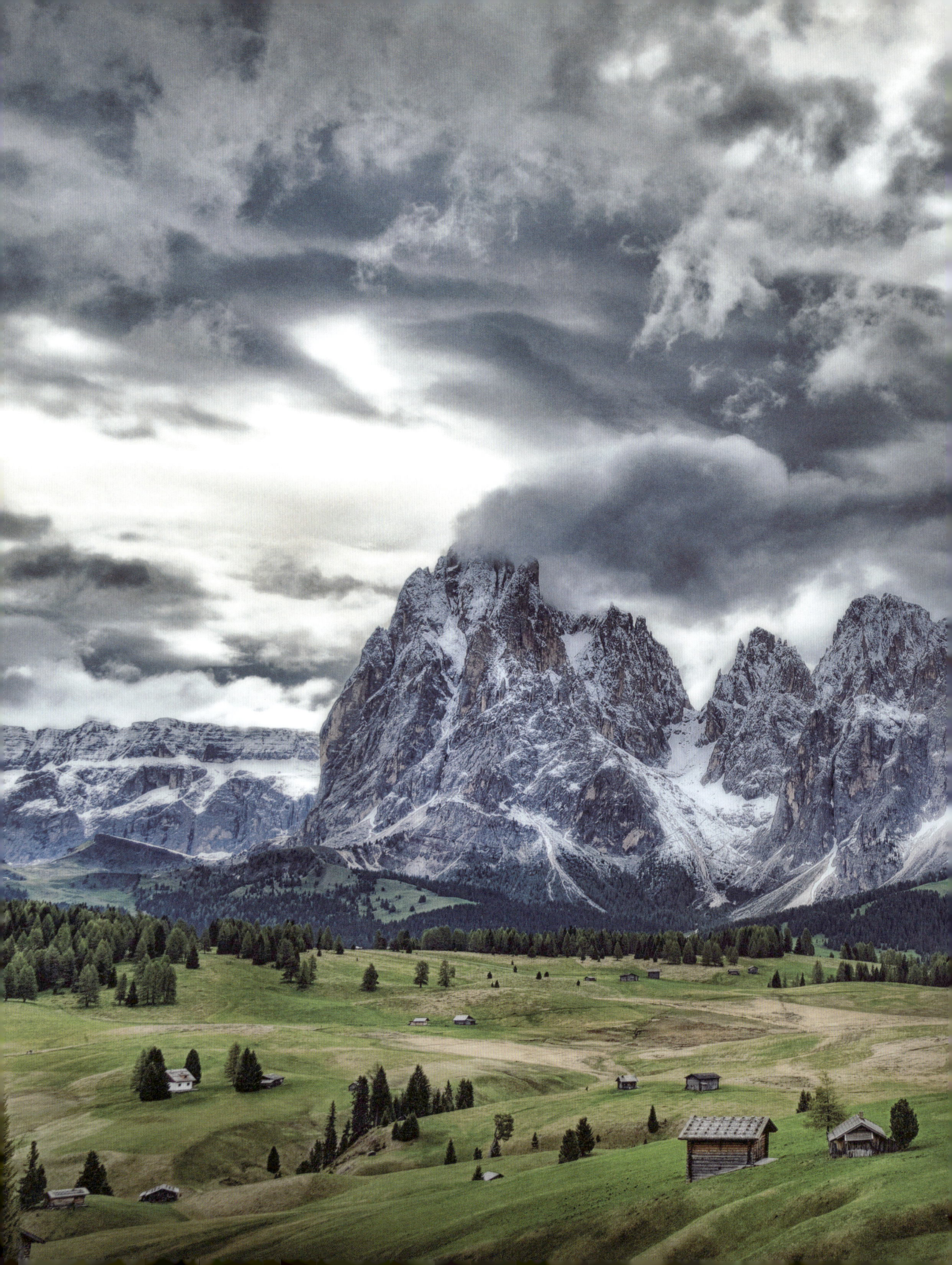

Autofreie Alm

Südtirol ist nach wie vor hauptsächlich ein Urlaubsziel für Autofahrer. Dass man mit dem Auto aber nicht stets bis in den letzten Winkel fahren muss, zeigt das Beispiel Seiser Alm: Seit Errichtung der Seiser Umlaufbahn, einer der modernsten in ganz Europa, ist das Hochplateau – bis auf wenige Ausnahmen – von morgens um neun bis abends um sechs autofrei. Es kann nur mit dem Bus oder eben der Bahn erreicht werden. Die Talstation befindet sich in Seis, das Parken ist kostenlos. Von dort führt die 4.300 Meter lange Trasse zur Bergstation Compatsch. In 15 Minuten wird ein Höhenunterschied von 800 Metern überwunden.

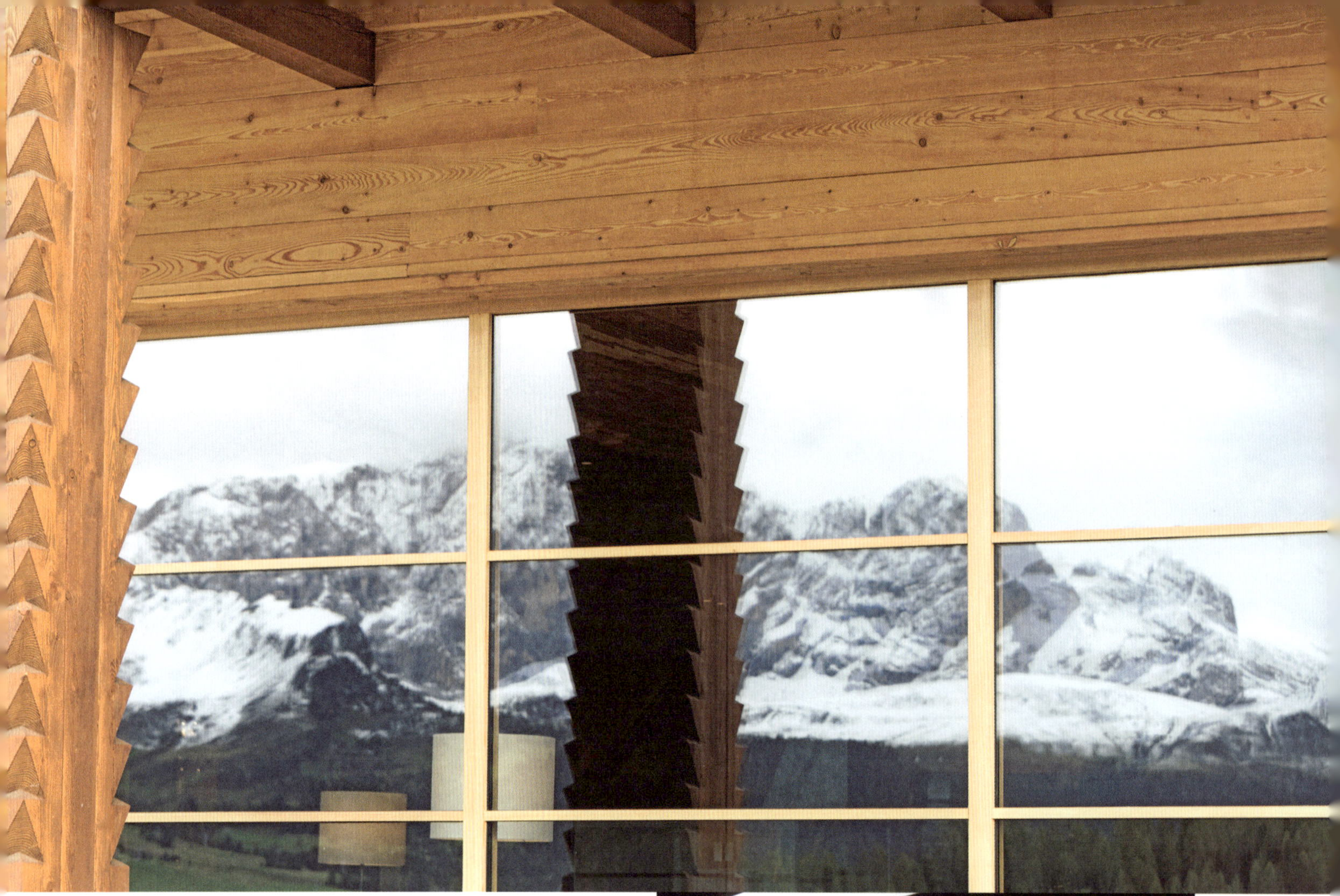

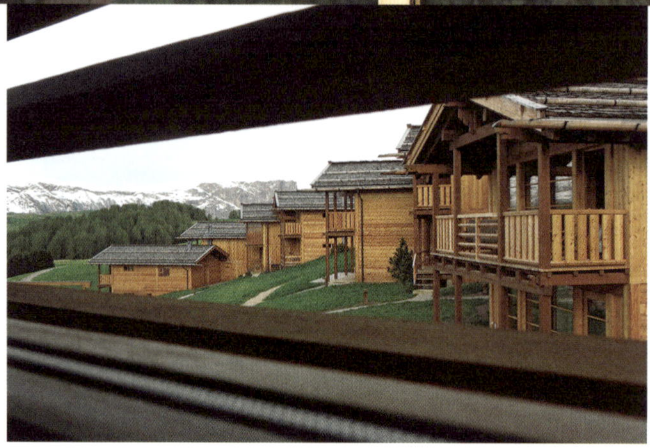

Die Architektur tut sich nicht selbst hervor

Hier hat die Seele noch Zeit zum Baumeln. Die Berge erdrücken einen nicht und sind doch so gewaltig und spürbar nah. Du spürst deren Kraft und die Größe, aber sie bauen sich nicht direkt vor deiner Nase auf, sie lassen dir Platz und harren höflich am Horizont. Deshalb, so denk ich mir, ist diese Alm bei den zahlreichen Flachländern so beliebt. Weil du die Bedrohung nicht erfährst – aber doch die Faszination.

Und an noch etwas muss ich auf dem Weg zur Alm denken. Während ich den Wagen die Kurven hochlenke, höre ich die „Kastelruther Spatzen" im Autoradio. Nicht meine Musik, aber irgendwie passt sie gut hierher und ich genieße, wie sie mich umgarnt und mich immer positiver auf das Kommende einstimmt. Was macht die Landschaft aus den Menschen? Der Berg prägt seine Bewohner, die Geister, die Felsen, all das färbt ab. Es geht an die Seele. Es formt den Charakter. Und auch die Musik. Mir fällt auf, die Volksmusik der Südtiroler hört sich lieblicher an als die bayerische. Bei uns klingt der Jodler härter, hier klingt er schmeichelnder. Das muss das Südtiroler Klima sein. Die 300 Sonnentage im Jahr. Die Alm kommt näher und ich spüre, wie alles von mir abfällt. Oben angekommen, ruhen wir in uns. Wir erreichen die Adler Mountain Lodge, dieses Häuserensemble aus Holz. Die 2014 fertiggestellte Anlage wirkt sehr reduziert und ist doch luxuriös: Die Zimmer sind mit Sauna und offenem Kamin ausgestattet. Die Lodge fügt sich so in die Landschaft ein, dass es beim Betrachten nicht wehtut. Im Gegenteil. Die Architektur tut sich nicht selbst hervor, sie verschwindet im Gesamtbild und integriert sich in die Einzigartigkeit der Landschaft. Das können sie, diese Südtiroler! Ob innen oder außen, der Südtiroler Architekt Hugo Demetz ließ nur lokale Gebirgshölzer verwenden und auch Künstler aus der Region tragen ihren Part bei. So etwa der Gadertaler Holzschnitzer Adolf Vallazza, dessen Adler und Drachenköpfe die Dachfirste schmücken.

Was mich in Südtirol so fasziniert, ist, dass eine junge Generation langsam das Ruder übernimmt und neue Ideen im Kopf hat, ohne die Tradition zu vergessen. In der Architektur, beim Design, aber auch – und vor allem – in der Küche. Die heimischen Produkte werden geschätzt und mit Neuem kombiniert.

Hannes Pignater von der Adler Mountain Lodge ist einer dieser jungen, wilden Besessenen. Als er uns gegenübertritt, denke ich zuerst, das muss ein Skirennfahrer sein, so wie der gebaut ist, so geschmeidig, wie der sich bewegt – und so wie ihn die Rosi anschaut. Ich spüre sofort, der gefällt ihr. Und ein Südtiroler ist er auch noch! Meine Alarmglocken gehen an. Denn früher, erzählte mir die Rosi, haben sich ihre Schwestern und sie beim Skifahren in Südtirol immer gesagt: Hier müssen wir die Augen aufmachen! Einen feschen Südtiroler finden, der Ski fahren und gut kochen kann, das wär's! Und was hat sie gefunden: einen Garmisch-Partenkirchener, der zwar einigermaßen Ski fahren, aber nicht kochen kann. Diesen Malus schlepp ich nun schon mein ganzes Leben mit mir herum.

Die Rosi will keine Zeit verlieren und geht sofort mit dem Hannes in die Küche. Ich eile hinterher, um aufzupassen, dass nichts passiert. Der Hannes war mit 21 Jahren jüngster Berufsweltmeister. Also ist auch er ein Spitzenathlet, wenn auch nicht auf der Piste, sondern am Herd. Früher, so erzählt er, während er mit meiner Rosi Bohnen wäscht und Zwiebeln und Lauch hackt, wollte er Gitarrist werden, aber seine Mutter war dagegen, also hat er es mit dem Kochen versucht. Aus dem wird nie etwas G'scheits, sagte sein erster Chef, trotzdem – oder vielleicht gerade deshalb – hat ihn der Ehrgeiz gepackt. „Zufleiß", wie die Südtiroler sagen, jetzt erst recht, wollte er es allen zeigen. Und wie er es seinem Ex-Chef gezeigt hat!

Hannes lässt uns einen Almkas aus dem Vinschgau probieren. „Mit der Hand geschüttelt, nicht mit gepumpter Milch", sagt er. „Da schmeckt er noch besser." Der Käse schmeckt umwerfend und ich bin in der Zwischenzeit auch etwas ruhiger: Hannes hat nur Augen für seine Gerichte. Er verrät uns, was er heute für uns zubereitet.

Ein altes, ladinisches Gericht nach einem Rezept seiner Oma. Bohnensuppe mit Knödeln. „Arme-Leute-Essen auf hohem Niveau", wie er sagt. Bislang hat er sich an diesen Klassiker noch nicht rangetraut, erst vor ein paar Tagen hat er ihn zum ersten Mal ausprobiert. Für uns. Wir fühlen uns geehrt.

Die Suppe ist fast fertig, Hannes verrät uns noch schnell seinen Knoblauchtrick: den grünen Kern rausnehmen, dann stößt er nicht auf. Und er verrät uns auch, wie er es schafft, dass ein scheinbar so einfaches Gericht so herausragend schmeckt. „Wenn du gute, ehrliche Produkte nimmst, dann machst du schon mal vieles richtig." Und so ist es ja überhaupt im Leben, in der Familie und überall, denke ich mir. Leg ein gutes Fundament und bau darauf auf. Hannes hat alles richtig gemacht. Die Suppe schmeckt wie im Himmel, dem wir hier oben so nah sind.

Ich spüre sofort, der gefällt ihr

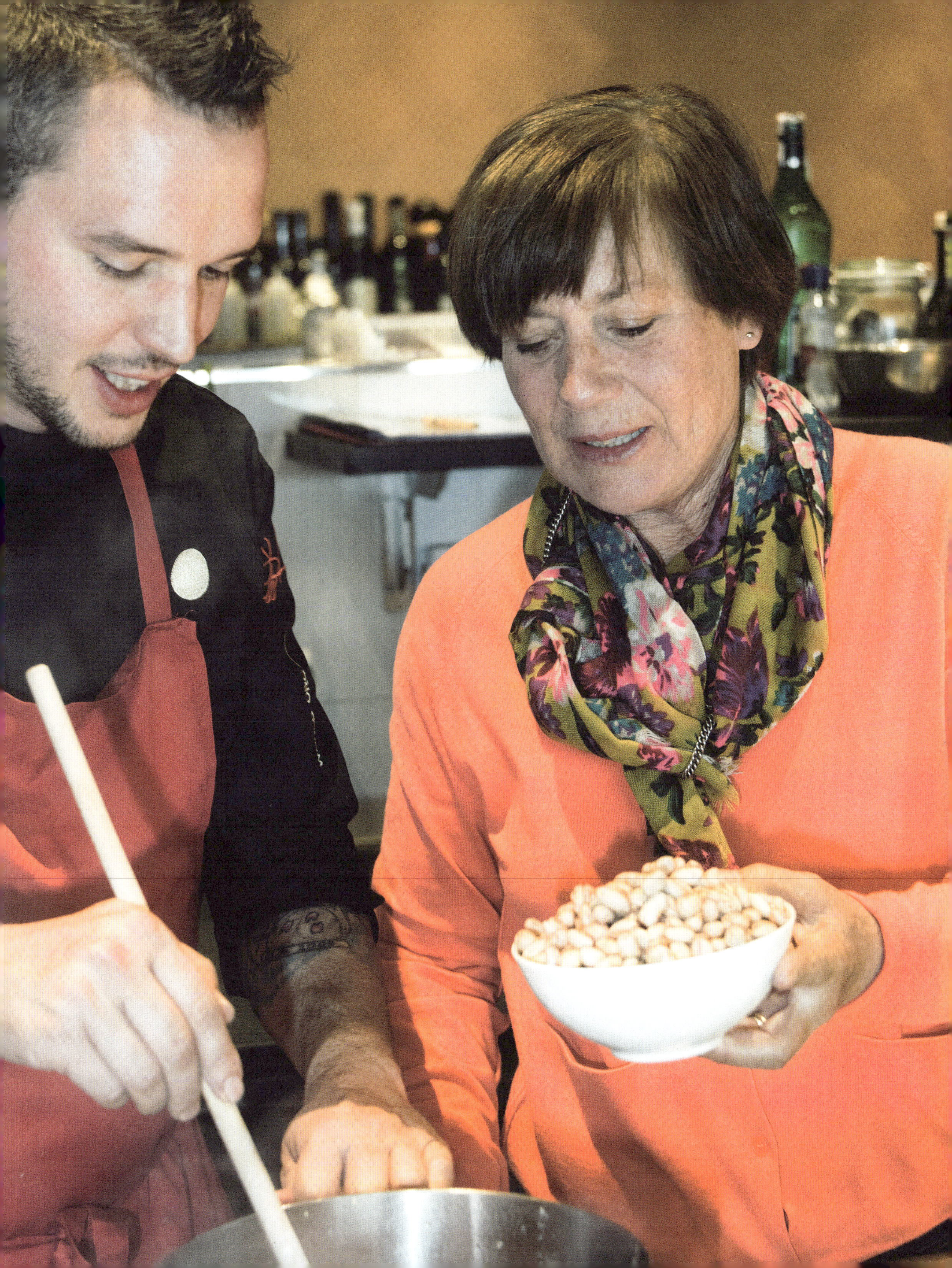

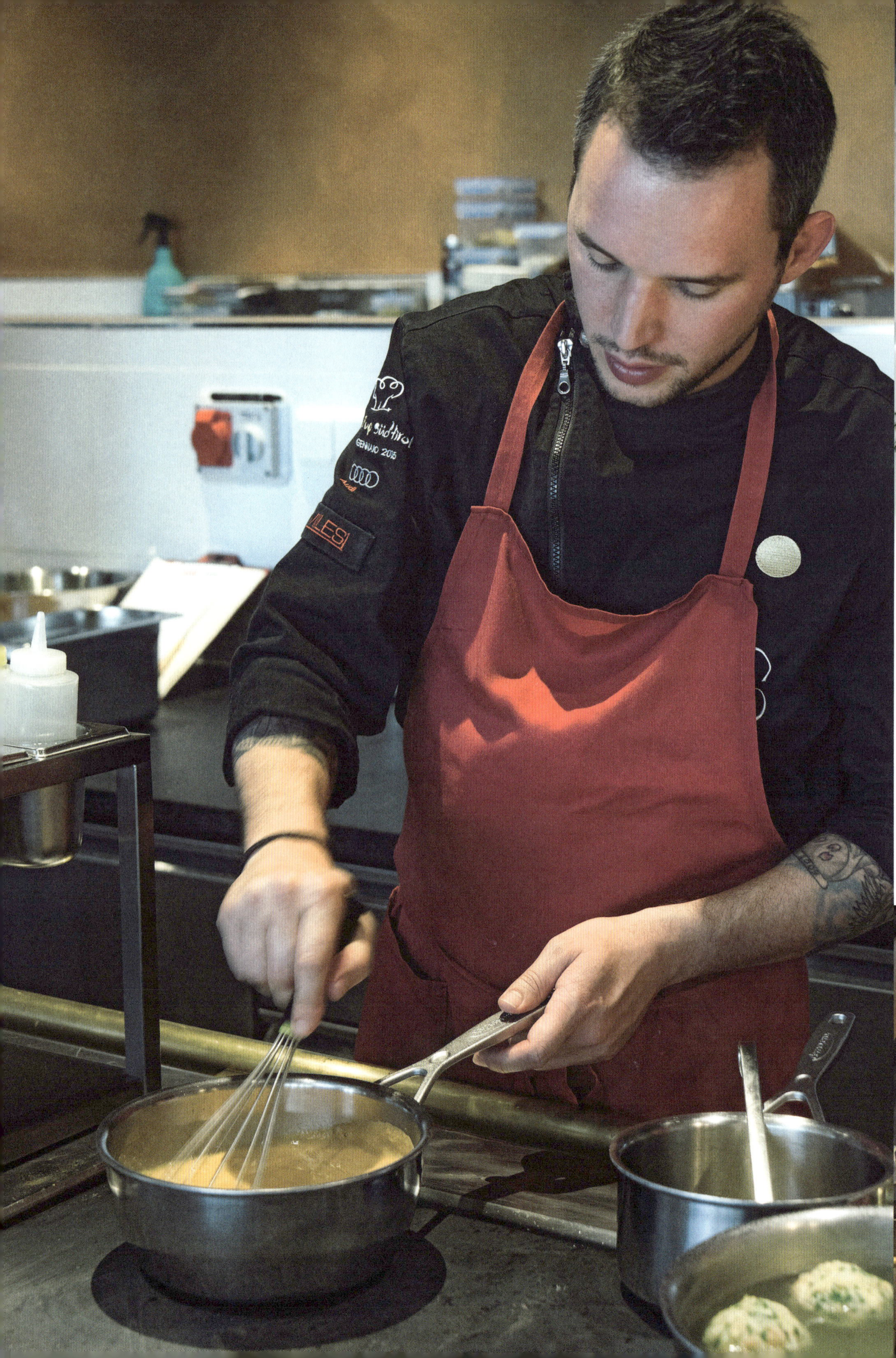
GENNAIO 2015
MILESI
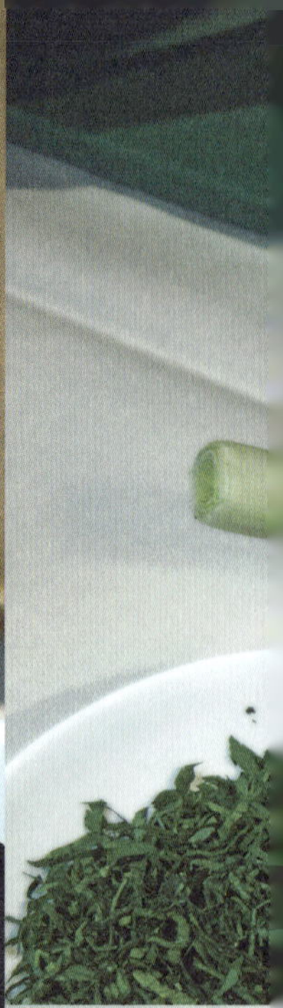
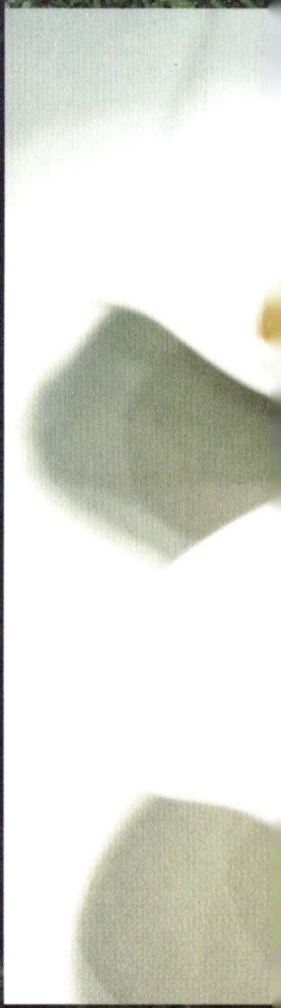
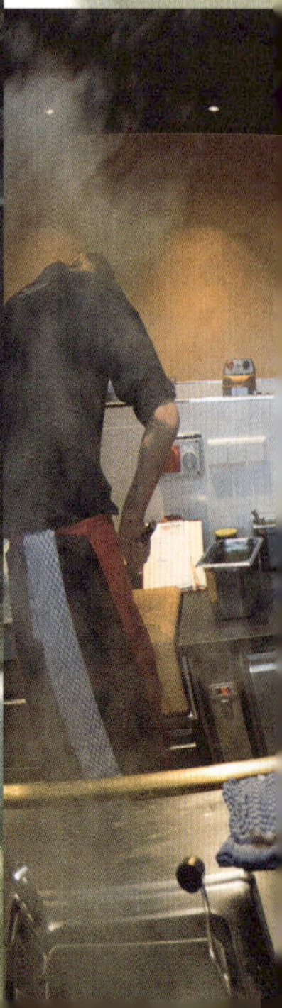

Hannes ist einer dieser jungen Besessenen

Ladinische Bohnensuppe mit Knödeln

Zutaten für die Bohnensuppe

- 200 g Bohnen, weiß
- 1 Zwiebel, feinblättrig aufgeschnitten
- ½ Knoblauchzehe, klein geschnitten
- 2 EL Öl
- 30 g Mehl
- 125 ml Weißwein
- 1 Kartoffel
- 700 ml Fleischsuppe (siehe rechte Seite)
- Salz, Pfeffer

Zutaten für die Semmelknödel

- 250 g Knödelbrot
- 4 EL Milch
- ½ Zwiebel
- ½ Lauchstange
- 1 EL Butter
- 2 EL Öl
- 4 Eier
- Kräuter (Petersilie, Schnittlauch, Bärlauch, Gundermann, o. Ä.)
- 1 Prise Salz
- 2 EL Mehl
- Kräuter zum Garnieren

Zubereitung Bohnensuppe

1 Die Bohnen über Nacht in Wasser einweichen. **2** Zwiebel und Knoblauch in Öl goldgelb dünsten, mit Mehl bestäuben und hellbraun rösten. **3** Mit Weißwein ablöschen, etwas einkochen lassen. **4** Die abgeseihten Bohnen, die geschälte, klein geschnittene Kartoffel und die Suppe dazugeben. **5** Alles weich kochen und anschließend pürieren. **6** Die Suppe sollte eher dünn sein, da die Knödel noch darin gekocht werden, bei Bedarf mit etwas Wasser oder Suppe verdünnen. **7** Die Suppe mit Salz und Pfeffer abschmecken.

Zubereitung Semmelknödel

1 Knödelbrot mit Milch befeuchten und gut durchmischen, 20 Minuten ruhen lassen. **2** Zwiebel und Lauch in kleine Würfel schneiden und in Butter und Öl andünsten, dann unters Knödelbrot mischen. **3** Eier mit gehackten Kräutern und wenig Salz verquirlen und über das Knödelbrot gießen. **4** Alles gut vermengen, mit Mehl bestäuben und dann Knödel formen. **5** Dabei die Hände in warmes Wasser tauchen und mit den nassen Händen kleine Knödel formen und in die Suppe gleiten lassen. **6** Suppe mit den Knödeln und dem klein geschnittenen Gemüse (siehe Tipp) sanft köcheln lassen und aufpassen, dass sie nicht anbrennt. **7** Knödel ca. 10 Minuten garen. **8** Anrichten und mit Kräutern garnieren.

Tipp: Besonders gut wird die Suppe, wenn man Karotte, Sellerie und Fenchel sehr klein schneidet und am Schluss mit den Knödeln in der Suppe mitkochen lässt.

Rosis Fleischsuppe

Zutaten

1 kg Rindfleischknochen

3 l Wasser

1 Zwiebel

1 Karotte

½ Lauchstange

½ Sellerieknolle

Liebstöckl

Petersilie

ganze Pfefferkörner

1 Lorbeerblatt

500 g Rindfleisch (Wadschinken)

Zubereitung

1 Rindfleischknochen gut mit Wasser waschen.
2 In einen Topf geben und mit kaltem Wasser auffüllen.
3 Die Zwiebel halbieren, nicht schälen, in der Pfanne oder auf der Herdplatte ohne Fett sehr dunkel braten und ungeschält der Suppe beigeben. **4** Das restliche Gemüse, die gewünschten Kräuter (1–2 Stängel davon), Pfeffer und Lorbeerblatt dazugeben. **5** Erst wenn die Suppe kocht, gibt man das Rindfleisch in die Brühe, dann schließen sich die Poren sofort und das Fleisch ist nicht ausgelaugt. **6** 2 Stunden köcheln lassen, den aufsteigenden Schaum immer wieder abschöpfen.

Tipp: Die Suppe sollte nicht zu stark kochen, weil sie sonst trüb wird. Als Einlage macht Rosi gerne Pressknödel in Scheiben (siehe Seite 50).

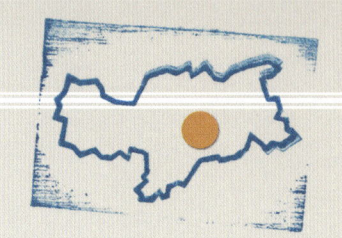

Es klappert die Mühle

Der Hofschank zur Malenger Mühle in Seis

Ich entdecke immer wieder an mir, dass mir ganz bestimmte „Mädel" gefallen. Das war schon bei der Rosi so, damals war ich 16 Jahre alt. Der erste Blick in dieses Gesicht und ich wusste: Die und keine andere! Ich liebe einfach Gesichter, die einen anstrahlen und einem sofort ein gutes Gefühl geben, einen auf Anhieb positiv mitnehmen. Die Südtiroler Skirennfahrerin Denise Karbon ist auch so eine, die muss man einfach gern haben. Mit 1,60 Metern ein Floh auf Skiern, aber ein Riese zwischen den Stangen. Bei ihr hatte man immer das Gefühl, sie lächelt sich zum Sieg. Wo andere kämpfen mussten, da ist sie geschwebt. Hinzu kommt dieses unvergleichlich einladende Südtirol-Gen: „Kommt doch mal im Sommer zu mir nach Seis, dann zeig ich euch meine Heimat!", hat sie uns bei ihrem letzten Weltcuprennen zugerufen – und natürlich sind wir gekommen.

Wir treffen uns am Hofschank zur Malenger Mühle und spüren schon bei der Anfahrt, dass sich Denise einen ganz speziellen Treffpunkt ausgesucht hat. Sie führt uns in eine kleine Oase der Vergangenheit, abseits von den tausendfach angebotenen Wanderzielen und dem touristischen Hype, der in der Umgebung herrscht. Der Schlern lockt zwar mit seinen steil abfallenden Felswänden hoch droben zum „Aufsteigen", doch der Frötschbach neben uns sprudelt so aufreizend frisch durch die kräftigen Wiesen, dass das Bergsteiger-Gen dieses Mal keine Chance hat. Schon beim Ankommen am Hof wissen wir: Das wird ein ganz besonderer Tag. Die Kühe blenden im Sonnenlicht, die Hühner scharren um die streunende Katze und wir sind einfach nur sprachlos von der Üppigkeit der Natur und von dem herzlichen Empfang, den uns Denise entgegenruft. Neben ihr steht der Bauer des Malenger Hofs, Max Plunger, mit seinem Schwiegersohn Raimund.

Die und keine andere

Schon beim ersten Händeschütteln spüren wir Leidenschaft und Passion. Max erzählt uns von Urkunden aus dem Innsbrucker Museum, die belegen, dass der Hof schon 1448 schriftlich erwähnt ist. Doch sein ganzer Stolz ist die Mühle. Seit 1525 ist sie in Betrieb und wirklich ein wahres kulturhistorisches Juwel. Er kann es kaum erwarten, uns alles rund um das Korn und die Mühle zu erzählen und mit einem Mal fühlen wir uns 500 Jahre zurückversetzt, als wäre die Zeit stehen geblieben. Früher gab es hier am Frötschbach 15 Mühlen, die für alle Bauern aus der Umgebung das Getreide gemahlen haben. Heute steht im Original nur noch die Malenger Mühle und der Max mahlt nur noch für den Eigengebrauch. Auf kleinen Feldern rund um den eigenen Hof baut er seine Getreidesorten an, aber nur die alten, originalen, und seine Augen funkeln, als wir ihn auf genmanipuliertes Getreide ansprechen. Wir bekommen einen Vortrag über Roggen, Weizen, Dinkel, Gerste und Buchweizen und staunen über das tiefgründige Wissen dieses Mannes und über seine Verantwortung gegenüber dem Erbe seiner Vorfahren. Er kennt die Getreidesorten noch von seinem Vater und warnt vor den Auswirkungen der Genmanipulation. „Der Ertrag ist bei traditionellem Anbau zwar kleiner, aber das Korn ist viel krankheitsresistenter. Außerdem wird es von Allergikern besser vertragen."

Nachdem wir auch gelernt haben, wie ein Dinkelkorn aussieht, drängt uns Max geradezu in die Mühle, denn er muss uns endlich sein „Lieblingsspielzeug", seine alte Mühle, zeigen. Sein Schwiegersohn versenkt die alte Holzrinne in den Frötschbach, und tatsächlich: Schon läuft das Wasser auf das Mühlrad, es beginnt sich zu drehen und Leben kommt in die Mühle. Es rüttelt und schüttelt, es wackelt und rattert, alles dreht sich um uns herum, wir blicken uns staunend an und haben keine Ahnung, wie man hier den Durchblick behalten kann. Dem Max ist das egal, er eilt mit erklärenden Worten zwischen den rotierenden Rädern umher, bedient gleichzeitig verborgene Riegel und Schieber und ist völlig in seinem Element. Wir schlüpfen unter drehenden Rädern und Balken hindurch, bekommen jedes bewegliche Teil erklärt und verstehen nicht, wie diese Mechanik so lange halten konnte. Der Höhenpunkt aber naht, als Max einen Sack Buchweizen an das Wackelsystem anschließt. Wir schauen fasziniert zu, wie die Körner zwischen den Mühlsteinen verschwinden, gequetscht und zerrieben werden. Es staubt schon etwas um uns herum – und tatsächlich: Jetzt läuft am Ende wunderbares Mehl heraus.

An der Wand über der Truhe hängt ein altes Marienbild mit dem Jesuskind auf dem Arm. Max steht darunter und prüft mit seinen abgearbeiteten Händen dieses frische Mehl. Es ist ein fast archaischer Anblick. Wir verstehen den Wert dieses Vorgangs für die Menschheit und erkennen gleichzeitig die Bedeutung der Worte: „Unser tägliches Brot gib uns heute!"

Es rüttelt
und schüttelt,
es wackelt
und rattert

Und Leben kommt in die Mühle

Von Einkorn, Emmer und Dinkel

Die Geschichte des Weizens fängt vor circa 10.000 Jahren an. Die Menschen damals kultivierten wilde Gräser und behielten die besten zum Vermehren. Einkorn und Emmer können in unseren Breiten in der Jungsteinzeit nachgewiesen werden. An Ötzis Kleidung etwa wurden zwei Körner Emmer entdeckt, in seinem Magen Spuren von Einkorn nachgewiesen. Da Ötzi das Einkorn in Form von feinem Mehl zu sich genommen hat, vermutet man, dass das Getreide für die Herstellung von Brot oder Fladen verwendet wurde. Die ältesten Einkorn-Funde datieren aber schon auf 8000 v. Chr. und wurden im Nahen Osten entdeckt. Auch Dinkel wurde bereits 6000 v. Chr. in Ägypten angebaut. Diese alten Getreidesorten werden heute immer beliebter, denn sie sind viel nährstoffreicher als die gezüchteten Sorten der letzten 100 Jahre. Alte Weizensorten haben einen Chromosomensatz, heutiger Brotweizen dagegen sechs. Je weniger Chromosomensätze, desto weniger Gluten (Klebereiweiß) und desto verträglicher, aber umso schlechter die Backfähigkeit.

Einen ausgelernten Koch gibt es nicht

Rund um uns strahlt die Südtiroler Landschaft in Bilderbuchmanier. In krassem Gegensatz dazu empfängt uns Raimund, der Schwiegersohn von Max Plunger, in völlig unerwarteter, schwarzer Kochkleidung. Mit Spannung spüre ich, wie er uns vorsichtig und eher zurückhaltend erwartet. Ich habe gleich das Gefühl, hier steht ein Profi vor uns, der sicher schon viel in seinem Leben mitgemacht hat, der Ruhe gefunden hat und nun befürchtet, von uns überfahren zu werden. Direkt vor seinem Hofschank steht er. Klar hebt sich der neu gestaltete Bau von den jahrhundertealten Wänden des Urhofes ab. Die weißen Knöpfe auf seiner Jacke strahlen uns an, und ich fühle geradezu die Individualität dieses Mannes, der rund um die Historie der Umgebung und die Dominanz des Hofes seine Alleinstellung sucht. Ich fühle mich ihm auf Anhieb innerlich verbunden, ich kenne diese Justierungen und die Kraft von Dynastien zu gut.

Nicht nur mein Herz bekommt er auf Anhieb, auch bei Denise und Rosi merke ich: Hier treffen sich Seelen, denen Ehrlichkeit wichtiger ist als Effekt. Ich bin schon gespannt auf die Lebensgeschichte, die hinter dieser Person steckt!

In jedem Südtiroler Kochbuch findet man Schlutzkrapfen, das scheint neben Knödeln die nationale Leibspeise zu sein. Die Lokalpatrioten der einzelnen Täler sind stolz auf ihre speziellen Rezepte und Füllungen. Eifersüchtig achten sie auf Individualität, und geheime Rezepturen werden von der Oma auf die Enkelin vererbt. Auch bei Raimund haben wir das Gefühl, dass er uns nur ausnahmsweise beim Zubereiten der „Schlutzer" zuschauen lassen will. Die Küche ist sein Reich, alles ist geordnet und blitzsauber, hier kann ihm keiner dreinreden. Als junger Bub hat er kochen gelernt, mit 16 Jahren hätte er in Topküchen im Ausland arbeiten sollen, war dann aber doch zu jung dafür. Er blieb in Südtirol, wo er in verschiedenen guten Häusern arbeitete. „Aber dann verließ mich auf einmal die Lust", so erzählt er uns, „weil ich nicht nach meinen Vorstellungen arbeiten konnte." Später lernte er Martina kennen, eine der drei Töchter vom Max. Er hat sie geheiratet und ist auf den Hof gezogen. Der Geist des Malenger Hofes brachte ihn wieder zu seiner Inspiration zurück und jetzt lebt er sie wieder neu. Das meiste, was er seinen Gästen anbietet, stammt aus der eigenen Landwirtschaft: das Fleisch, das Gemüse, die Hühner, die Eier und natürlich das Mehl. „Es wird so viel gemogelt in den Großküchen, das hat nichts mehr mit Kochen zu tun", lässt er uns wissen. Es geht los und Denise gesteht ganz leise, dass sie noch nie in ihrem Leben Schlutzkrapfen gekocht hat. Raimund muss also geduldig sein. Er ist es – und es ist wunderschön zu beobachten, wie der eher zurückhaltende Raimund sich im Laufe der Kochstunde immer weiter öffnet und die beiden Frauen in all seine Geheimnisse rund um den Herd einweiht. Ich schreibe jedes Detail mit, erfreue mich am Bild des Meisters mit seinen beiden Lehrlingen und notiere zum Abschluss Raimunds Grundsatz: „Einen ausgelernten Koch gibt es nicht."

107 ✳ MALENGER MÜHLE

Schlutzkrapfen

Zutaten für den Teig

- 150 g Roggenmehl
- 100 g Weizenmehl
- 1 Ei
- 50–60 ml lauwarmes Wasser
- 1 EL Pflanzenöl
- 1 Prise Salz

Zutaten für die Fülle

- ½ Zwiebel, fein geschnitten
- 1 TL Knoblauch
- 1 EL Butter
- 150 g Spinat, blanchiert und passiert
- 100 g Magertopfen
- 1 EL Parmesan, gerieben
- 1 EL Schnittlauch, geschnitten
- 1 Msp. Muskat
- 3 Prisen Pfeffer
- Salz

- Parmesan und Butter zum Abschmelzen
- Schnittlauch zum Garnieren

Zubereitung Teig

1 Roggen- und Weizenmehl vermischen. **2** Ei, lauwarmes Wasser, Öl und Salz verquirlen. **3** Mehl dazugeben und mit den Händen zu einem geschmeidigen Teig verkneten. **4** Den Teig ca. 1 Stunde ruhen lassen, nicht im Kühlschrank.

Tipp: Der Teig kann zwar im Kühlschrank aufbewahrt werden, er muss dann aber 30 Minuten vor der Verarbeitung herausgenommen werden, damit er Zimmertemperatur erlangt.

Zubereitung Fülle

1 Zwiebel und Knoblauch in der Butter glasig andünsten, aber nicht braun werden lassen. **2** Spinat dazugeben und auskühlen lassen. **3** Dann Topfen, Parmesan, Schnittlauch dazugeben, mit Muskat, Pfeffer und etwas Salz würzen. **4** Füllung 3–4 Stunden ziehen lassen, dann eventuell nachsalzen.

Zubereitung Schlutzkrapfen

1 Teig länglich mit der Nudelmaschine 3- bis 4-mal ausrollen, nicht zu dünn, und den Rand des Teigstreifens mit dem Pinsel anfeuchten. **2** Füllung mit dem Spritzbeutel (oder Löffel) auf den Teig häufeln, den Teig der Länge nach zusammenfalten. **3** Sofort mit dem Handrücken den Teig zwischen den Füllungen andrücken und Luft rausdrücken. **4** Mit dem Ausstecher Halbmonde ausstechen. **5** Schlutzkrapfen in heißem Salzwasser ca. 1–2 Minuten kochen. **6** Auf dem heißen Teller mit Parmesan bestreuen, heiße Butter darübergeben und mit Schnittlauch garnieren.

Tipp: Der Restteig ist nochmals verwendbar, solange er nicht mit der Füllung in Kontakt gekommen ist. Die rohen Schlutzer können gut eingefroren werden.

Rosis Reiberdatschi

Zutaten

1 kg Kartoffeln, mehlig

2 EL Sauerrahm

1 Ei

2–3 EL Mehl oder Grieß

Salz

Fett zum Ausbacken

Zubereitung

1 Kartoffeln schälen, rasch reiben, Kartoffelsaft etwas ausdrücken. **2** Mit den anderen Zutaten vermengen. **3** Kleine Puffer formen, diese in heißes Fett legen und auf beiden Seiten goldbraun braten.

Tipp: Dazu passen Sauerkraut, Apfelkompott, Preiselbeermarmelade oder geräucherter Lachs.

Erlebnisküche mit Herzblut

Bad Schörgau im Sarntal

Warum hat hier jemand ein Hotel gebaut?

Nicht über Sterzing, nein, von unten über Bozen fahren wir dieses Mal hinein ins Sarntal. Durch Schluchten und Tunnel schlängelt sich die Straße, wir lachen viel, denn wir haben wirklich lustige Uralterinnerungen an dieses wunderschöne Tal, mitten im Herzen von Südtirol. Es war im Jahr 1976, Rosi hatte gerade bei den Olympischen Spielen in Innsbruck zwei Goldene geholt, der Trubel war groß, Rosi war mittendrin und ich auch irgendwie mit dabei. Es war Frühling und Zeit für einen Ausflug ohne Menschen, aber mit vielen Schmetterlingen im Bauch. „Fahr ma ins Sarntal, des is net weit und da haben wir unsere Ruhe!", so dachten wir.

Bis nach Sarnthein sind wir gefahren, aber was wir nicht bedachten: Dort fand gerade die Fronleichnam-Prozession statt, ein Hochfest der katholischen Kirche in dieser Alpenregion. Wir haben uns ehrfürchtig an den Straßenrand gestellt und uns von der barocken Tradition mit den schönen Trachten und Fahnen verzaubern lassen. Die Madln und Frauen trugen ihre traditionellen bunten Trachten. Die Männer trugen handgestrickte „Jangger", Lodenhosen, von „Kraxen" gehalten, um den Bauch die mit Federkielstickerei verzierten „Fatschen" und schwarze Hüte mit roter Kordel, wenn der Mann ledig, und mit grüner Kordel, wenn er bereits vergeben war. Bei mir wär's damals eine rot-grüne Kordel gewesen.

Wir genossen diesen von Frömmigkeit geprägten, festlichen Moment und wären am liebsten mitgewandert. Doch sicherer und wohler fühlten wir uns zwischen den Zuschauern am Rande der Prozession. Leider wussten wir zu wenig von der Leidenschaft der Südtiroler für den Skirennsport. Irgendwie verbreitete es sich wie ein Lauffeuer, dass da die Rosi Mittermaier am Wegesrand stand, der geordnete Zug geriet außer Kontrolle, die Gebete wurden leiser und der Blick auf die Monstranz – skitechnisch betrachtet – mit einem Rechtsschwung abgelenkt. Der Rosi war's unheimlich peinlich und sie hätte sich am liebsten irgendwohin verkrochen, andererseits haben uns die Herzlichkeit und die Freude der Menschen auch echt gerührt. Ein Glück, dass es damals noch keine „Selfies" gab. Wir sind dann ganz schnell hinauf auf einen Berg gestiegen und haben die Schmetterlinge fliegen lassen. Zu unserer Hochzeit trug meine Braut dann federkielgestickte Sarntaler Schuhe, die Mutter Rosa für alle ihre Töchter im Sarntal hat machen lassen. Diese Schuhe trägt die Rosi heute noch.

Doch zurück zum Heute, 40 Jahre danach! Kurz vor Sarnthein fahren wir links ab, wir sind beim mit einem Michelin-Stern gekrönten Gourmetrestaurant Alpes im Hotel Bad Schörgau angemeldet, das schon im Jahr 1630 zum ersten Mal Erwähnung fand.

Wir kurven über die rauschende Talfer, den Berg hoch. Plötzlich ist die Sonne weg und es wird dunkler, und ich frage mich: Menschenskind, warum hat hier, im schattigsten Winkel des Tales, vor Hunderten von Jahren jemand ein Hotel gebaut und nicht drüben auf der Sonnenseite? Aber Rosi, typisch Frau, wusste weshalb. „Damals", sagt sie, „wollten die Menschen blass bleiben, das war das Schönheitsideal jener Zeit, deshalb haben sie den Schatten gesucht und nicht die Sonne. Braun war

Sterneküche in Südtirol

Einst war Südtirol von einfacher Bauernküche geprägt: Knödel, Mus, Gröstl, Schlutzer – Fleisch nur an besonderen Feiertagen. Bald haben sich Tiroler, habsburgische und italienische Küche gegenseitig inspiriert und das Land mehr und mehr zu einer Region des Genusses werden lassen. Karges Bauernessen? *Tempi passati*. Die einfache, aber gute Küche wird in Südtirol noch immer geschätzt, aber mittlerweile ist Südtirol auch eine Hochburg der Sterne-Gastronomie. Mit 23 Michelin-Sternen an 19 heimische Restaurants verfügt das Land damit, unter allen Provinzen Italiens, über die meisten Auszeichnungen.

Egon behandelt das Essen wie ein Heiligtum

Mal ist Angela Merkel zu Gast, mal kocht Egon in Moskau, St. Moritz oder in Alta Badia

die Farbe der Arbeiter, blass die Farbe des Adels und der Reichen." Wir braun gebrannten Skifahrer, denk ich mir, hätten es damals nie „nach oben" geschafft.
Einst war Südtirol ja das Land der Heilbäder, schon im Mittelalter, und vor über hundert Jahren erreichte der Kururlaub seinen Höhepunkt. Vierundsiebzig Bäder soll es in der zweiten Hälfte des 19. Jahrhunderts in ganz Südtirol gegeben haben. Die Promis jener Zeit kamen aus ganz Europa ins Sarntal oder ins Ultental und natürlich nach Meran zur Sommerfrische und um sich auskurieren zu lassen. Schriftsteller wie die Brüder Mann oder Franz Kafka, Kaiser und Prinzessinnen und natürlich die Sissi, die ja so hübsch gewesen sein soll, aber halt wahrscheinlich sehr blass.

Sternekoch Egon Heiss empfängt uns und entführt uns gleich in seine Küche. Der Egon ist eine Legende in Südtirol. „Ah, zum Egon geht ihr", sagen die Leute. Jeder kennt und schätzt ihn und seine Küche. Er ist einer dieser neuen Starköche, die das einst von der einfachen Bauernküche geprägte Südtirol in einen der kulinarisch interessantesten Flecken der Erde verwandelt haben. Beim berühmten britischen Fernseh- und Sternekoch Gordon Ramsey hat Egon gelernt und sich durch „die harte Ellenbogen-Schule der Sterneküchen gekämpft", wie er sagt. 13 Jahre lang war er in der ganzen Welt unterwegs, aber am schönsten fand er es zu Hause – in Südtirol.
Hier hat er seine Sabine kennengelernt, deren Vater dieses verborgene Kleinod gehört hat. Der war in Südtirol schon immer bekannt gewesen für seine gute Küche, und die Mutter führte das Hotel mit Herz und Seele. Als der Vater 2002 unerwartet verstarb, hieß es für die Wenters zusammenhalten: Sabines Bruder Gregor musste von einem Tag auf den anderen die Küche übernehmen. Einige Jahre lang musste die Familie ganz schön kämpfen, um den Alltag wieder in den Griff zu kriegen.
Dann hat Egon beschlossen, die Küche zu leiten, und Gregor hat die Mutter als treibende Kraft in den anderen Bereichen abgelöst. Die beiden Männer ergänzen sich gut. Das Restaurant läuft, die Presse überschlägt sich mit Komplimenten, mal ist die Angela Merkel zu Gast, mal kocht Egon in Moskau, in St. Moritz oder in Alta Badia. Aber: Immer wieder kehrt er ins Sarntal

115 ✵ BAD SCHÖRGAU

zurück. „Ich will, dass meine Kinder hier groß werden", sagt er. „Hier will ich ihnen meine Werte vermitteln."
Egons Küche ist etwas Einmaliges, so einfach und zugleich doch so außergewöhnlich – bis ins kleinste Detail. Die Zutaten sind alle aus dem Tal: die Forelle, die Kapuzinerkresse, die Brunnenkresse, die Kamille, der Klee. Das Gemüse stammt von einheimischen Bauerngärten: die Gelbrüben – 16 verschiedene Sorten! –, die Zwiebeln, die „Rohnen", die geschmacklich perfekt zur Forelle passen. Meine Rosi schaut erst skeptisch, als Egon eine Pinzette zur Hand nimmt, um jede Gräte der Forelle einzeln rauszuzupfen. Wie ein Chirurg, der am offenen Herzen operiert. Kurz überlege ich, was die Rosi jetzt wohl denkt, denn für Gekünsteltes hat sie eigentlich wenig übrig. Ihr Slogan ist eher: „Braucht's nicht!" Aber was Egon macht, das braucht es alles. Denn hier sitzt jedes kleinste Detail und so schmeckt es dann auch.

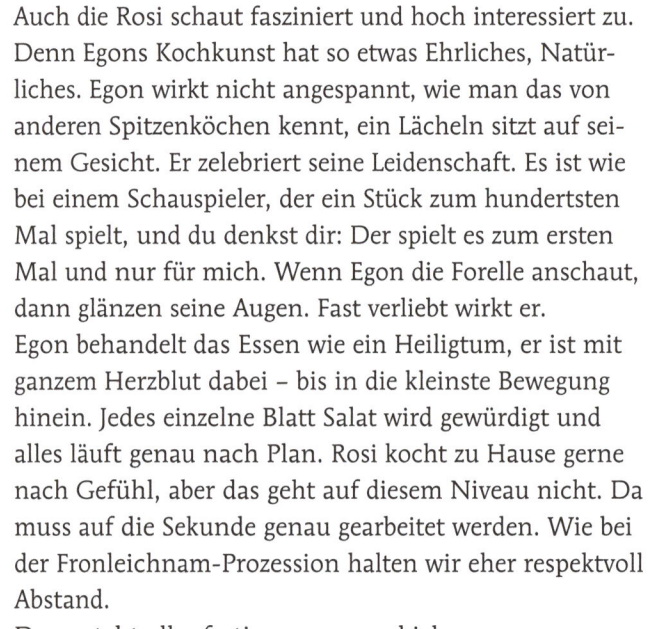

Auch die Rosi schaut fasziniert und hoch interessiert zu. Denn Egons Kochkunst hat so etwas Ehrliches, Natürliches. Egon wirkt nicht angespannt, wie man das von anderen Spitzenköchen kennt, ein Lächeln sitzt auf seinem Gesicht. Er zelebriert seine Leidenschaft. Es ist wie bei einem Schauspieler, der ein Stück zum hundertsten Mal spielt, und du denkst dir: Der spielt es zum ersten Mal und nur für mich. Wenn Egon die Forelle anschaut, dann glänzen seine Augen. Fast verliebt wirkt er.
Egon behandelt das Essen wie ein Heiligtum, er ist mit ganzem Herzblut dabei – bis in die kleinste Bewegung hinein. Jedes einzelne Blatt Salat wird gewürdigt und alles läuft genau nach Plan. Rosi kocht zu Hause gerne nach Gefühl, aber das geht auf diesem Niveau nicht. Da muss auf die Sekunde genau gearbeitet werden. Wie bei der Fronleichnam-Prozession halten wir eher respektvoll Abstand.
Dann steht alles fertig vor uns und ich muss ganz ehrlich sagen: Ich habe noch nie in meinem Leben ein so schön zubereitetes Gericht gesehen, denn Egon kreiert mehr als nur einen Teller, er zaubert ein Gesamtkunstwerk. Er präsentiert die Forelle auf Baumrinden und einem Moosbeet, „Tschurtschen" liegen anbei, die Zwischengänge sind in kleinen, selbst gebastelten „Holzschachtelen" und -kästchen versteckt und meterhohe Grissini ragen aus Holzstämmen. Ein wahrliches Fest der Sinne.

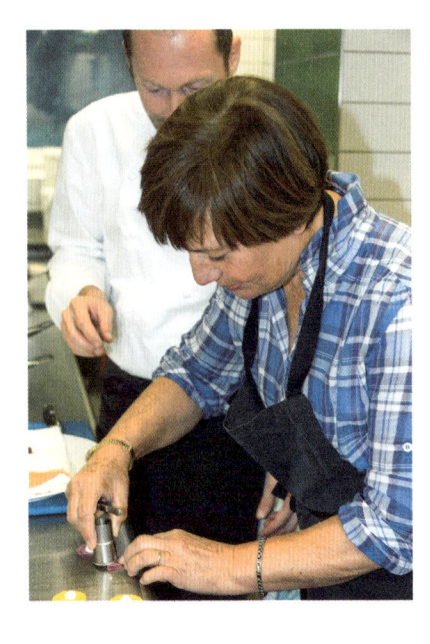

Marinierte Bachforelle mit eingeweckter Roter Bete

Zutaten für die Forelle

- 300 g Olivenöl
- ½ Zitrone, Saft
- 50 g Weißweinessig
- 50 g Sherryessig
- Salz
- Lorbeerblatt
- 2 Forellen

Zutaten für die Rote Bete

- 1 kg Rote Bete
- 250 g Schalotten, klein geschnitten
- 15 g Kümmel
- 25 g Senfkörner
- 10 g Korianderkörner
- 10 g Sternanis
- 500 ml Estragonessig
- 500 ml Champagneressig
- 50 g Johannisbeer-Gelee
- Pfefferkörner, Salz, Lorbeer

Zubereitung Forelle

1 Olivenöl, Zitronensaft, Weißweinessig, Sherryessig, Salz und das Lorbeerblatt in einen Topf geben und auf 55 °C erwärmen, auf keinen Fall kochen. **2** Die frischen Forellen ausnehmen und waschen, gut abtrocknen und innen und außen salzen. **3** Nicht den Schleim abwaschen.
4 Die Forellen in die Marinade legen und sanft pochieren (garen ohne zu kochen).

Tipp: Als Beilage passen auch Kartoffeln dazu.

Zubereitung Rote Bete

1 Rote Bete waschen, mehrmals mit einem Spieß einstechen und in Salzwasser weich kochen. **2** Die restlichen Zutaten für den Sud passieren, in einen Topf geben, aufkochen und ziehen lassen. **3** Die weich gekochte Rote Bete abschrecken und die Haut abziehen (Handschuhe anziehen). **4** Nun in Scheiben schneiden; je nach Größe eventuell vorher halbieren. **5** Die Rote Bete in große Weckgläser füllen und mit dem heißen Sud begießen.
6 Auf den Kopf stellen und auskühlen lassen.

Karamellisierter Kaiserschmarrn mit glasierten Apfelperlen

Zutaten für den Kaiserschmarrn

3 Eiweiß

1 Prise Salz

20 g Zucker

75 g Mehl

50 ml Vollmilch

50 ml Sahne

1 Msp. Vanille

1 Msp. Zimtpulver

1 Spritzer Rum

Zitronen- und Orangenschale, gerieben

3 Eigelb

2 EL Sonnenblumenöl

Mandelblätter, geröstet

Rumrosinen

Zutaten für die Apfelperlen

1 Apfel (z. B. Granny Smith)

1 EL Butter

2 EL Zucker

1 Schuss Weißwein

1 Schuss Calvados

100 g Kristallzucker

Puderzucker zum Bestreuen

Zubereitung Kaiserschmarrn

1 Das Eiweiß mit einer Prise Salz und dem Zucker zu Eischnee aufschlagen. **2** Das gesiebte Mehl mit Milch und Sahne glattrühren. **3** Mit den Gewürzen, Rum, geriebener Zitronen- und Orangenschale abschmecken. **4** Das Eigelb einrühren. **5** Den Eischnee vorsichtig unter den Schmarrnteig heben. **6** Eine mittlere Stahlpfanne mit wenig Sonnenblumenöl erhitzen. **7** Den Teig in die Pfanne geben, mit Mandelblättern und in Rum eingeweichten Rosinen bestreuen. **8** Die Pfanne im vorgeheizten Backrohr bei 200 °C Oberhitze ca. 10–12 Minuten fertig backen. **9** Für die Apfelperlen den Apfel schälen und mit einem Kugelausstecher Perlen ausstechen. **10** Butter in eine Pfanne geben, Zucker darin karamellisieren (braun werden lassen), mit Weißwein und Calvados ablöschen. **11** Die Apfelperlen dazugeben, etwas dünsten und dadurch langsam glasieren lassen. **12** Den Kaiserschmarrn aus dem Backofen nehmen, sobald er fertig gebacken ist, und mit 2 Löffeln in schöne Stücke brechen. **13** Zum Schluss die 100 g Kristallzucker in einer Pfanne karamellisieren (in der heißen Pfanne schmelzen und braun werden lassen) und die Schmarrnstücke darin wälzen. **14** Aus der Pfanne nehmen, mit Puderzucker bestreuen und mit den Apfelperlen servieren.

Tipp: Dazu passen Preiselbeeren und Vanilleeis.

Rosis „Arme-Leute-Schmarrn"

Zutaten

8 Semmeln vom Vortag

500 ml Milch

4 Eier

Salz

3 EL Butter

Zucker

Zubereitung

1 Semmeln in Würfel schneiden. **2** Die lauwarme Milch mit den Eiern und einer Prise Salz verquirlen und über die Semmeln gießen. **3** 30 Minuten zugedeckt ziehen lassen. **4** In der Pfanne mit Butter goldgelb backen. **5** Mit Zucker bestreut servieren.

Tipp: Der „Arme-Leute-Schmarrn" ist eine typische Resteverwertung, ein einfaches und schnelles Gericht, für das man die Zutaten fast immer daheim hat.

Ein Bauernhof zum Lernen

Der Untertrotnerhof am Ritten

Wir haben doch einen Sonnentag erwischt

Die Gegend rund um Bozen empfängt uns nebelverhangen. Die herbstlich glänzenden Weinberge leuchten gegen den weißen Nebel trotzdem so gelb und hell an, dass wir über die steile Straße hinauf zum Ritten von diesem Leuchten geführt werden. Wir haben schon so viel von dem jahrhundertealten Erholungsgebiet der Bozner, von seinen Erdpyramiden und von dem sagenhaften Blick auf die Dolomiten gehört, dass wir ein bisserl traurig sind, keinen von den 300 statistischen Sonnentagen erwischt zu haben.

Inzwischen sind wir auf fast 1.300 Metern angekommen und der erste Schnee versucht sich auf den üppigen Wiesen rund um den Untertrotnerhof festzuhalten. Dieser Hof ist unser Ziel, denn wir besuchen Antonia Fink, 80 Jahre alt – die Bäuerin, die meist nur Tona genannt wird. Als sie uns begrüßt und wir die schmale Treppe in ihre kleine Wohnung hinaufgehen, wissen wir sofort: Wir haben doch einen Sonnentag erwischt. Wir spüren ihre Freude über uns fremde Gäste, gleichzeitig aber auch die logische Anspannung, die Frage, wie wir wohl sein würden. Doch die Anspannung ist gleich vorbei, denn wir sitzen auf der Eckbank in der Küche und sprechen übers Skifahren. Wie jeder Südtiroler weiß sie alles rund ums Renngeschehen und bald wissen auch wir alles von ihrem Leben auf dem Bauernhof, von ihren acht Kindern, 20 Enkeln und zwei Urenkeln. Der Filterkaffee ist inzwischen durchgelaufen und wird von Tona mit einer unvergleichlich cremigen Neuschneehaube serviert, die kein Rahm aus dem Supermarkt herbringt, sondern nur eine Milch vom eigenen Bauernhof.

Auf der Treppe hören wir den Sohn Siegfried, er schaut herein, ob alles passt. Er „tuat stollelen" und muss noch die Kälber füttern. Wenn's recht ist, kommt er später noch einmal. Auf dem Hof gibt's genug zu tun. 25 Kühe, Kälber, Hennen, Kaninchen, Katze, alles dreht sich ums Tier. Voll Stolz erzählt uns Tona, dass sie sogar ein Lehrbauernhof sind, wo die Urlauber und speziell die Kinder voll in den bäuerlichen Alltag einbezogen werden. Da gibt's keine Ausnahmen.

Später kommt Sigi mit seiner Frau Marianne dazu. Jetzt, im späten Herbst, wenn in der Landwirtschaft nicht mehr so viel zu tun ist, fliegen sie zu ihrem Sohn nach Ottawa in Kanada. Der studiert dort Wirtschaft und hat ihnen Tickets für ein Eishockey-Spiel der NHL besorgt. Dabei leuchten die Augen vom Sigi so stark, dass ich mir nicht ganz sicher bin, ob der Sohn oder das Hockey-Spiel mehr lockt.

Beim Rundgang um den Hof spüren wir bei jedem Wort und bei jeder Erklärung, dass für diese Familie Landwirtschaft mehr als Arbeit ist: Es ist eine Lebenseinstellung und Leidenschaft.

Solche Frauen
kann nichts
umwerfen,
solche Frauen
kann man
heiraten

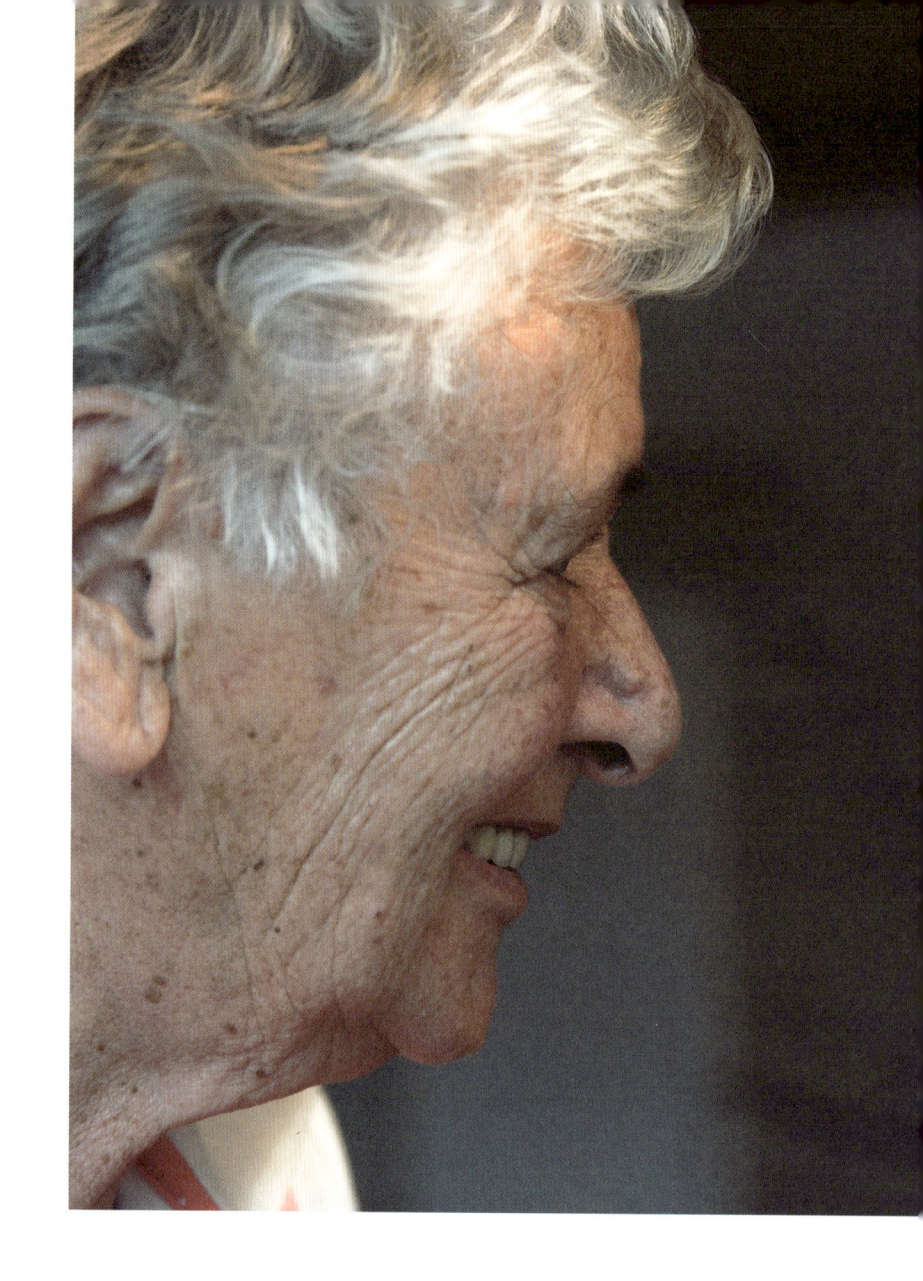

Tona steht an ihrer Küchenzeile und ist bereits voll in ihrem Element. 80 Jahre Küchenerfahrung stehen da am Herd. 60 Jahre lang hat sie kritische Ehemänner, hungrige Kinder und Enkel verköstigt, aber die Oma ist halt einfach die Beste. Rittner Krapfen mit verschiedenen Füllungen hat sie uns versprochen, und wir spüren bei jedem Handgriff ihre Freude, ihr Hausrezept nicht für sich zu behalten zu müssen, sondern an andere Menschen weitergeben zu dürfen.

Wer macht bessere Krapfen als die Oma? An diesem Südtiroler Kultgebäck sind wahrscheinlich schon viele Schwiegertöchter verzweifelt. Noch dazu ist die Tona wie die Rosi in einer Gastwirtschaft groß geworden. Solche Frauen kann nichts umwerfen, denk ich mir, solche Frauen kann man heiraten.

Fast grenzenlos sind die Südtiroler Krapfen-Rezepte. Marmeladen, Kastanien, Mohn, aber auch Anis und Topfen kann man als Füllung verwenden. Tona hat sich für süß und sauer entschieden: Spinat, Kastanien und – als ihre Spezialität – „Kloatzen". Früher gab es am Ritten viele Birnbäume, Birnen haben aber keine Haltbarkeit und können nicht wie Äpfel im Keller gelagert werden. Daher trocknete man sie am Dachboden zu Kloatzen. So konnte man die Süße des Sommers konservieren und damit das ganze Jahr über typische Gerichte zubereiten.

Die Rittner können solch traditionsverbundenen „Urgesteinen" wie der Tona nur dankbar sein, die dieses Wissen immer gelebt und nicht vergessen haben. So werden die Kloatzen heute wieder neu entdeckt und inspirieren hoffentlich auch die nachfolgenden Generationen. Übrigens erzählt uns Tona, dass man im Volksmund auch Klosterfrauen „Kloatzen" nennt – ob das wohl positiv gemeint sein kann?

Vier Monate nach unserem Besuch erreicht uns ein liebevoller, handgeschriebener Brief mit einem handgestickten Taschentuch von Tona. Wir haben ihr zu Weihnachten ein Bild von unserem Besuch geschickt, wofür sie sich herzlichst bedankt. Sie schaut jedes Skirennen und drückt dem Felix die Daumen, schreibt sie. Doch die schönste Nachricht kommt zum Schluss: „Vor Kurzem habe ich mein drittes Urenkelkind bekommen, ich bin dankbar und freue mich am Glück der jungen Eltern."

Wer macht bessere Krapfen als die Oma?

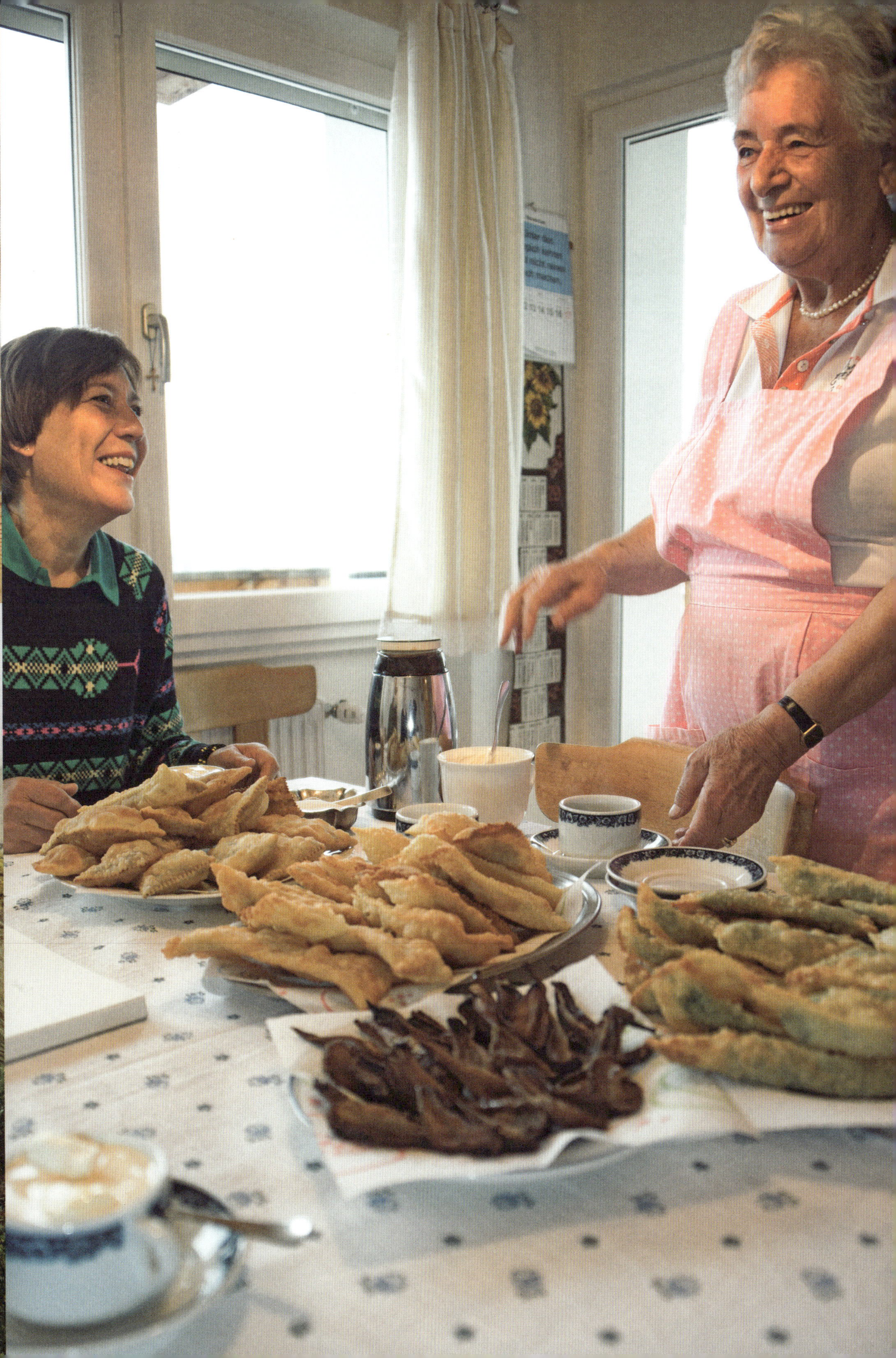

Südtiroler Krapfen

Zutaten für den Teig

150 g Weizenmehl

100 g Roggenmehl

25 g Butter, zerlassen

100 ml Milch, lauwarm

2 EL Öl

2 EL Sahne

30 ml Schnaps

½ TL Salz

½ TL Zucker

Erdnussöl zum Backen

Zutaten für die Kastanienfülle

200 g Kastanien

2 EL Milch

1 EL Honig

1 EL Zucker

Zimt

Nelkenpulver

Zitronenschale

Rum

1 EL Sahne

Zubereitung Teig

1 Die Mehlsorten vermischen. **2** Zerlassene Butter, lauwarme Milch, Öl, Sahne, Schnaps, Salz und Zucker vermischen. **3** Alles so lange mit der Hand durchwalken, bis ein geschmeidiger, glatter Teig entsteht. **4** Wenn der Teig das Mehl nicht vollständig aufnimmt, Wasser dazugeben. **5** Teig in eine Schüssel legen, mit einem Tuch zudecken und 1 Stunde rasten lassen. **6** Dann den Teig mit einem Nudelholz sehr dünn austreiben. **7** Auf eine Teighälfte in einem Abstand von 10 Zentimetern jeweils 1 TL Fülle auf den Teig geben, die andere Teighälfte darüberlegen und rechteckige Krapfen ausradeln. **8** In heißem Fett goldgelb backen.

Tipp: Bei den Krapfen können verschiedene Füllungen verwendet werden, z. B. Kastanien, Mohn, Kloatzen oder Marmelade. Wer es gern herzhaft mag, kann sie auch mit Spinat füllen. Siehe folgende Rezepte.

Zubereitung Kastanienfülle

1 Für die Fülle die Kastanien weich kochen, noch warm schälen, mit der Flotten Lotte passieren und in eine Schüssel geben. **2** Die Milch erhitzen, mit dem Honig, Zucker, etwas Zimt, Nelkenpulver und Zitronenschale zu den passierten Kastanien geben und alles gut verrühren. **3** Zuletzt mit Rum und etwas Sahne verfeinern. **4** Die Fülle, wie oben beschrieben, auf dem Krapfenteig verteilen.

Zutaten Mohnfülle

200 ml Milch

250 g Zucker

250 g Mohn, fein gemahlen

1 EL Honig

1 Msp. Zitronenschale, gerieben

½ TL Zimt, gemahlen

1 Pkg. Vanillezucker

1 EL Schnaps oder Rum

Zutaten Kloatzenfülle

300 g Kloatzen (getrocknete Birnen)

150 g Zwetschgenmarmelade

3 TL Zucker

1 TL Zimt

1 Msp. Nelkenpulver

1 EL Rum

Zutaten Spinatfülle

½ Zwiebel

½ Zehe Knoblauch

2–3 EL Öl

1 EL Mehl, gehäuft

4 EL Milch

150 g Spinat, blanchiert und ausgedrückt

Salz, Pfeffer, Muskatnuss

Zubereitung Mohnfülle

1 Die Milch mit dem Zucker aufkochen, den Mohn dazugeben und kurz kochen lassen, dann mit dem Honig, der Zitronenschale, dem Zimt, dem Vanillezucker und dem Rum abschmecken. **2** Die Fülle, wie auf der linken Seite beschrieben, auf dem Krapfenteig verteilen.

Zubereitung Kloatzenfülle

1 Die Kloatzen entstielen, waschen und ca. 15 Minuten kochen. **2** Aus dem Topf nehmen, mit der Zwetschgenmarmelade durch die Flotte Lotte passieren und mit Zucker, Zimt, Nelkenpulver und Rum abschmecken. **3** Die Fülle, wie auf der linken Seite beschrieben, auf dem Krapfenteig verteilen.

Zubereitung Spinatfülle

1 Für die Fülle die Zwiebel und den Knoblauch kleinhacken und in Öl in einer Pfanne glasig werden lassen, Mehl darüber stauben und leicht einbrennen lassen, dann mit Milch aufgießen. **2** Den Spinat gut ausdrücken, sehr fein hacken, zu den Zwiebeln geben, aufkochen lassen und umrühren. **3** Danach die restlichen Gewürze dazugeben und mit Salz abschmecken. **4** Die Fülle, wie auf der linken Seite beschrieben, auf dem Krapfenteig verteilen.

Die Palabirne

Birnen auf dem Vormarsch: Während am Ritten die „Kloatzen" ihren Weg in die Gourmetküche finden, wendet man sich auch im Vinschgau der Birne zu. Die Palabirne ist eine autochthone Sorte, die schon seit etwa 300 Jahren im Vinschgau belegt ist. Allein um Glurns, die kleinste Stadt des Alpenraumes, stehen über 100 alte Palabirnbäume. Weil diese aber meist zwischen zehn und zwanzig Metern hoch werden, ist die Ernte der Früchte umständlich und so ließ man die Birnen oft abfallen und am Boden verrotten. Die Palabirne wurde nicht mehr geschätzt und geriet fast in Vergessenheit, bis vor einigen Jahren verschiedene Initiativen gestartet wurden, um sie den Menschen wieder näherzubringen. Inzwischen ist sie ein Aushängeschild der Region, und im Herbst finden im Rahmen der „Vinschger Palabiratage" Veranstaltungen zu ihren Ehren statt. Die grünen, buckeligen Früchte sehen auf den ersten Blick zwar oft nicht so perfekt aus wie andere Birnen, sie sind aber sehr saftig und im Geschmack süßer als viele ihrer Artgenossen.

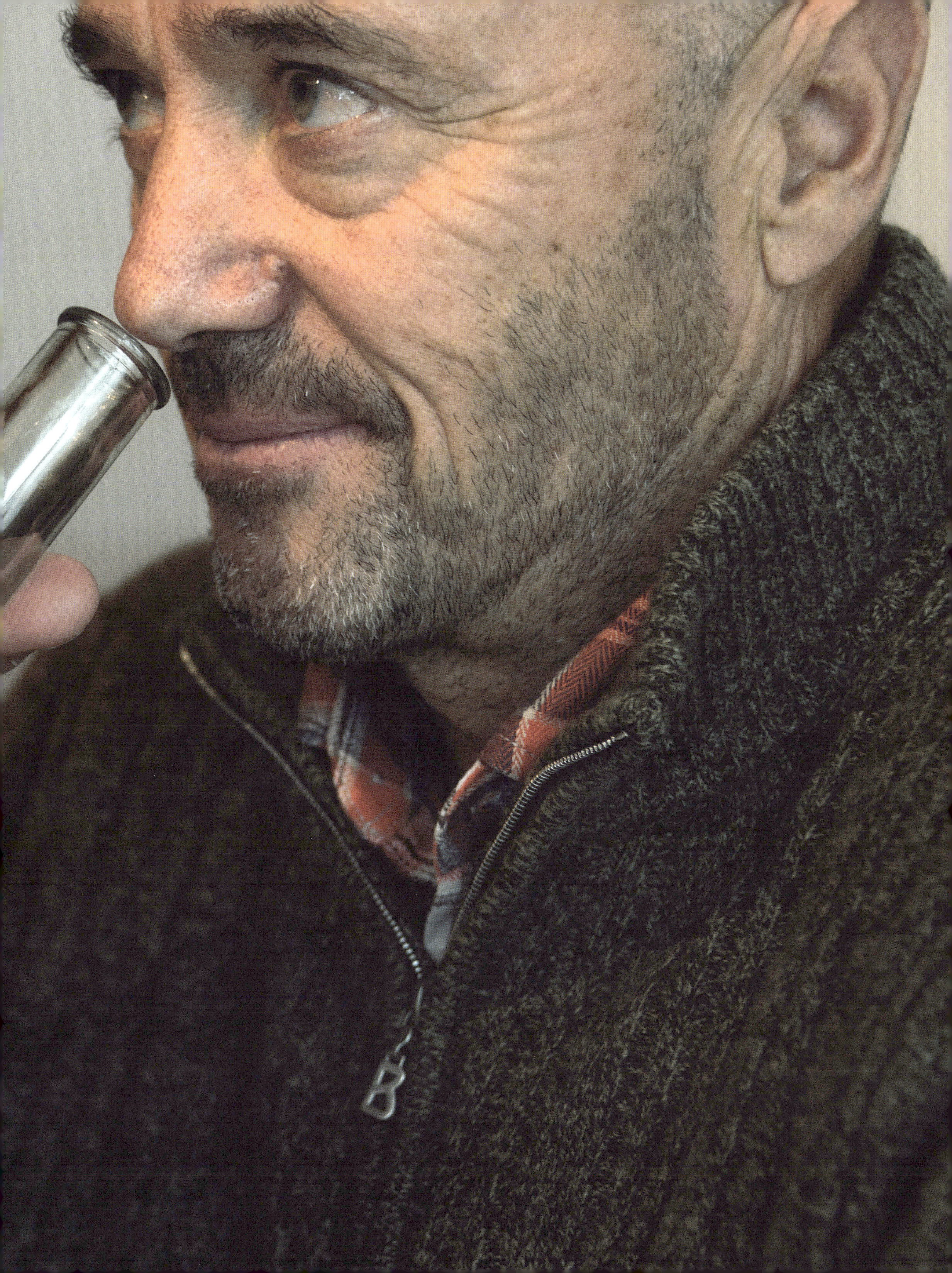

Rosis Bayerische Creme

Zutaten für 6 Portionen

- 3 Blatt Gelatine
- 2 Eiweiß
- 20 g Kristallzucker
- 2 Eidotter
- 40 g Staubzucker
- 125 ml Milch
- 2 EL Vanillezucker
- 125 ml Sahne

Zubereitung

1 Die Gelatine in kaltem Wasser einweichen, sodass sie bedeckt ist. 2 Eiweiß und Kristallzucker zu steifem Schnee schlagen. 3 Eidotter mit Staubzucker schaumig rühren. 4 Milch und Vanillezucker erhitzen, aber nicht kochen, unter die Dottermasse mengen, Gelatine darin auflösen, gut rühren, kalt stellen. 5 Vor dem Anstocken der Creme Eischnee und geschlagene Sahne unterheben. 6 Creme in kalte Auflaufförmchen füllen, 3–4 Stunden im Kühlschrank kühlen. 7 Kurz vor dem Servieren die Förmchen in heißes Wasser tauchen, auf Teller stürzen.

Tipp: Rosi und Christian essen gerne frische Himbeeren dazu. Auch das Hollermus (siehe unten) passt sehr gut.

Rosis Hollermus

Zutaten

- 500 g Holunderbeeren
- 1 l Wasser
- 50 g Zucker
- 1 Zimtstange
- 2 Nelken
- 250 g Zwetschgen
- 250 g Birnen
- 30 g Stärkemehl

Zubereitung

1 Holunderbeeren waschen, entstielen und mit Wasser, Zucker und Gewürzen ca. 15 Minuten kochen. 2 Durch ein Sieb streichen. 3 Zwetschgen entsteinen und halbieren, Birnen schälen und in Würfel schneiden. 4 Beides in das Hollermus geben und weitere 10 Minuten kochen. 5 Stärkemehl mit Wasser anrühren und in die kochende Fruchtmasse einrühren.

Tipp: Passt auch zu Mehlspeisen.

131 ✶ UNTERTROTNERHOF

Im Einklang mit der Natur

Der Petersberger Leger bei Deutschnofen

Ich befürchte, dass sie uns sagen, wir sollen wieder gehen

Wir fahren bei Auer den Berg hoch, an Aldein vorbei, immer weiter in Richtung Deutschnofen, und halten am imposanten Kloster des Wallfahrtsorts Maria Weißenstein bei Petersberg. Wir laufen den Forstweg entlang in den Wald hinein. Wir wollen zum Petersberger Leger, einer Alm, die uns irgendwie mit besonderer Vorahnung in Spannung versetzt. Es ist später Nachmittag, die Berge sind wolkenverhangen, kein Mensch weit und breit. Der Almboden öffnet sich, wir sehen ein schlichtes, einladendes Haus, das eigentlich gar nicht wie eine typische Almhütte aussieht, und treten ein. Niemand begrüßt uns, wir rufen und werden gebeten zu warten. Wir setzen uns auf die einfachen Holzstühle und warten. Die Einrichtung ist spartanisch, doch auf dem Regal gegenüber stapeln sich Bücher und Bildbände über Natur, Umwelt und das Leben darin. Nach einer Weile hören wir Schritte. Simone und Alexander Bisan kommen aus der Küche. Sie wissen nichts von uns und mustern uns mit Skepsis und Abwarten – ich befürchte schon fast, dass sie uns sagen, wir sollen wieder gehen. Unser Fotograf Christjan hat seine Kameras auf einen Tisch gelegt, Versatzstücke einer Welt, die nicht hierher passen und Abwehrhaltung hervorrufen. Die asketische Erscheinung von Simone und Alexander ist beeindruckend. Wir spüren beim ersten Kontakt, dass wir auf Menschen getroffen sind, denen es nicht um Äußerlichkeiten oder Kommerz geht, sondern deren Leben sich in ganz anderen Dimensionen bewegt, in Dimensionen, von denen sich der Mensch weit wegbewegt hat. Noch ohne miteinander gesprochen zu haben, weiß ich, dass es in unseren Gesprächen bald um Ökologie und Ökonomie gehen wird. Das sehe ich auch an der Kleidung. Ich spüre die Kompromisslosigkeit meiner Gegenüber und versuche einen Zugang zu finden, indem ich sage, dass wir nicht hier sind, um Fotos zu schießen, sondern dass wir gekommen sind, um besondere Menschen zu treffen und deren Anliegen zu erfahren.

Es dauert aber nicht lange und wir sind mittendrin. Rosi bespricht sich mit Simone. Es geht um Blumen und Kräuter und darum, was hier auf der Alm alles wächst. Eigentlich kann man total viele Pflanze verwenden und in der Küche einsetzen. Die Gerichte werden großteils aus regionalen und teils biologischen Zutaten zubereitet. Hier brauchen die Kühe keine Angst zu haben, denn Fleisch zu essen, ist für die Almbetreiber moralisch nicht vertretbar. Die Petersberger Alm ist die erste vegetarische Alm Südtirols und seit 2013 werden ausschließlich vegetarische und vegane Produkte angeboten. Simone lädt Rosi ein, mit ihr nach draußen zu gehen und die Kräuter für unser Gemüsegröstl einzusammeln. Ich sitze noch mit Alexander am Tisch, am Anfang reden wir nicht viel, aber irgendwann öffnet er sich und nimmt mich in seine Welt mit, in eine Welt, die sich wandeln muss.

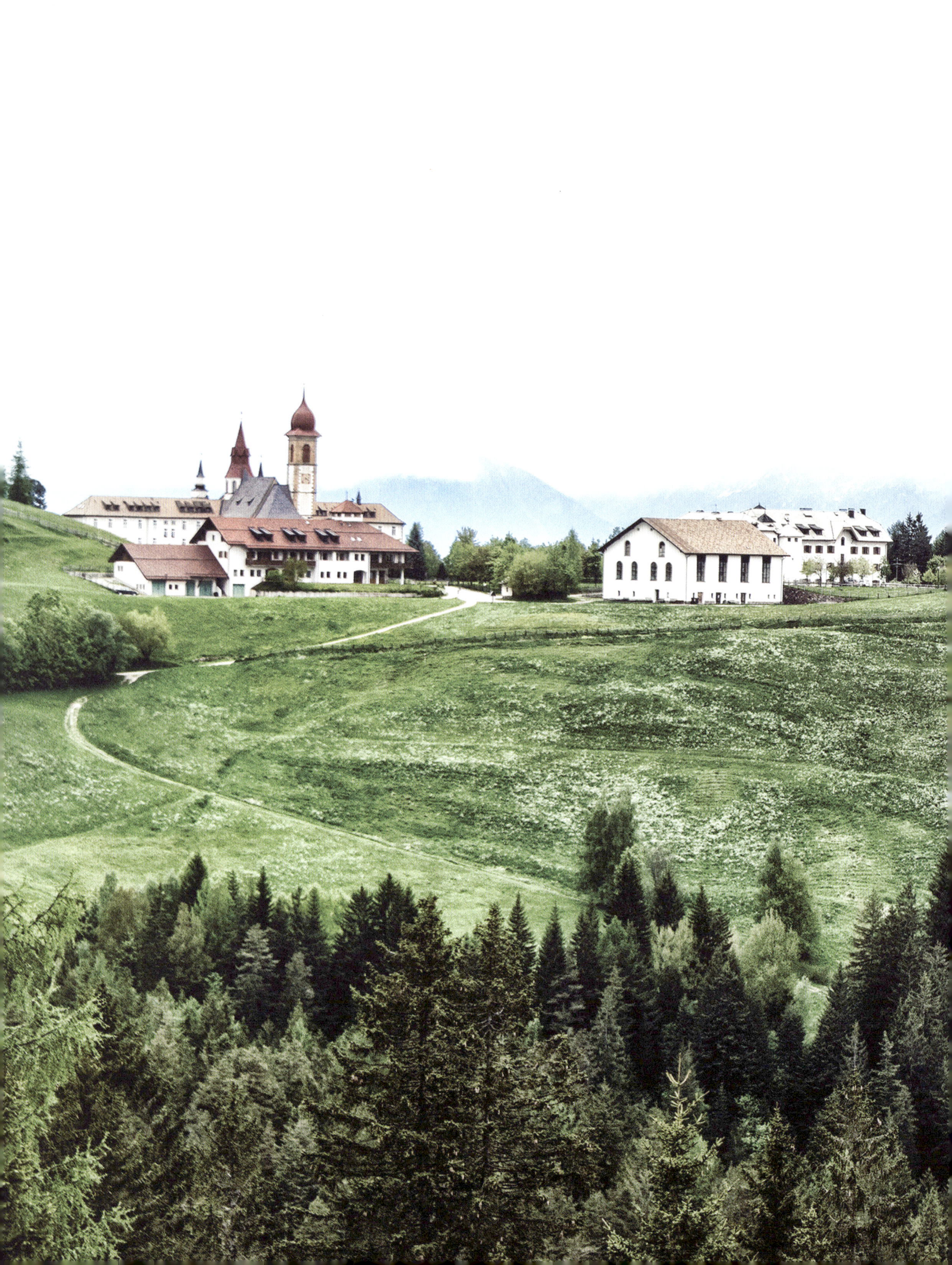

Wallfahrtsort Maria Weißenstein

Im fernen Jahr 1553 soll an dem Ort, wo heute die Basilika des Wallfahrtsorts Maria Weißenstein steht, einem gewissen Leonhard Weißensteiner die Jungfrau Maria erschienen sein, um ihn von seiner Krankheit zu heilen. Als Dank dafür bat sie ihn, eine Kapelle zu erbauen, worin die Gläubigen sie um Hilfe anflehen konnten.

Die heutige Basilika im Barockstil wurde im Jahr 1654 vollendet. Sie gliedert sich in die Fassade des Klosters ein, in dem Pater des Servitenordens leben. Im Juli 1988 wurde das Kloster von Papst Johannes Paul II. besucht. Und bereits Papst Johannes Paul I. verbrachte hier seine Sommerfrische.

„Die Erde gehört nicht den Menschen, der Mensch gehört zur Erde. Alles ist miteinander verbunden wie das Blut, das eine Familie vereint" – „Alle neuen Ideen und Erfindungen gehören der Allgemeinheit" – „Wachstum um des Wachstums willen ist die Ideologie einer Krebszelle" – „Banken sind gefährlicher als stehende Armeen". Ich habe natürlich schon öfter derartige Diskussionen geführt und mich mit diesen Themen auseinandersetzen müssen, aber noch nie hat mir jemand so überzeugend den Spiegel vorgehalten wie Alexander. Er führt hier ein extremes, ganz seinem Glaubensbekenntnis untergeordnetes Leben. Er ist aber kein unbelehrbar Dozierender, der nur theoretisiert, sondern ein unglaublicher Typ, der selber anpackt und aktiv etwas für sein Gemeinwohl in ökologischer und sozialer Hinsicht beitragen will. Und er weiß, wo er ansetzen muss. So hat er die erste zertifizierte „Schule auf der Alm" ins Leben gerufen, die es Kindern außerhalb der Klassenzimmer erlaubt, die Zusammenhänge der Natur zu entdecken und mit allen Sinnen zu riechen, zu schmecken, zu fühlen und begreifen zu lernen. Frei nach dem Motto des Mystikers Bernhard von Clairvaux: „Du wirst mehr in den Wäldern finden als in den Büchern."

Alexander ist pädagogisch ausgebildet. Tausend Kinder kommen im Jahr zu ihm, aber auch Erwachsene. In Zeiten, wo manches Stadtkind denkt, die Milch und das Fleisch kämen aus dem Supermarkt, ist das ein beeindruckendes Kontrastprogramm.

Simone und Rosi sind schon draußen im Wald. Ich eile ihnen nach und komme gerade rechtzeitig, um mit den beiden Frauen „Wiesengeschmack und Bergaroma" für unser Wildkräuterpesto zu finden. Ich bin sprachlos, was die alles pflücken. Ich bin ja so einer, der eher Vertrauen in das hochgezüchtete Gemüse aus dem Supermarkt hat als in die Brennnesseln in Nachbars Garten. Rosi ist das totale Gegenteil, seit Jahrzehnten versucht sie mir klarzumachen, dass man eigentlich alles von der Wiese essen und verwerten kann. Das sind dann immer lustige Diskussionen auf unseren Touren durch die Natur. Hier und heute habe ich aber keine Chance. Simone weiß alles und erklärt mir jede Pflanze so überzeugend, dass ich eine innere Kehrtwende erlebe. Das mag sicher auch mit dem Gespräch von davor zu tun haben. Und wenn man eine Person so im Einklang mit der Natur und mit dem eigenen Wissen erlebt, dann fühle ich mich wie die Kinder, die hierherkommen und Neues und Wichtiges erlernen, das sie ihr Leben lang nicht vergessen werden. Löwenzahn, Frauenmantel, Brunnenkresse, Fichtentriebe, Brennnesseln, Spitzwegerich und Schafgarbe wandern in den Topf. Auch Guter Heinrich. Ich dachte bislang immer, das sei ein Unkraut, das an der Hauswand wächst und eher rausgerissen werden sollte. Simone aber freut sich über die sattgrünen Blätter, aber nimmt nur so viele, dass der Gute Heinrich weiter wachsen kann und weiterhin geschmacksintensive und gesunde Blätter liefern kann.

Alles kommt in den Mixer, sogar das Grünzeug von den Gelbrüben. Dazu kommen Olivenöl, Salz, Knoblauch und Walnüsse. Ein Pesto der Superlative. Alexander ist für das Gröstl zuständig. Die Ausschließlichkeit, wie er am Herd steht und die veganen Zutaten in die Pfanne gibt, ist fast mystisch. In jeder Handlung steckt eine Überzeugung und Sinnhaftigkeit, die das bloße Kochen zum Ritual macht. Als ich sehe, dass er uns zuliebe ein Hühnerei in die Pfanne schlägt und auf das Gemüsegröstl legt, weiß ich, dass es trotz unserer so unterschiedlichen Lebensauffassungen Möglichkeiten gibt, sich zu verstehen und voneinander zu lernen.

Die asketische Erscheinung ist beeindruckend

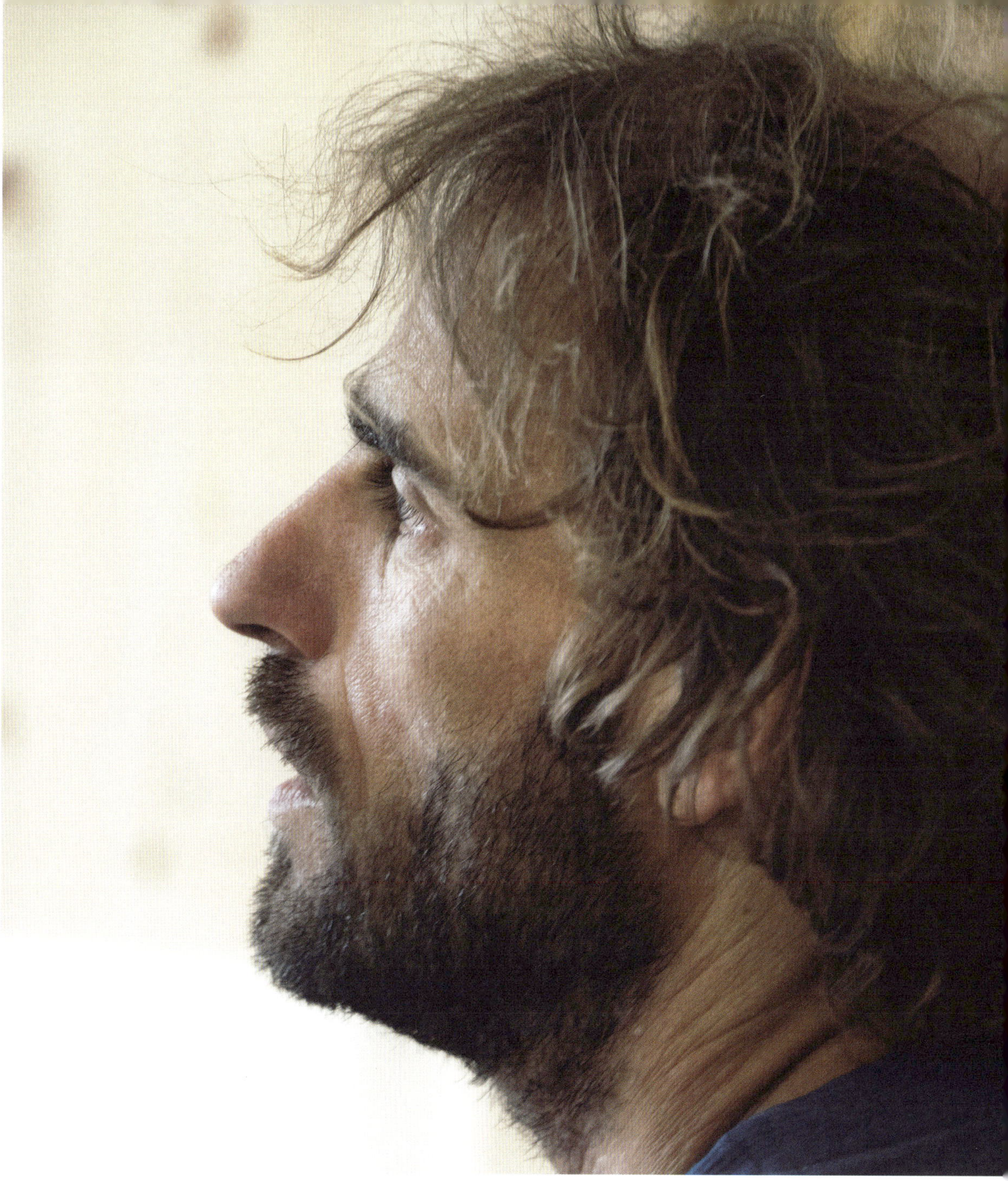

Gemüseliste

Kartoffel 2   Zwiebel
Kohis
Karotten 1
Zucchini 1
Sellerieknolle 2
Lauch 6 Stangen
Petersilie 2 Bund
Peperoni 10 gemischt
Melanzane 2
Blumenkohl 2 Kopf
Broccoli 2 Köpfe
Fenchel 6 Stück
Rosenkohl 2 Schachteln
Rote Beete 6 Packungen

SALAT + TOMATEN

Vegetarische & vegane Gerichte

Piatti vegetariani & vegani

Hier brauchen die Kühe keine Angst zu haben

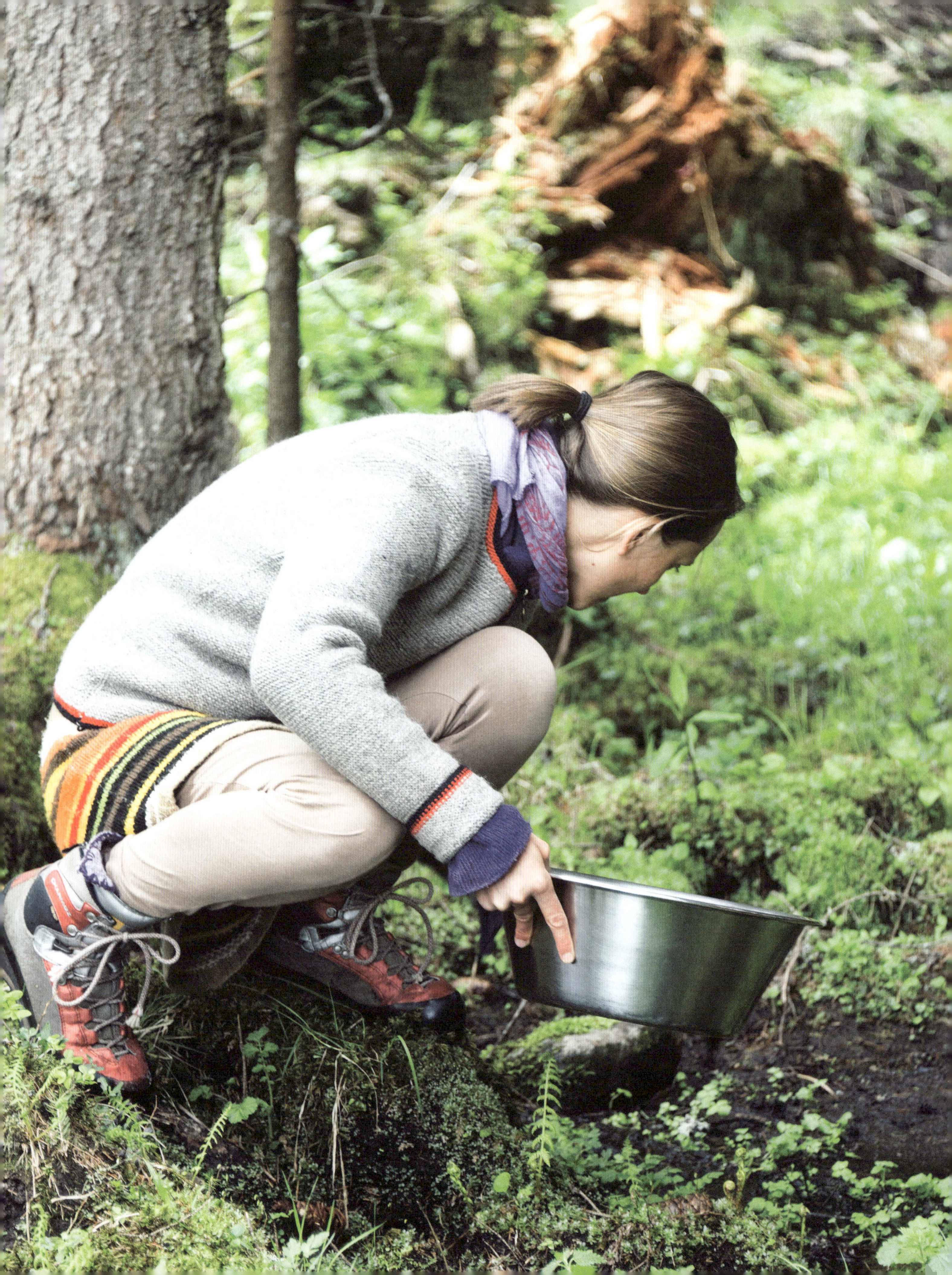

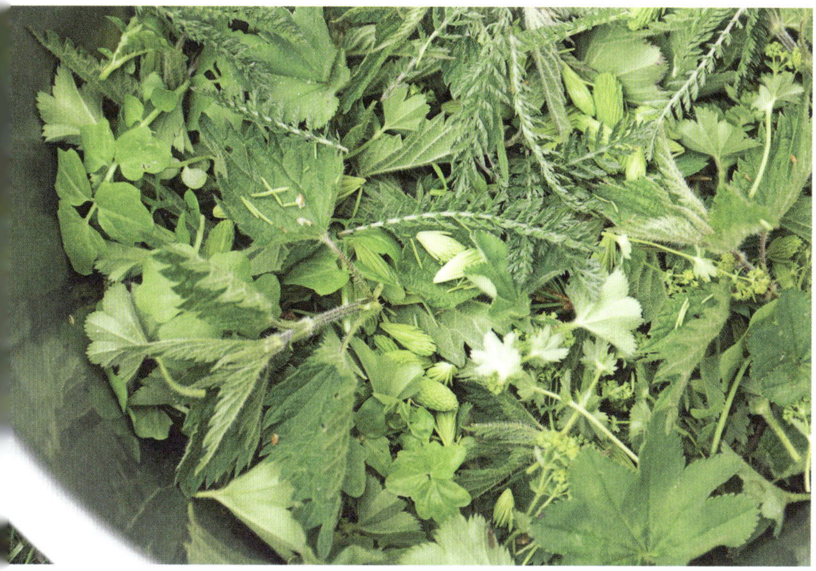

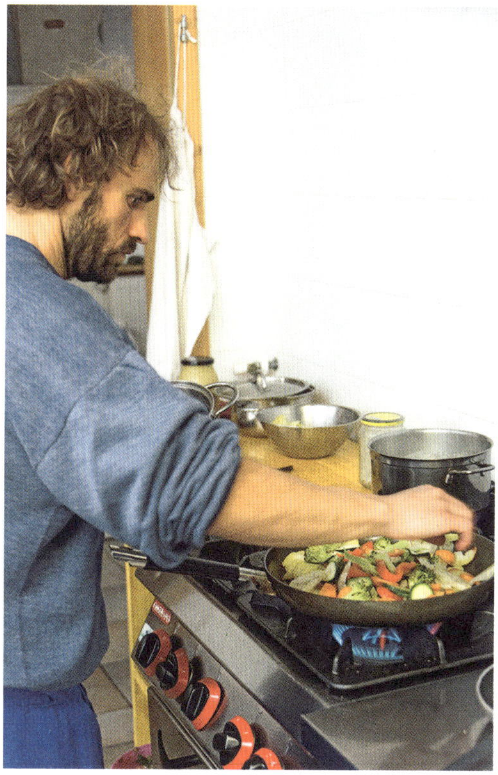

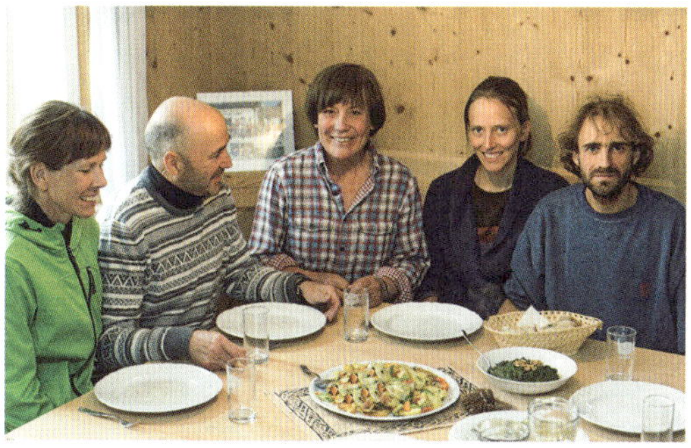

Gemüsegröstl mit Kräuterpesto

Zutaten Gemüsegröstl

300 g Kartoffeln, festkochend

80 g Karotten

80 g Zucchini

80 g Fenchel

80 Broccoli

80 g Paprika

2 EL Öl

½ TL Salz, Pfeffer

Zutaten Kräuterpesto

60 g verschiedene Kräuter (zum Beispiel Wegerich, Schafgarbe, Fichtenspitzen, Brennnessel, Brunnenkresse, Guter Heinrich, Frauenmantel, Petersilie, Gundermann, Bärlauch, Giersch, Löwenzahn, Schnittlauch, Grünzeug von der Karotte ...)

125 ml Olivenöl

½ Knoblauchzehe, klein gehackt

½ TL Salz

Zubereitung Gemüsegröstl

1 Kartoffeln waschen, mit der Schale in Salzwasser weich kochen und auskühlen lassen. **2** Dann schälen und in Scheiben oder Achtel schneiden. **3** Danach das verschiedene Gemüse ebenfalls waschen, schälen, schneiden und in kochendem Wasser kurz weichdünsten (4–5 Minuten). **4** Öl in einer Pfanne erhitzen, Kartoffeln dazugeben, rösten, mit Salz, Pfeffer würzen. **5** Wenn die Kartoffeln knusprig sind, das Gemüse hinzufügen, alles durchmischen und servieren.

Tipp: Gibt man am Schluss etwas Butter dazu, verfeinert das den Geschmack.

Variante: Dazu schmeckt auch ein Spiegelei.

Zubereitung Kräuterpesto

1 Alle Kräuter waschen und trocken tupfen. **2** Mit dem Olivenöl, dem Knoblauch und dem Salz fein pürieren.

Tipp: Damit das Pesto nicht schimmelt, sollte es immer im Kühlschrank und mit Olivenöl bedeckt aufbewahrt werden.

Variante: Wer will, kann beim Pürieren noch einige Walnüsse dazugeben.

Rosis Ingwer-Ananas-Smoothie

Zutaten

500 ml Ananassaft

140 ml Apfelsaft

50 g Ingwer

1 Zitrone, Saft

Zubereitung

1 Wenn möglich, sollten der Ananassaft und der Apfelsaft mit einer Fruchtpresse aus frischen Früchten hergestellt werden. **2** Den Ingwer klein schneiden oder gleich mit dem Apfel entsaften. **3** Alles mischen und den Zitronensaft dazugeben, in den Mixer geben und kurz durchmixen.

Rosis Rote-Herzen-für-die-Liebe-Smoothie

Zutaten

1 Banane

100 g Himbeeren oder Erdbeeren

100 g weißes Joghurt

150 ml Apfelsaft

3 EL Haferflocken

Zubereitung

1 Die Banane schälen und in Stücke schneiden.
2 Das Obst waschen. **3** Alle Zutaten in den Mixer geben und mixen.

Im Land der Reben

Der Brunnenhof in Mazzon

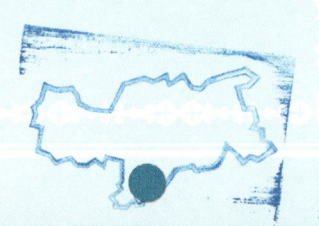

Es wird höchste Zeit, dass wir auch mal ins Südtiroler Unterland fahren. Aus dem alten Dörfchen Neumarkt südlich von Bozen kommt die Gitti, die Frau von unserem dicken Freund Wasi, dem Markus Wasmeier, dem Doppel-Olympiasieger von Lillehammer 1994. Sie ist ein echtes „Goldstück" und schwärmt immer von ihrer Heimat, ihrer Familie, dem Wein und dem guten Essen. „Da müsst ihr unbedingt mal hin", hat uns die Gitti schon lange gesagt. „Direkt über meinem Elternhaus gibt's ein Weingut, den Brunnenhof in Mazzon, der wird euch gefallen!" Der Wasi hat schon ein Glück gehabt mit seiner Gitti, denke ich mir, und wenn der Wein auch nur halb so gut ist, wie die Gitti ausschaut, dann wird das ein wunderbarer Ausflug.

Südtirol hat schon im Leben meines Vaters eine große Rolle gespielt. Er war Arzt und begeisterter Bergwachtler, im Krieg wurde er aus Russland hierher versetzt. Das war sein großes Glück, denn keiner von seiner Kompanie kam aus Russland lebend zurück. Später bin ich mit meinen Eltern immer nach Südtirol oder an den Gardasee gefahren und durfte mir bei jeder Fahrt die alten Kriegsgeschichten anhören. Ich erinnere mich, dass der Rotwein damals auch schon eine große Rolle gespielt hat. Wir haben uns auf solchen Fahrten spezielle Picknickplätze gesucht, abseits der Straße. Zum Beispiel auf einer Wiese mit einem wunderbaren Ausblick. Die Eltern haben sich immer darüber mokiert, dass die meisten Autofahrer stundenlang im Auto sitzen und dann direkt am Straßenrand auf Rastplätzen anhalten, um dort zu picknicken. Südtirol ist überall so schön, nur einige Minuten neben der Autobahn warten die herrlichsten Plätze ohne Staub und CO_2. Die Menschen sind bis heute nicht gescheiter geworden. Wir aber fahren in Neumarkt raus und folgen der engen Bergstraße bis Mazzon. Zwischen den herbstlichen Weinreben biegen wir in den Brunnenhof ein und sind mit einem Mal in einer völlig anderen Welt.

Wir stehen mitten im Weinberg, der sich über die Terrassen am Berghang verteilt, und blicken über das Unterland hinweg rüber zum idyllischen Weindorf Tramin, hoch zum Roen und bis zum Kalterer See, der wunderschön und dunkelblau in der Sonne glitzert. Kalterer See, da fällt mir wieder der Vater ein, der hat nur „Kalterersee" getrunken, den ganz günstigen aus der großen Korbflasche, eher auf Menge als auf Qualität bedacht. Aber das ist lange her und heute würde er sich so wie wir auf grandiose Weine aus dieser Gegend freuen, wo es um Qualität und Jugendlichkeit der Winzer geht. Da ist Südtirol einen sensationellen Weg gegangen.

Hier weht die Brise des Gardasee-Windes

Kurt und Johanna Rottensteiner empfangen uns vor dem Hof. Ich bin ganz überrascht, was für eine schlanke, ranke Frau uns da entgegenkommt. Könnte auch Sportlerin sein. Wir sind beeindruckt, wie schön das alles hier ist: Ein Walnussbaum wirft seinen Schatten auf den Platz mit dem Brunnen, darunter haben Kurt und Johanna schon einen Tisch gedeckt. Olivenbäume schmiegen sich an die alten Mauern aus Naturstein, von denen die Rosi und ich ja sowieso nie genug bekommen können. Allein der Gedanke daran, dass da mal jemand Stein für Stein diese Mauer errichtet hat und schon die alten Römer ihre Wege über die Alpen hier an den Berghängen des Südtiroler Unterlands mit solchen Steinen gepflastert haben – da wird uns ganz warm ums Herz! Überall in Südtirol findet man diese alten Mauern, mit denen die Berge terrassenförmig abgefangen sind, um Wein oder Obst anzubauen. Unvorstellbar, welche jahrhundertealte Arbeit dahinter steckt, eine echte Kunst, besonders wenn sie als Trockensteinmauern verlegt sind. Wir haben in unserem Garten auch ziemlich viel herumgemauert. Am liebsten nehmen wir von unseren Ausflügen oder auch Bergtouren Steine mit, ganz egal wie schwer der Rucksack wird, und mauern sie zu Hause ein. Das sind herrliche Erinnerungsstücke an viele gemeinsame Touren. Der Stein, der die weiteste Reise hinter sich hat, stammt aus Whistler Mountain, von den Olympischen Spielen 2010. Den hab ich in der Skischuhtasche mit dem gesamten Gepäck des Teams herübergeschmuggelt.

Kurt zeigt uns den alten Keller mit den Gewölben aus dem 17. Jahrhundert. Früher wurden hier der Speck nach dem Räuchern, die Äpfel und das Kraut gelagert. Heute – natürlich – der Wein. Bio-Wein. In wunderschönen 500-Liter-Eichenfässern lagert der Blauburgunder, in neuen Stahltanks der „Weiße".

„Möglichst viel von der Natur lernen, das ist unser Weg, sie ist unsere Lehrmeisterin", lautet das Motto von Kurt und Johanna. „Früher haben die Menschen alle hier oben am Hang gelebt", erzählt Kurt. „Unten im Tal war Sumpf. Hier oben waren die Quellen und Brunnen, daher kommt auch der Name des Hofes und des Weinguts." Maria Theresia von Österreich hat schließlich die

Bei jedem Wort spürt man die Liebe zum Wein

Ebene entsumpfen lassen, aber noch heute ist die Lage im Tal unten zu feucht für den Wein, dort breitet sich das Meer der Apfelplantagen aus.

Kurt und Johanna verrichten die ganze Arbeit am Weingut selber, bei jedem Wort spürt man die Liebe zum Wein und zu ihrem Beruf. Selbstverständlich müssen die Kinder trotz Schule und Ausbildung auch mit anpacken. Nach der Tochter Eva ist ein Weißwein des Hofes benannt, der Sohn Johann soll den Hof einmal übernehmen.

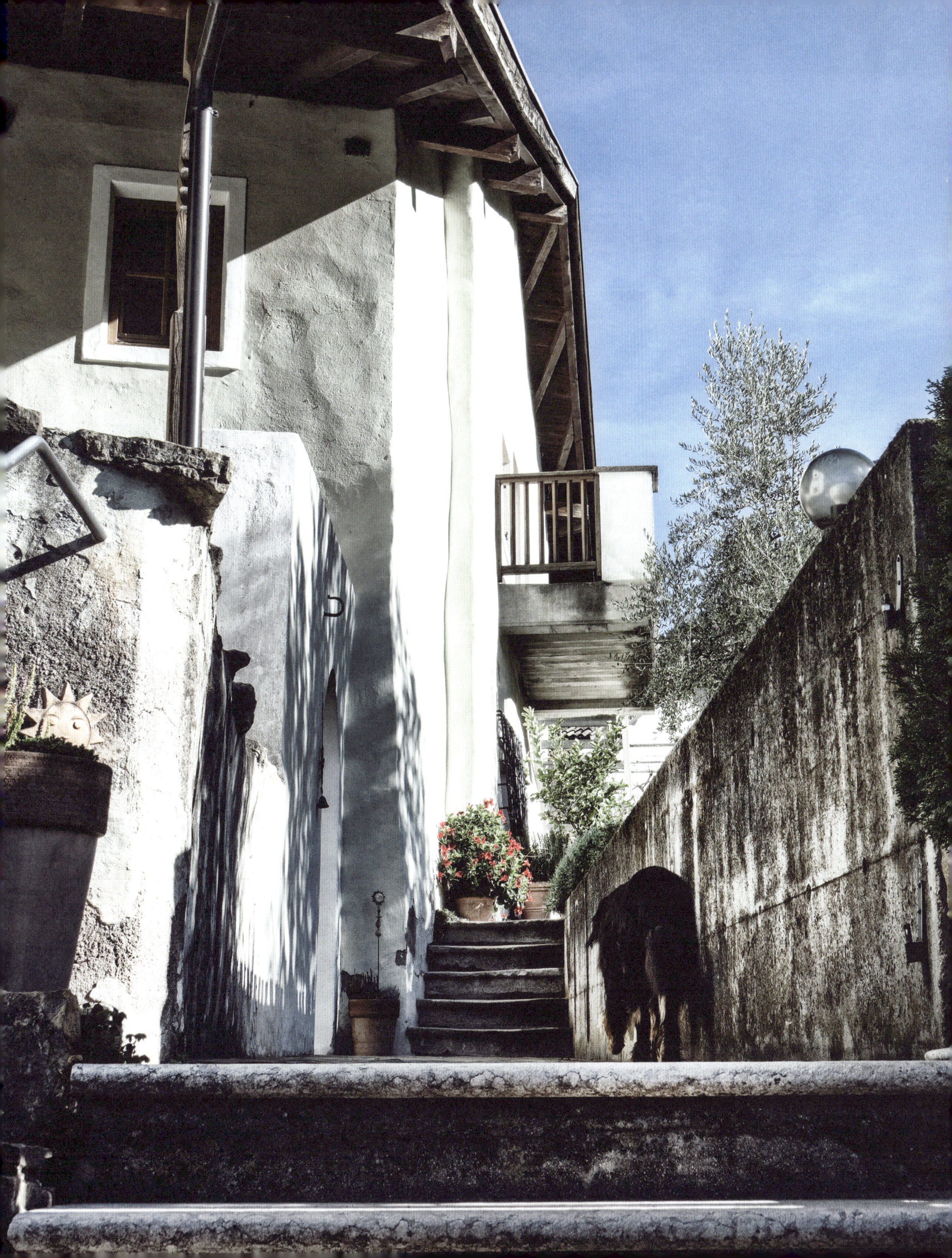

Ein Wein
ist nach der
Tochter Eva
benannt

Junge Winzer

Lange galt der Südtiroler Wein als Massenware. Möglichst viel anbauen war die Devise, vor allem den Vernatsch, eine unkomplizierte Sorte. Diese Zeiten sind vorbei. In vielen Kellereien hat eine neue Generation das Ruder übernommen und setzt auf Qualität statt Quantität. Mit Erfolg! Mittlerweile gelten einige Südtiroler „Flaschlen" in Italien und auch darüber hinaus als absolute Spitzenweine. Der Blauburgunder, der um Mazzon herum am besten gedeiht, wird immer wieder mit Preisen ausgezeichnet. Italienweit einzigartig, wachsen heute in Südtirol rund 20 verschiedene Rebsorten auf nur 5.300 Hektar Weinanbaugebiet.

Der Gorgonzola
schmilzt auf
dem „Plent"

Hier auf der Ostseite des Südtiroler Unterlands zeigt sich der Mix aus Tiroler und italienischer Kultur und Sprache am stärksten, das Trentino ist nicht weit und in den Geschäften und Bars unter den Neumarkter Lauben sprechen alle durcheinander: Dialekt und Italienisch und manchmal eine Mischung aus beidem. Und so ist es auch beim Essen. Schon lange haben sich die Küchen gegenseitig beeinflusst.
Die Polenta, die die Südtiroler „Plent" nennen, und den Gorgonzola haben die „Unterlandler" von den Italienern angenommen und beides ist zu einem typischen Gericht der Fastenzeit geworden. Die Bauern essen es aber auch heute noch gerne zu Mittag bei der Apfelernte oder beim Wimmen. Und dazu gibt's Bauchspeck, Hauswurst, Sgombro, Zwiebeln, Bohnen, Kraut. Kartoffeln konnte man im Tal wegen der Feuchtigkeit nicht so gut anbauen, deshalb hat man den „Tirgg" angebaut, wie der Mais im Dialekt genannt wird.

Wir stehen mit dem Kurt und der Johanna in der Küche und nach der kurzen Zeit haben wir bereits das Gefühl, als ob wir die beiden schon lange kennen würden.
Man merkt: Das sind offene Leute hier im Unterland. Vielleicht, weil hier immer schon viele Menschen durchgereist sind, weil Kulturen zusammenkommen sind. So sind sie es gewöhnt, mit Fremden schnell ins Gespräch zu kommen und Freundschaften zu schließen.
Im Kupfertopf beginnt das Wasser zu kochen. Die Rosi hilft mit, und Kurt und ich schauen nur manchmal rüber zur Küche. Heute wird einfach gekocht, da braucht's keine „Kochspezialisten" am Herd. Lieber erfahre ich vom Kurt noch mehr über seine Familiengeschichte, wie er als Jungunternehmer 1995 ohne viel Geld, aber mit großer Vision den Weinberg übernommen und aufgebaut hat. Er schaut rüber zu seiner Frau, ohne die er das nie geschafft hätte. Auch ihr zuliebe geht es daher heute mal einfach zu in der Küche, denn wie der Kurt sagt: „Es braucht für einen guten Plent eine faule Dirn, die ab und zu rührt und wenig schürt." Dann schenkt er uns ein Glas Gewürztraminer ein.
Für mich als Leistungssportler war Alkohol am Vormittag früher eine absolute Überwindung. Danach war der Tag gelaufen. Doch im Laufe der Zeit stellte sich eine gewisse Gewöhnung ein, ich weiß auch nicht, woher das kommt, aber der Gewürztraminer tat mir gut, belebte und machte mich gar nicht mehr müde. Kurt berichtet mir gleichzeitig von den strengen Auflagen des Bio-Anbaus. Drei Jahre muss der Weinberg ohne Chemie und synthetische Mittel bewirtschaftet werden, bevor er als Bio-Weinberg gilt. Aber für Kurt ist biologischer Anbau keine Frage der Zeit, sondern eine des Prinzips. Er macht das aus voller Herzensüberzeugung. Schon sein Großvater sei Weinhändler gewesen, erzählt er, und zeigt mir alte Bilder von einem Lastwagen, auf dessen Anhänger zwanzig alte, wunderschöne Holzfässer gestapelt sind.
Nach einer Dreiviertelstunde ist die Polenta fertig, wir setzen uns unter den Nussbaum. Der Gorgonzola schmilzt auf dem „Plent", vom Süden her weht die frische Brise des Gardasee-Windes „Ora", der den Trauben so guttut und uns herrliche Abkühlung bietet.

Polenta

Zutaten

500 ml Wasser	
Salz	
2 EL Öl	
120 g Polentamehl	
etwas Butter	

Zubereitung

1 Wasser in einem hohen Topf zum Kochen bringen (idealerweise ist es ein Kupfertopf), salzen und Öl hinzufügen. **2** Polentamehl langsam mit dem Schneebesen einrühren, bis die Polenta fest wird. **3** Dann mit einem Holzlöffel weiterrühren und die Polenta nur mehr köcheln lassen. **4** Am Schluss kalte Butter unterrühren.

Tipp: Man isst Polenta mit einer guten Hauswurst oder mit Krautsalat mit Speck (siehe Seite 192). Eingebürgert haben sich auch Gorgonzola und eingelegte Makrelen.

Variante: Man kann auch 250 ml Wasser und 250 ml Milch nehmen, dann wird die Polenta cremiger.

Rosis Biersuppe

Zutaten

- 1 Zwiebel
- ½ Knoblauchzehe
- 1 EL Butter
- 500 ml Bier
- 1 Lorbeerblatt
- 1 l Fleischsuppe (siehe Seite 99)
- Salz, Pfeffer, Muskatnuss
- 1 TL Speisestärke
- 125 ml Sahne

Zubereitung

1 Zwiebel und Knoblauch in Würfel schneiden und mit Butter in einem Topf anschwitzen. **2** Mit Bier aufgießen, ein Lorbeerblatt dazugeben und etwas einkochen lassen. **3** Fleischsuppe dazugeben und aufkochen lassen. **4** Mit Salz, Pfeffer und Muskatnuss abschmecken. **5** Die Speisestärke in wenig kaltem Wasser auflösen und zur Suppe geben, nochmals aufkochen lassen. **6** Das Lorbeerblatt entfernen und die Suppe mit dem Pürierstab schaumig rühren. **7** Wer will, kann jetzt noch Sahne unterrühren.

Tipp: Dazu passen in Butter geröstete Brotwürfel, die mit wenig Zimt bestreut werden.

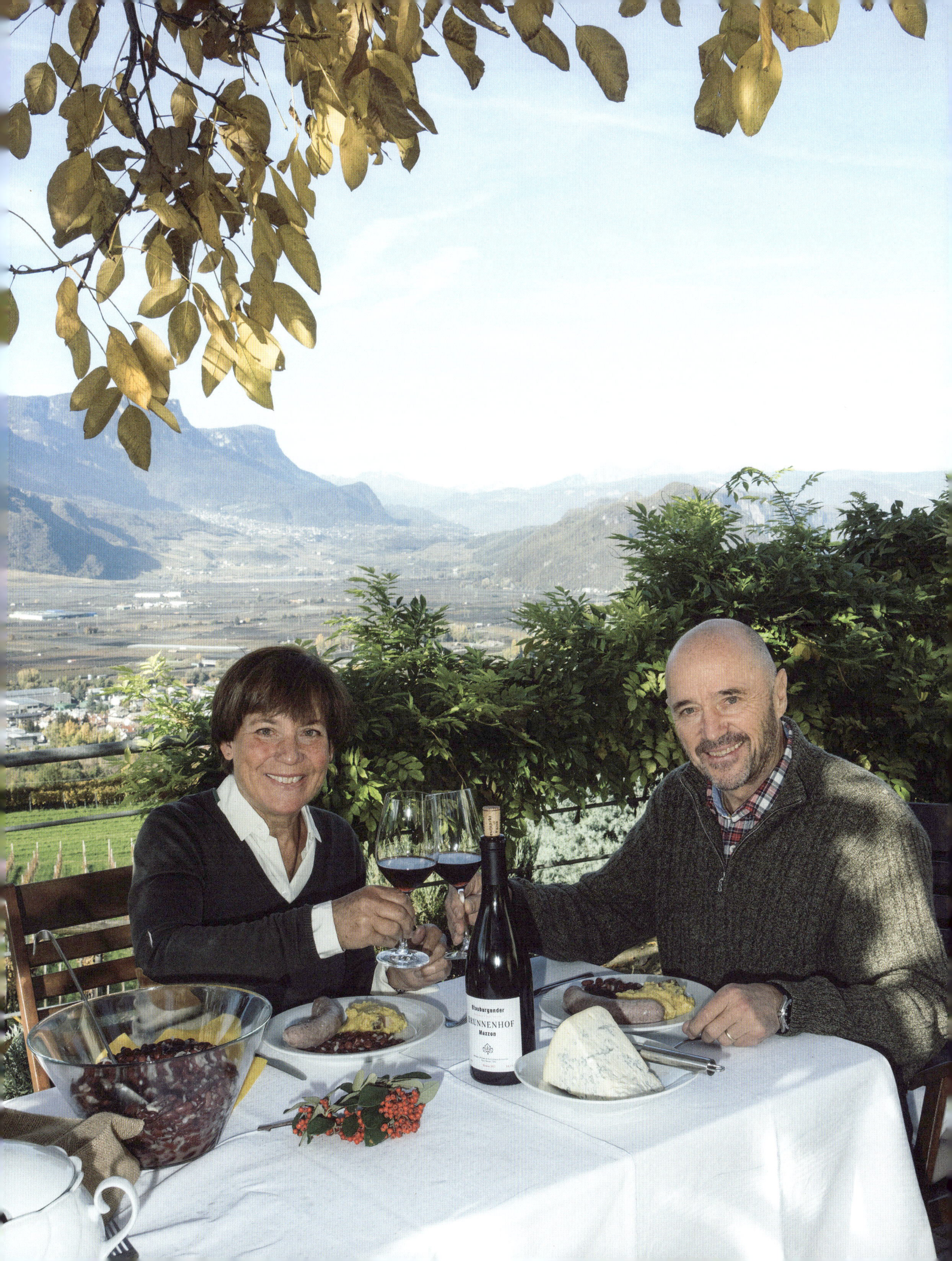
Blauburgunder
BRUNNENHOF
Mazzon

Weiße Welt

Der Laaser Marmorbruch

Was für ein Luxus!

Es gibt tatsächlich einen Bahnhof, der rundherum mit den weißesten Marmorarten gepflastert ist: den Laaser Bahnhof. Was für ein Luxus! Wie kommt so ein kleiner Ort dazu, den edelsten aller Bahnhöfe zu besitzen? Die Frage klärt sich, wenn man unten vom Bahnhof hinaufschaut auf den gegenüberliegenden Berg, dann entdeckt man eine Materialseilbahn und oben zwischen den Bäumen auch einige Gebäude. Dort, auf über 1.500 Metern Höhe befindet sich ein Marmorbruch, den schon die Römer kannten, der aber später in Vergessenheit geriet. Sonst hätte Michelangelo seinen David sicher aus diesem Marmor geschaffen. Im 19. Jahrhundert hat man den Laaser Marmor wegen seiner wetterfesten Eigenschaften wieder neu entdeckt. Seitdem wollen ihn alle haben. Im Weißen Haus in Washington ist er zu finden, in der Hagia Sophia in Istanbul, am Hauptbahnhof von München, in New Yorker Edelboutiquen, im Südtiroler Landtag und am Haydn-Konzerthaus in Bozen. Das derzeit spannendste Projekt ist die U-Bahn-Station am Ground Zero in New York, die mit dem Südtiroler Gestein ausgekleidet werden soll. Dieser teuerste unterirdische Bahnhof der Welt wird dem kleinen in Laas wohl Konkurrenz machen. Und das „Weiße Gold" wird auch an diesem denkwürdigen Ort für eine unvergessliche Wirkung sorgen.

Franz Grassl, ein Bekannter unseres Fotografen Christjan, fährt uns mit seinem Geländefahrzeug hinauf zum Steinbruch. In Serpentinen geht es den Berg hinauf. Links und rechts sehe ich kilometerlange weiße Streifen im herbstlichen Wald. Ich traue meinen Augen nicht, was ist denn hier los? Haben die sportnarrischen Südtiroler jetzt schon Langlaufloipen angelegt. Trainieren die

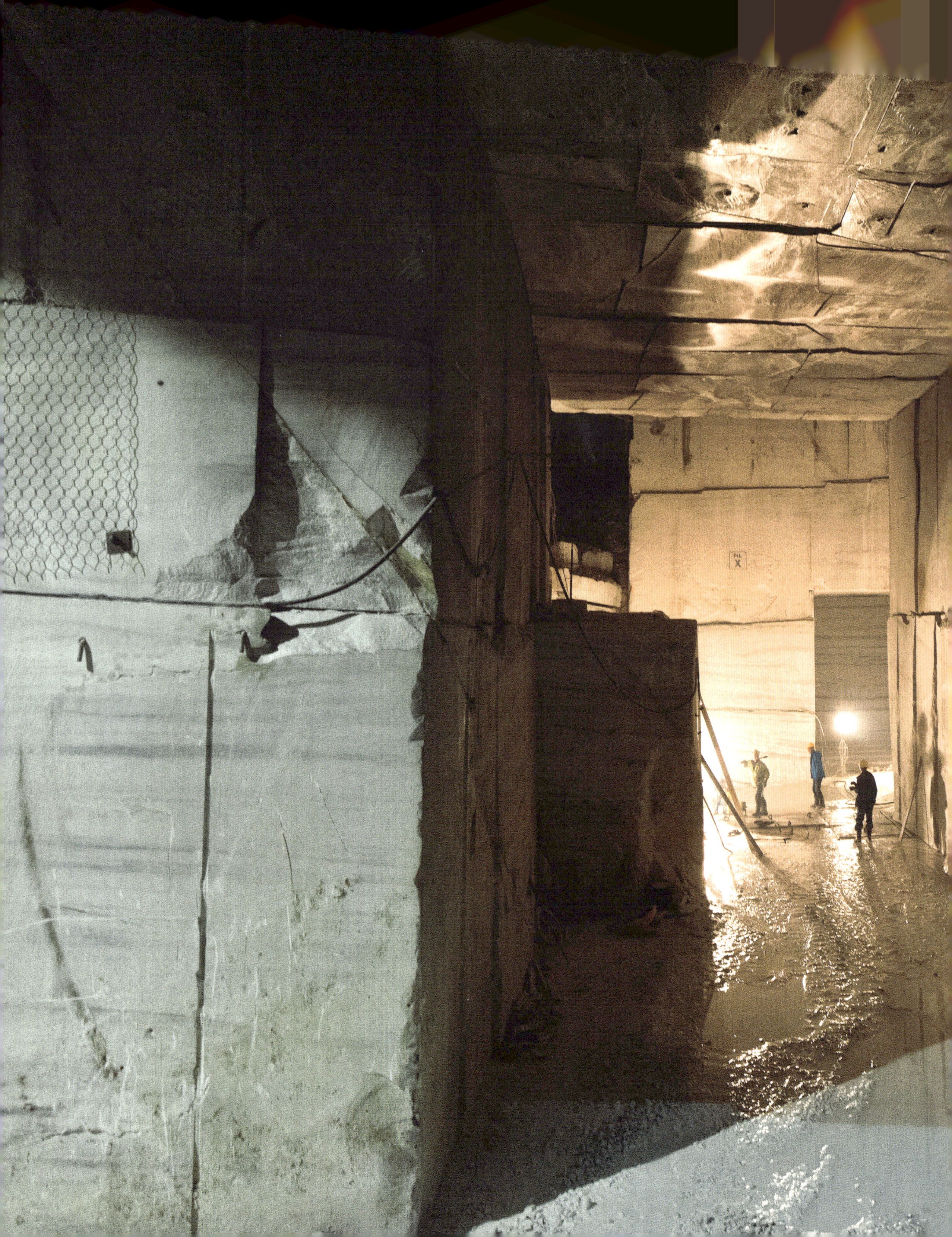
PIL
X

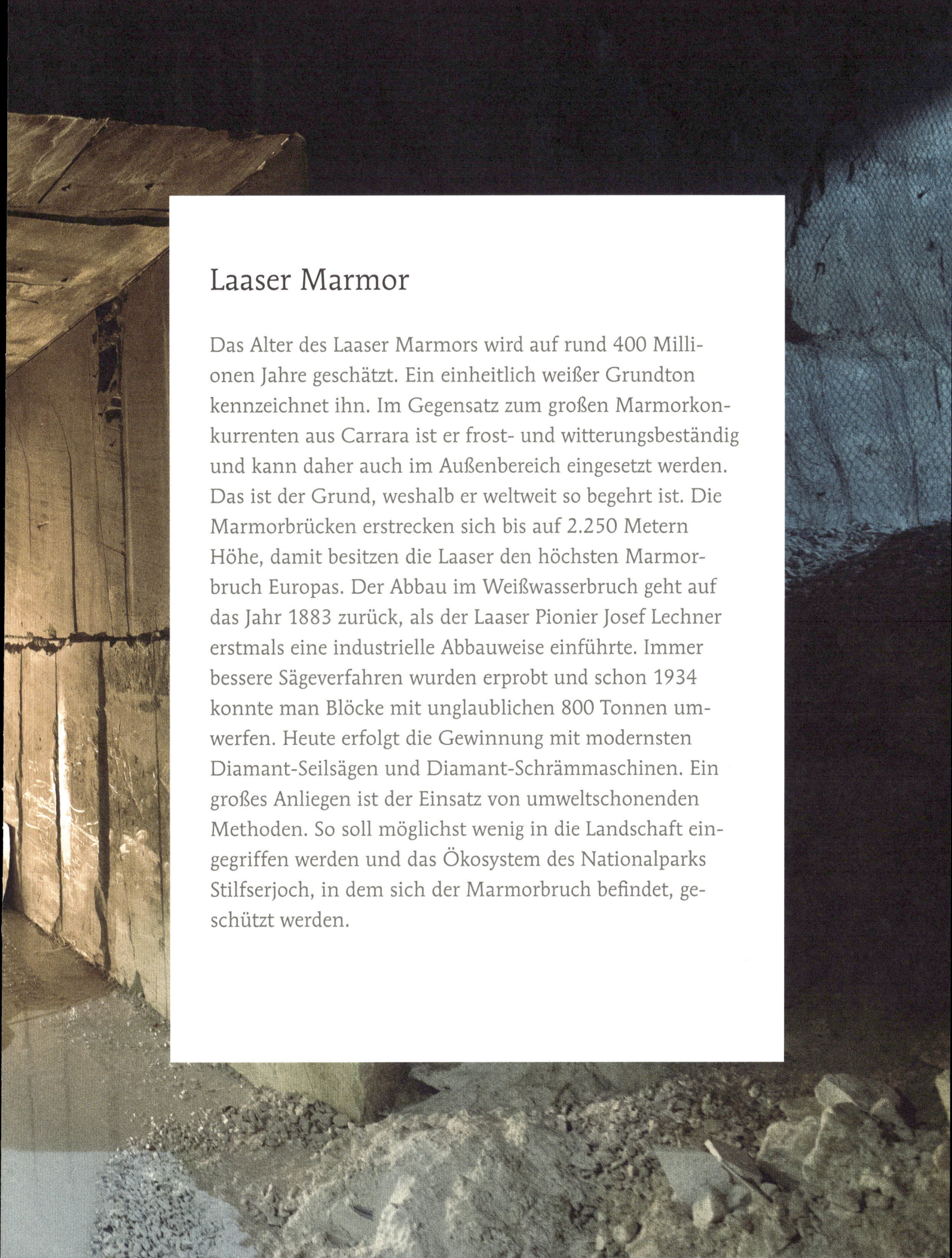

Laaser Marmor

Das Alter des Laaser Marmors wird auf rund 400 Millionen Jahre geschätzt. Ein einheitlich weißer Grundton kennzeichnet ihn. Im Gegensatz zum großen Marmorkonkurrenten aus Carrara ist er frost- und witterungsbeständig und kann daher auch im Außenbereich eingesetzt werden. Das ist der Grund, weshalb er weltweit so begehrt ist. Die Marmorbrücken erstrecken sich bis auf 2.250 Metern Höhe, damit besitzen die Laaser den höchsten Marmorbruch Europas. Der Abbau im Weißwasserbruch geht auf das Jahr 1883 zurück, als der Laaser Pionier Josef Lechner erstmals eine industrielle Abbauweise einführte. Immer bessere Sägeverfahren wurden erprobt und schon 1934 konnte man Blöcke mit unglaublichen 800 Tonnen umwerfen. Heute erfolgt die Gewinnung mit modernsten Diamant-Seilsägen und Diamant-Schrämmaschinen. Ein großes Anliegen ist der Einsatz von umweltschonenden Methoden. So soll möglichst wenig in die Landschaft eingegriffen werden und das Ökosystem des Nationalparks Stilfserjoch, in dem sich der Marmorbruch befindet, geschützt werden.

Italiener jetzt schon auf Kunstschnee für den Winter? Natürlich nicht. Es sind Forststraßen im Wald, die statt mit grauem Kies mit weißem Marmorschotter belegt sind. Wie eine weiße Lebensader erscheinen sie mitten im Grün.

Am Marmorbruch angekommen, parken wir unser Auto vor der Kantine. Riesige Bagger und Radlader verschwinden im Berg und tauchen schwer bepackt mit weißen Monsterquadern wieder auf. Das Bubenherz schlägt höher und höher, in der Dimension habe ich meine Lieblingsspielzeuge noch nie so hautnah erleben dürfen. Rosi träumt vielleicht eher von weißen Marmorbädern, aber uns zieht es beide magnetisch in das „Riesenmaul", den Stollen im Berg.

Dreißig Meter hohe, weiße Wände ragen neben uns steil empor. Mehrere hundert Meter sind wir nun im Berg drin und alles um uns herum ist eine einzige Marmorkathedrale. Da bleibt einem die Luft weg. Riesige Blöcke werden aus den Wänden rausgeschnitten, von denen einzelne bis zu 30 Tonnen schwer sind. Ein Höllenlärm tobt. Aber für die Hölle ist es hier viel zu hell. Taghell. Fast blendet das weiße Licht. Eigentlich bräuchte man jetzt eine Skibrille, denke ich mir. Um uns herum liegen die gewaltigen Brocken. Bagger schaufeln sie hin und her. Ehrfurcht erfasst einen, wenn man daran denkt, wie alt diese Blöcke sind. Vor 400 Millionen Jahren wurde dieser Kalkstein durch Hitze und Druck in Marmor verwandelt. Sagenhafte 500 Millionen Kubikmeter umfasst die Marmoreinlagerung in Laas. Da werden noch die Urururenkelinnen von Rosi Bäder bauen können. Irgendwie passt diese beeindruckende Umgebung zu uns. Alles ist weiß wie Schnee. Es ist wie eine Winterlandschaft mit unterschiedlichsten Schneeverhältnissen. Mal der weiße Marmorstaub, der sich wie Pulverschnee anfühlt, mal die pickelharte Marmorpiste, der auch schärfste Skikanten nichts anhaben könnten. Ständig dringt Wasser durch das Gestein, dadurch bilden sich Seen und Wasserflächen, die sich grandios in diese weiße Szenerie eingliedern, kristallklar und türkisblau leuchten sie wie in der Karibik. Es ist wie im Märchen.

Alles ist weiß wie Schnee

LAASER MARMORBRUCH

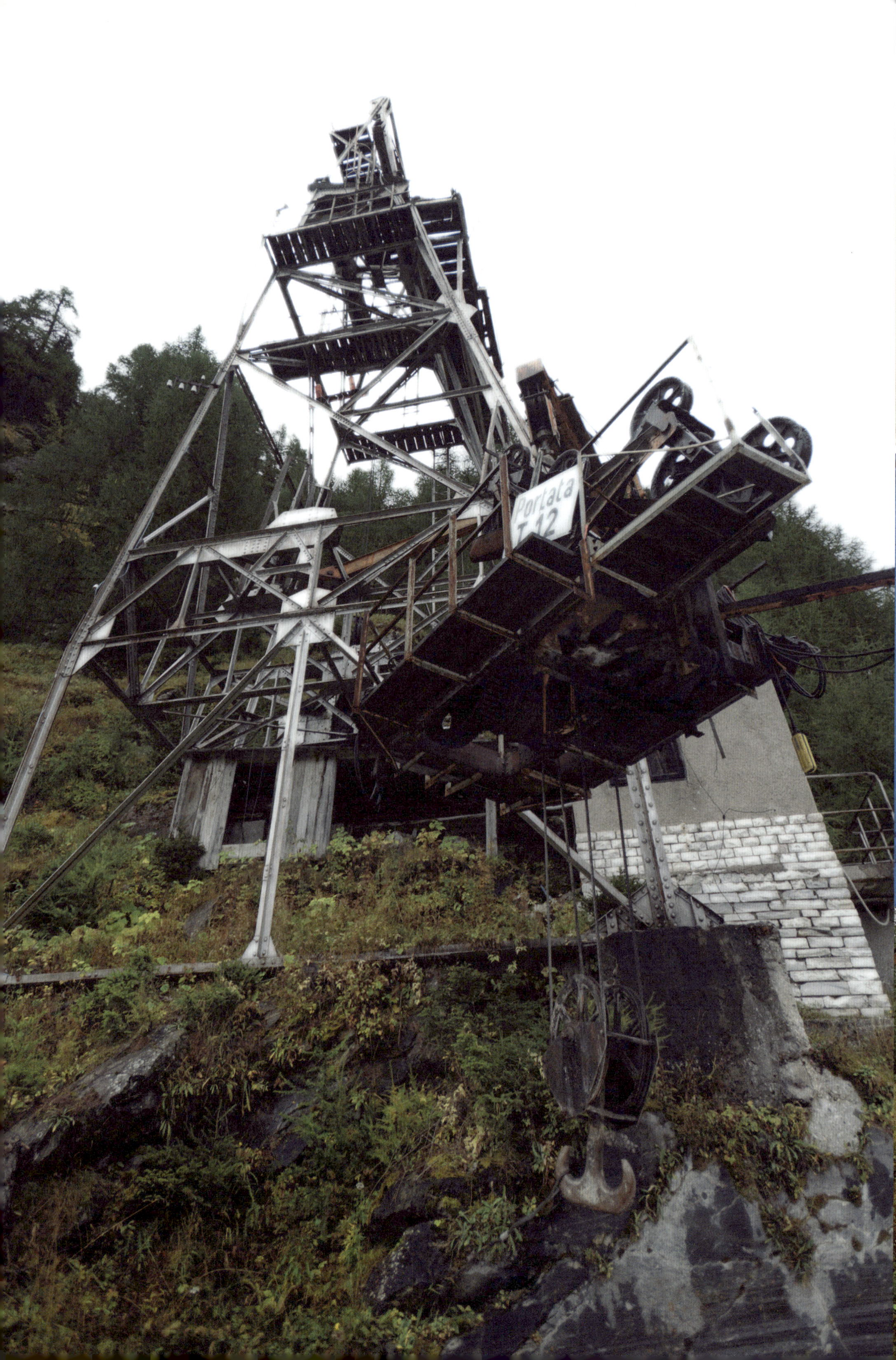
Portata
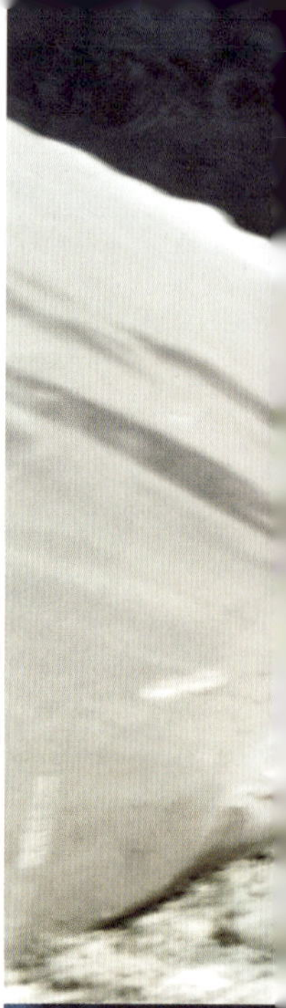
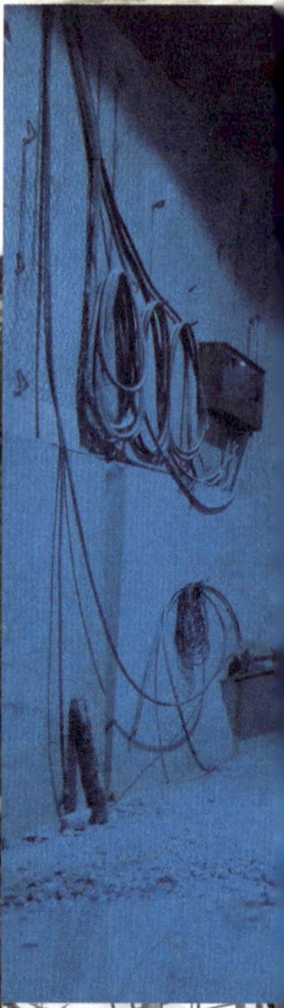
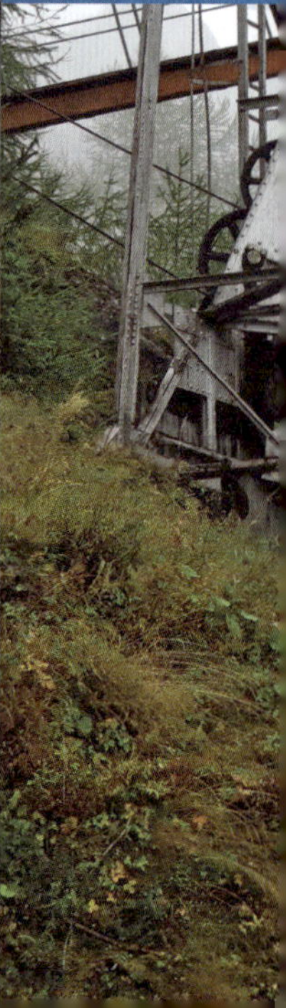

Rosi träumt von weißen Marmorbädern

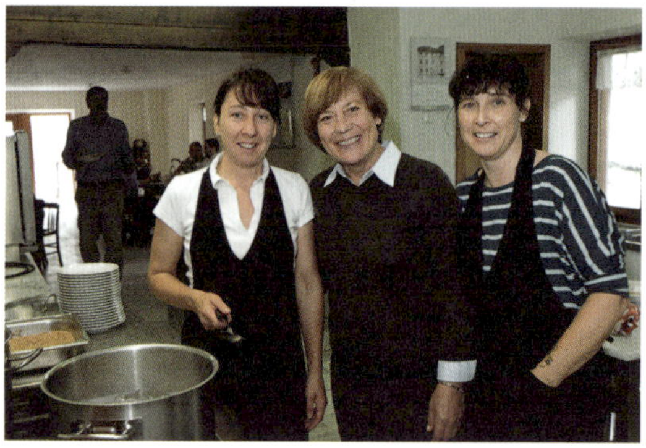

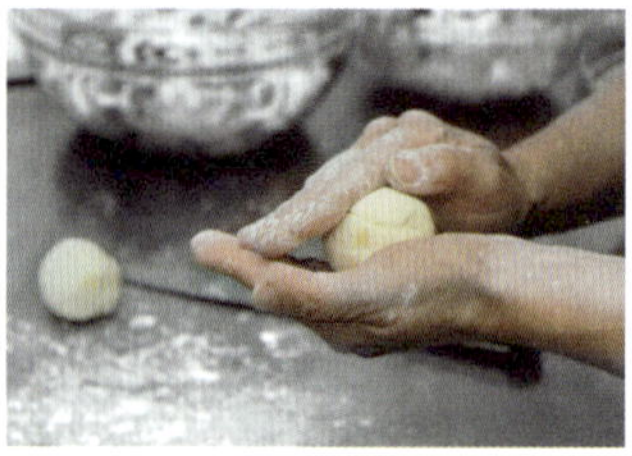

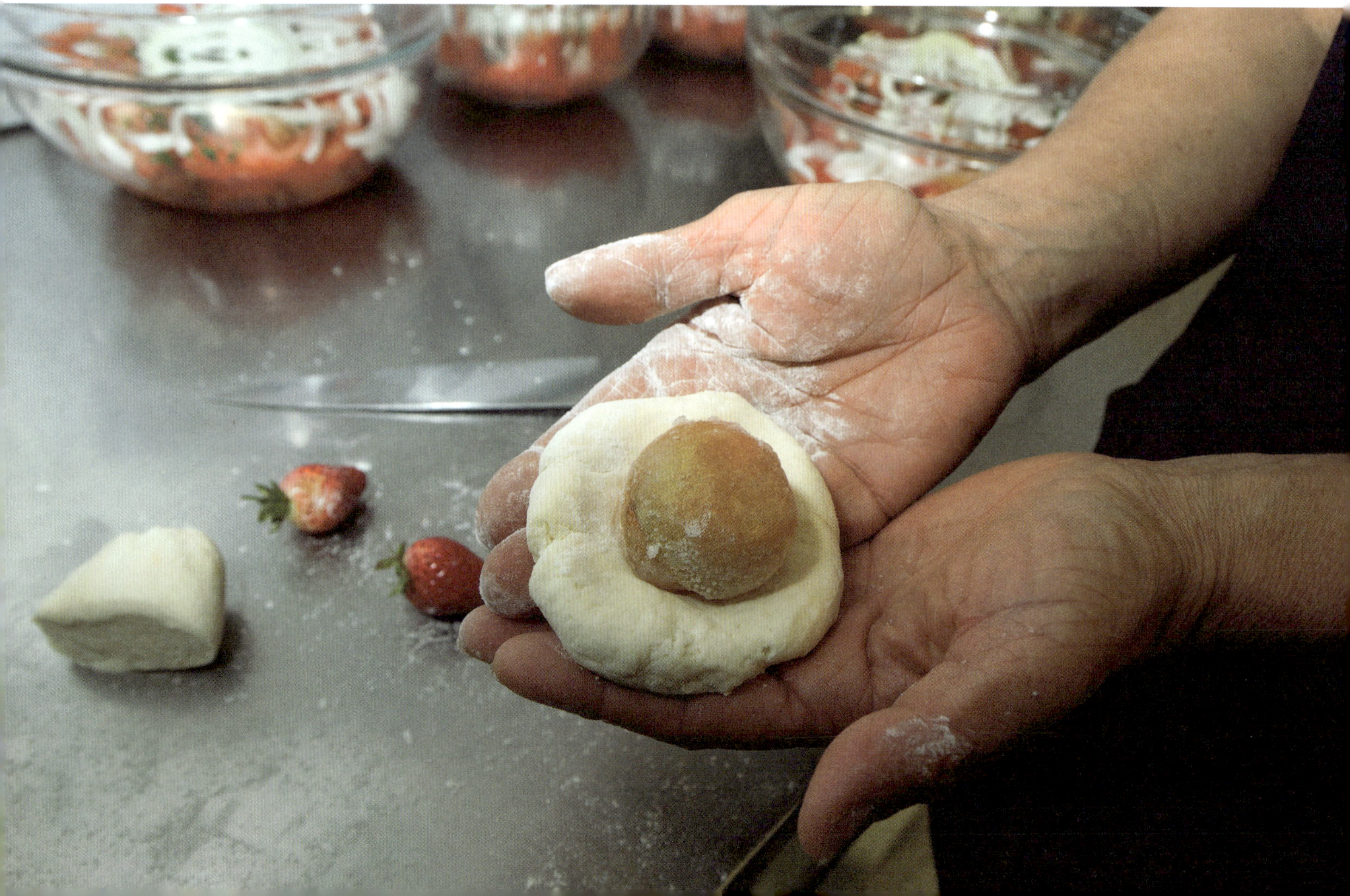

Hier ist ja alles aus Marmor, selbstverständlich auch die Kantine der Stollenarbeiter – wahrscheinlich die luxuriöseste auf der Welt. Auf jeden Fall die luxuriöseste, in der die Rosi und ich jemals waren. Kochplatten, Arbeitsplatten, die Aufhängungen, der Kantinenboden sowieso: alles aus Marmor. Ich prüfe sogar die weißen Tassen, ob sie aus Marmor sind. Zu meiner Beruhigung sind sie es nicht. Die Heilige Barbara, die Schutzpatronin der Bergwerksleute, wacht in einer Ecke, natürlich ist sie aus weißem Marmor gefertigt. Selbst die Männertoilette der Stollenarbeiter präsentiert sich in dem wertvollen Gestein. So eine hat wahrscheinlich nicht mal der Silvio Berlusconi in seiner Villa an der Costa Smeralda auf Sardinien. Nur der Blick in den Essensraum beruhigt. Hier sind die Tische und Stühle aus dunklem, schlichtem Holz, praktisch aufgereiht und leicht zu putzen. Ein wunderschöner, pragmatischer Stilbruch.

Es ist Mittagszeit und die Arbeiter kommen aus dem Stollen. Ihre mit „Marmorschnee" verschneiten Gummischuhe ziehen sie alle brav vor der Tür aus, so leicht wie richtiger Schnee an Skistiefeln lässt er sich doch nicht abklopfen. Ihre Arbeitskleidung lassen sie an. Lydia und Luise, die beiden Köchinnen, werden kurz begrüßt und natürlich werden sie gefragt, was sie heute gekocht haben. Jeden Tag verköstigen Lydia und Luise die rund 20 Arbeiter hier heroben am Berg und zusätzlich etwa 25 Männer unten im Werk. Auch keine leichte Aufgabe, täglich etwas auf den Teller zu zaubern, womit die hart schuftenden Arbeiter gestärkt werden können. Und Südtiroler Arbeiter sind verwöhnt! Ich weiß nicht, ob die Köchinnen wegen uns mal etwas Ausgefallenes auf die Tageskarte setzen wollten, aber heute gibt es „Saure Supp" – und da sind Kutteln drin. Kutteln sind aus Rindermagen. Wie ich das gehört habe, hat es mir meinen Magen fast umgedreht. Und als ich den Arbeitern die Kutteln auf die Teller schöpfe, merke ich durchaus ein leichtes Zögern, das sich aus Respekt zu uns nicht lauter artikuliert. Aber es gibt ja auch noch Gulasch mit Salzkartoffeln und Tomatensalat als Hauptgang, und als die Marillen- und Erdbeerknödel zum Nachtisch serviert werden, ist die Stimmung wieder super.

Zur Ehrenrettung der Kutteln muss ich sagen, dass die beiden Köchinnen alles rausgeholt haben, was man aus Kutteln rausholen kann. Rosi sitzt bei den Arbeitern und isst begeistert. Sie liebt Innereien und würde sogar Stierhoden in Madrid essen. Auch ich habe mir einen Nachschlag geholt und erfahre mit Staunen, dass Kutteln schon bei Homer in der Antike erwähnt wurden. Früher waren sie ein Arme-Leute-Essen, aber so speziell zubereitet wie bei Lydia und Luise, darf sie die Rosi gerne auch mal zu Hause nachkochen.

Südtiroler Arbeiter sind verwöhnt

Saure Suppe

Zutaten

3 EL Öl

2 EL Mehl

1 l Wasser oder Fleischsuppe

1 EL Butter

½ kleine Zwiebel

2 kleine Lorbeerblätter

600 g Kutteln, gesäubert und vorgekocht

½ TL Salz

Essig, Knoblauch, Pfeffer

Zubereitung

1 Das Öl erhitzen, Mehl hineinsieben, mit dem Schneebesen schnell rühren und hellbraun werden lassen. **2** Mit kaltem Wasser oder Suppe aufgießen, weiter mit dem Schneebesen glattrühren. **3** In einem anderen Topf die gehackte Zwiebel in Butter goldbraun werden lassen und mit den Lorbeerblättern zur Einbrennsuppe dazugeben. **4** Alles einige Minuten kochen. **5** Die schon weich gekochten Kutteln in feine Streifen schneiden, dazugeben und nochmals gut durchkochen lassen. **6** Mit Salz, Essig, etwas Knoblauch und Pfeffer abschmecken.

Tipp: Auch etwas abgeriebene Zitronenschale passt gut in die Kuttelsuppe. Am besten verwenden Sie eine unbehandelte Zitrone.

Marillenknödel

Zutaten

1 kg Kartoffeln

80 g Butter, weich

50 g Weizengrieß

1 Ei

2 Eigelbe

Salz

250 g Mehl

1,5 kg Marillen

Würfelzucker

180 g Butter

150 g Semmelbrösel

Zucker, Zimt

Zubereitung

1 Die Kartoffeln mit der Schale kochen, etwas abkühlen lassen, schälen, durch die Kartoffelpresse drücken, dann mit Butter, Weizengrieß, Ei, Eigelb, Salz und Mehl zu einem glatten Teig verarbeiten. **2** Kurz rasten lassen. **3** Marillen entkernen und mit je einem Würfelzucker füllen. **4** Auf einer bemehlten Arbeitsfläche den Teig ausrollen und in Quadrate schneiden. **5** Je eine Marille darauflegen und mit dem Teig ummanteln. **6** Einen Topf mit Wasser füllen, salzen, zum Kochen bringen, die Knödel darin 10 Minuten leicht köcheln lassen. **7** In einer breiten Pfanne die Butter zerlassen, die Semmelbrösel darin unter ständigem Rühren braun rösten. **8** Die Marillenknödel aus dem Salzwasser schöpfen, abtropfen lassen, in den Bröseln wälzen und mit Zucker und Zimt bestreut servieren.

Variante: Die Knödel können auch mit Erdbeeren oder Zwetschgen gefüllt werden. Die Erdbeeren können je nach Geschmack in Kristallzucker gewälzt werden, die entkernten Zwetschgen füllen Sie am besten wie die Marillen mit Würfelzucker.

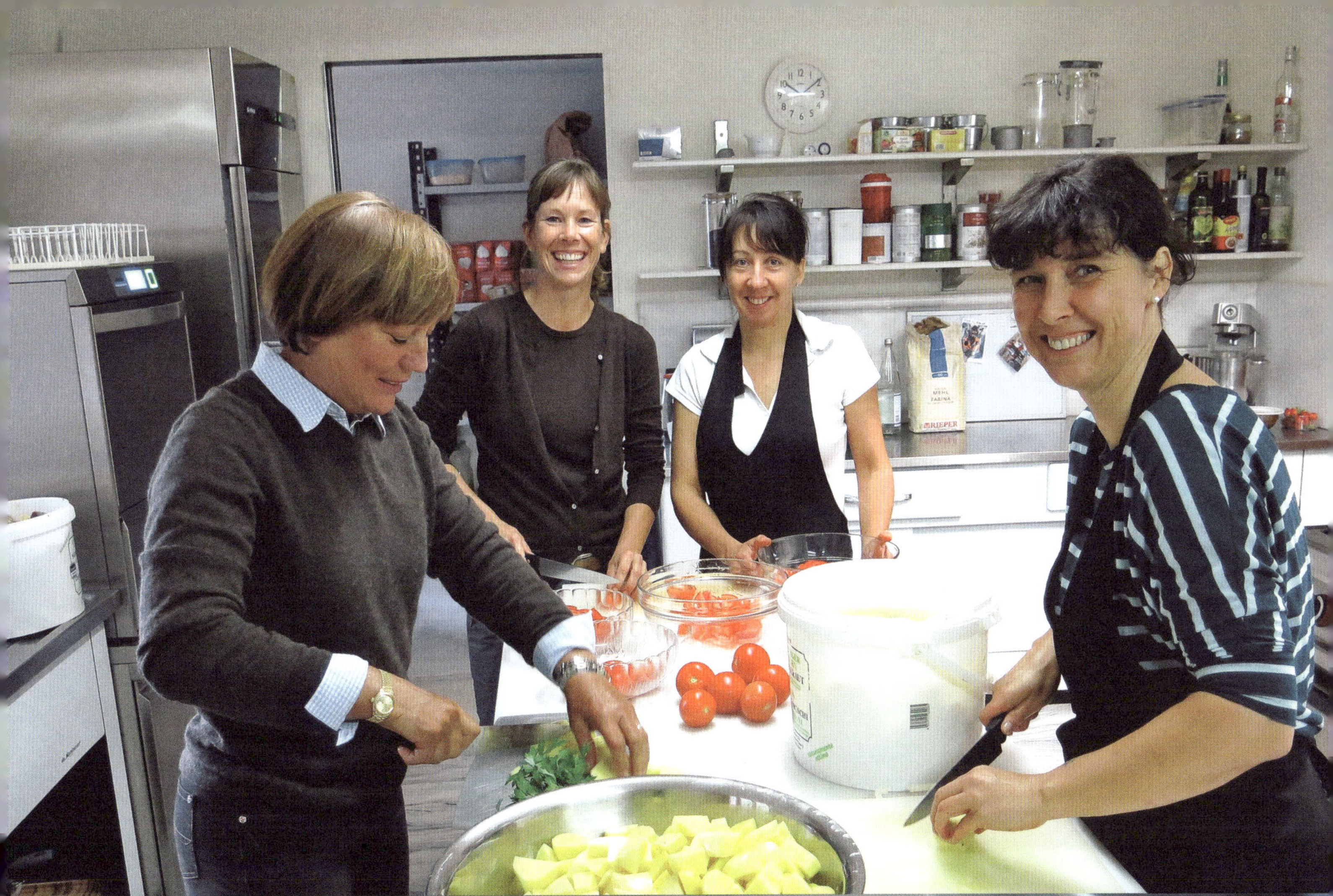

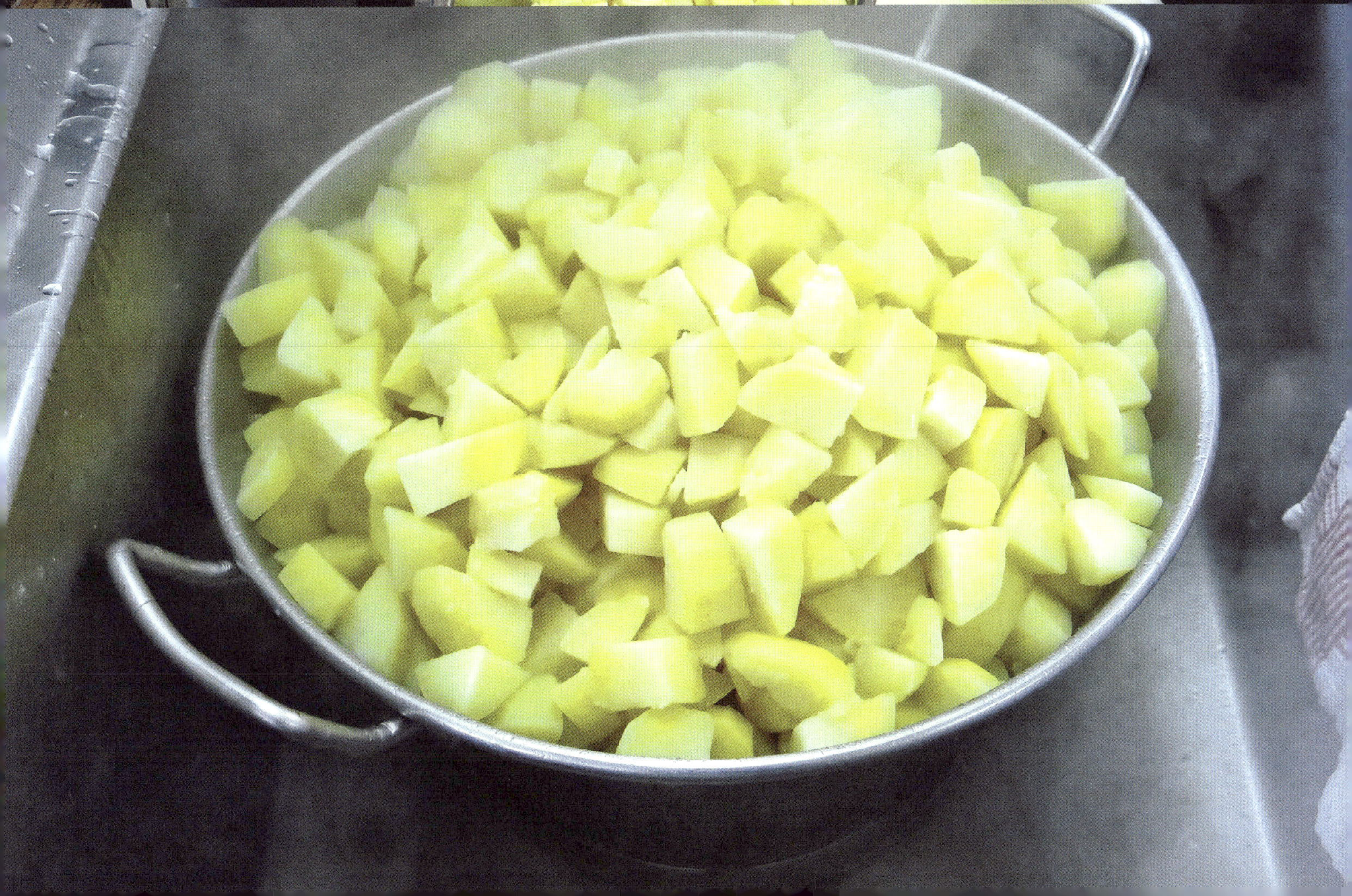

Rosis Dampfnudeln

Zutaten

250 ml Milch, lauwarm	
20 g Zucker	
40 g Germ	
500 g Mehl	
2 Eier	
20 g Margarine	
1 TL Salz	
1 EL Butter oder Butterschmalz	
1 EL Margarine	
1 EL Pflanzenfett	

Zubereitung

1 Die lauwarme Milch mit Zucker und Germ verrühren. **2** Dieses sogenannte „Dampfl" zugedeckt rasten lassen, bis es sich im Volumen verdoppelt hat. **3** Das Mehl in eine große Schüssel geben, in der Mitte eine Vertiefung machen. **4** Die Eier, die klein geschnittene Margarine und das Salz auf den Mehlrand geben, das Dampfl in die Mitte. **5** Nun die komplette Masse so lange kneten, bis der Teig Blasen wirft und sich selbst von der Schüssel löst, dann an einem warmen Ort zugedeckt für 1 Stunde gehen lassen. **6** Vorsicht: Bei der Weiterverarbeitung ist es wichtig, dass keine Zugluft herrscht. **7** Teig auf dem Arbeitsplatz zusammenschlagen, mit einem Esslöffel kleine Knödel abstechen, rund formen und auf ein Brett legen (idealerweise ein Nudelbrett). **8** Die Knödel mit einem Tuch zudecken und nochmals gehen lassen. **9** Butter, Margarine und Pflanzenfett in einen Topf mit gut schließendem Deckel geben und Wasser hinzugießen, bis der Boden gut bedeckt ist. **10** Auf dem Herd erwärmen, bis das Fett zergangen ist, dann die Knödel in den Topf legen und zugedeckt ca. 30 Minuten bei geringer Hitze garen. **11** Auf keinen Fall den Deckel öffnen – wer dennoch reinschauen will, muss aufpassen, dass kein Kondenswasser vom Deckel auf die Nudeln tropft, sonst fallen sie zusammen; d. h. Sie müssen den Deckel auch abputzen, bevor Sie ihn wieder auf den Topf setzen.

Tipp: Die drei verschiedenen Fettarten sind wichtig, damit die Dampfnudeln rundherum knusprig werden!

Variante: Man kann auch Milch und 1 EL Zucker in den Topf zu den drei Fettarten geben, dann werden es süße Dampfnudeln. Die schmecken gut mit Vanillesoße und Apfelmus (siehe rechte Seite).

Rosis Apfelmus

Zutaten

4 Äpfel

1 EL Wasser

1 EL Zucker

1 Msp. Zimt

1 Zitrone, unbehandelt

Zubereitung

1 Die Äpfel schälen, vierteln, aber nicht entkernen. **2** Die Äpfel in einen Topf geben und mit etwas Wasser übergießen. **3** Zucker, etwas Zimt und die abgeriebene Schale der Zitrone dazugeben. **4** Weich kochen, dann durch ein Sieb oder die Flotte Lotte drücken.

Tipp: Das Kerngehäuse soll gesund sein, deswegen wird es mitgekocht.

Rosis Vanillesoße

Zutaten

200 ml Milch

1 Prise Salz

½ Vanilleschote

etwas Zitronenschale, gerieben

5 g Weizen- oder Maisstärke

2 Eigelb

40 g Zucker

Zubereitung

1 Etwa 150 ml Milch in einen Topf geben und salzen. **2** Die Vanilleschote der Länge nach aufschlitzen, das Mark herauskratzen und zusammen mit der Zitronenschale zur Milch geben. **3** Den Rest der Milch in einem anderen Topf mit Stärke, Eigelb und Zucker verrühren. **4** Die Vanillemilch aufkochen. **5** Den Topf mit der Eigelb-Stärke-Masse ins heiße Wasserbad stellen und sofort die heiße Vanillemilch einrühren. **6** So lange rühren, bis sie bindet.

Zwischen gestern und heute

Der Tisenhof im Schnalstal

Erstmals 1306 urkundlich erwähnt

Als wir ins Schnalstal einbiegen und durch die schmale Schlucht versuchen Höhe zu gewinnen, fällt mir automatisch Reinhold Messner ein. Oberhalb von uns auf den Felsen thront sein Schloss Juval, das er 1993 erwerben konnte und in dem er ähnlich konsequent wie bei seinen Erstbesteigungen ein Museum umgesetzt hat. Juval lockt zwar, aber wir haben ein anderes Ziel vor Augen, nämlich den Tisenhof oberhalb des Vernagter Stausees. Hier, am Hof vorbei, führt der Weg hinauf zur Similaunhütte, hoch zum Fundort von Ötzi, der berühmten Gletschermumie. Die hat auch mit Reinhold Messner zu tun, da er just an dem Tag, als sie Erika und Helmut Simon 1991 fanden, auch am Gletscher war und gleich dazukommen konnte.

Wir sind zu Gast bei einer richtigen Bauern- und Jägerfamilie. Emma Tappeiner empfängt uns, die 77-Jährige lebt hier auf dem Hof mit ihrem Mann Alois, ihrem Sohn und ihrer Schwiegertochter. 50 Jahre lang hat sie mit ihrem Mann diesen Bergbauernhof betreut und erhalten. Jetzt verbringen die beiden ihren Lebensabend hier. Ein hartes Leben liegt hinter ihnen, der Bauernhof am steilen Hang lieferte nur das Notwendigste zum Überleben. Die Landwirtschaft mit dem wenigen Vieh, den Schafen und Hühnern gab nicht viel her – ein beschwerlicher Alltag. Da kam die Einnahmequelle mit der Jausenstation genau zur richtigen Zeit, sogar Übernachtungsmöglichkeiten hat ihr Mann schon in den 1970er-Jahren geschaffen. Der Emma sieht man die harte Arbeit an, aber ich habe das Gefühl, dass ihr das alles nie zu viel war, sondern dass sie mit ihren Aufgaben und Pflichten für Familie und Hof glücklich war und in diesem Leben einen Sinn fand. Ihr Gesicht strahlt Ruhe und Zufriedenheit aus, die auf uns Sekundenzähler sofort übergeht. Ihren Enkeln geht das genauso, sie lieben die Großmutter, halten sie in Trab und somit auch jung. Ich stelle mir vor, was sie den Enkeln alles zu erzählen hat und welches Glück es ist, wenn dieser Schatz an Wissen auch für die nächsten Generationen erhalten bleibt.

Ein ganzes Dorf versank im Wasser

Der Tisenhof liegt auf 1.814 Metern und ist ein echtes Kleinod. Erstmals 1306 urkundlich erwähnt, besteht er aus drei tabakbraunen Holzhäusern, die sicher viele harte Zeiten mitgemacht haben und viel erzählen könnten. Der Ötzi hätte noch nicht einkehren können, das war ja vor circa 5.250 Jahren, aber möglicherweise führte der letzte Weg des Mannes aus dem Eis genau hier vorbei, bevor er sein Grab im ewigen Eis, oben in der Nähe des Tisenjochs am Similaungletscher, fand. Allerdings hat der Hof erlebt, wie vor etwa 60 Jahren unten am Talboden der Vernagter Stausee entstand und ein ganzes Dorf samt Kirche im aufgestauten Wasser versank. Ich möchte nicht wissen, was damals im Tal los war. Familien mussten ihre Häuser und Höfe verlassen und zusehen, wie der Energiebedarf der Menschen die eigenen Wurzeln überschwemmte. Ich fühle mich in solchen Momenten selber schlecht, wir sind ja Mitverursacher, wir fahren mit Seilbahnen auf die Berge, wir beschneien unsere Skipisten und verbrauchen so viel Energie, dass solche Maßnahmen ergriffen werden müssen. Auf der anderen Seite ist Wasserkraft die sauberste Energie und es ist wichtig, dass es viele Vordenker gibt, die Möglichkeiten suchen, unsere Energie umweltschonend zu produzieren. Wie gut, dass der Tisenhof unter Denkmalschutz steht und ihm nichts mehr passieren kann, und wie wunderbar, dass wir Emma erleben dürfen, die von der Jagdleidenschaft ihres Mannes erzählt und von dem Fuchs auf dem Ofen, den noch ihr Vater geschossen hat. Auch zwei ihrer Söhne sind Jäger. In diesem Augenblick hören wir bayerische Begrüßungsworte. Emmas Schwiegertochter Heidi kommt aus Bayern, freut sich mit uns über die Heimat zu reden und zerstreut alle unsere Gedanken, denn jetzt geht es endlich in die Küche.

Die „Schneamilch" ist nicht nur eine traditionelle Nachspeise von hier heroben aus dem Schnalstal, sondern aus dem gesamten Vinschgau. Ich wundere mich, dass wir zwei Skifahrer noch nie etwas davon gehört haben, denn was passt besser zu uns als „Schneemilch"? Emma erklärt uns, dass die Schneemilch immer schon bei den Bauern gegessen wurde und eigentlich eine typische Speise für die armen Leute war, denn die dazu nötigen Zutaten wie Brotstücke, Rosinen, Zucker und süßer Schlagrahm standen in jedem Haus zur Verfügung. Die ganze Familie saß oder sitzt auch heute noch an Feiertagen oder auch am Heiligabend zusammen und löffelt diese Schleckerei gemeinsam aus der Schüssel. Die Schnalser machen ihre Schneemilch nur mit Weißbrot, während im Vinschgau oft auch dunkles Brot verwendet wird. Heute werden die Grundzutaten oft erweitert um Walnüsse oder Feigen, Birnen, Pinienkerne und geraspelte Schokolade, das haben früher höchstens mal die reichen Bauern gemacht. Wie bei vielen bäuerlichen Rezepten hat jeder Haushalt sein eigenes Rezept. Bei Emma, kommt mir vor, ist das besondere, dass sie nicht nur ein Stamperl Rum, sondern gleich zwei in die Schneemilch gießt – das kann ja nur guttun. Namensgeber des Gerichts ist natürlich die dicke, weiße Schlagrahmschicht oben drauf, die wie ein frisch verschneiter Berghügel aussieht. Der Legende nach konnte man übrigens mit der „Schneamilch" am Fensterbrett zukünftige Schwiegersöhne ertappen, wenn sie auf dem Weg zum „Kommerfenschter" waren und sich durch die Süßigkeit am Fensterbrett von der wartenden „Süßigkeit" oben in der Kammer ablenken ließen.

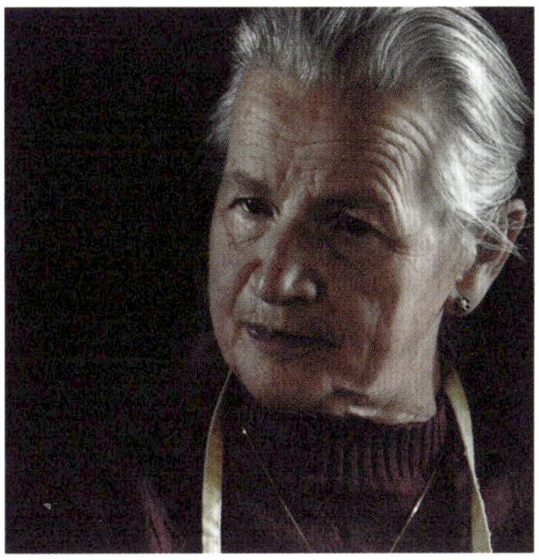

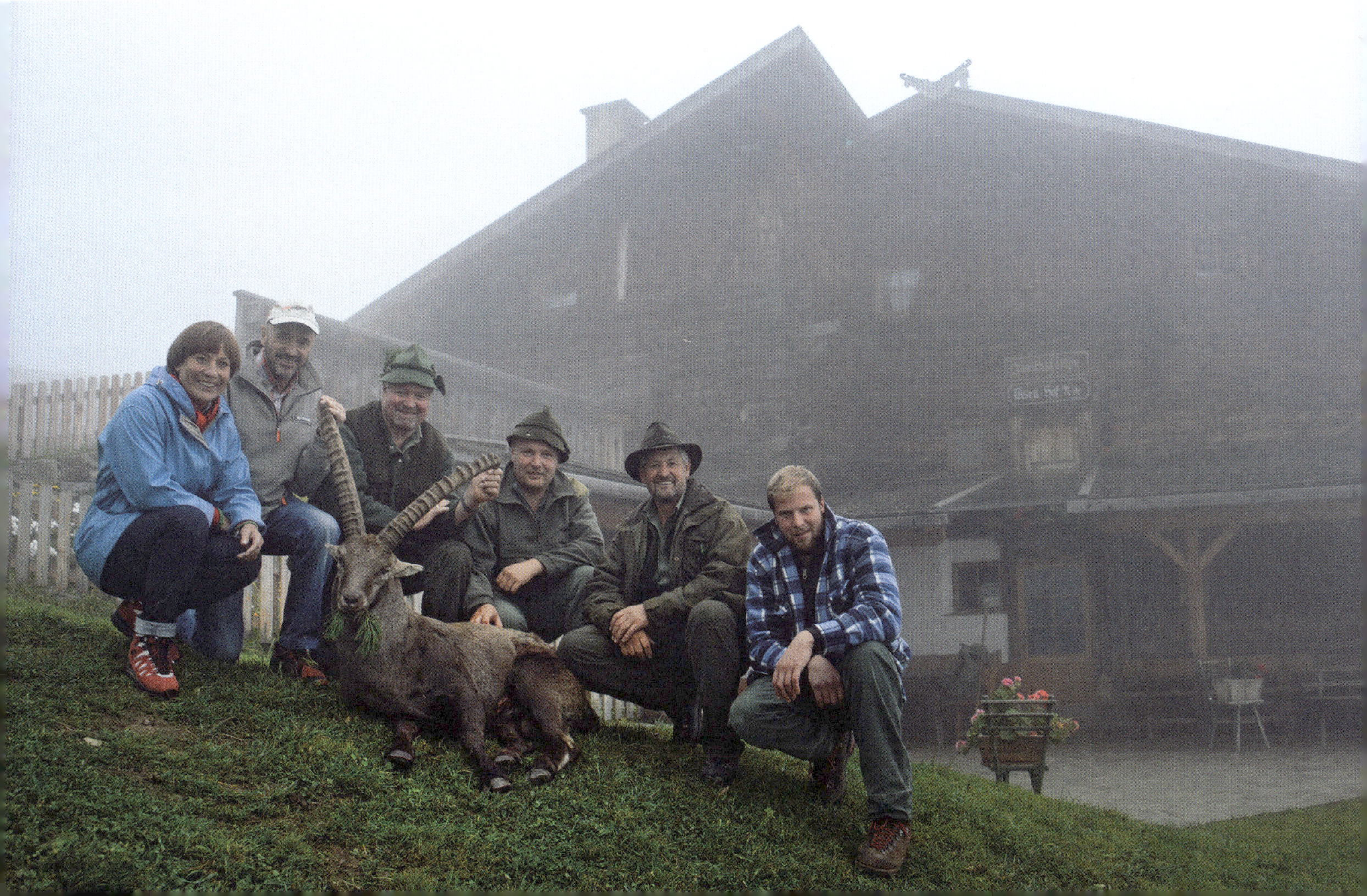

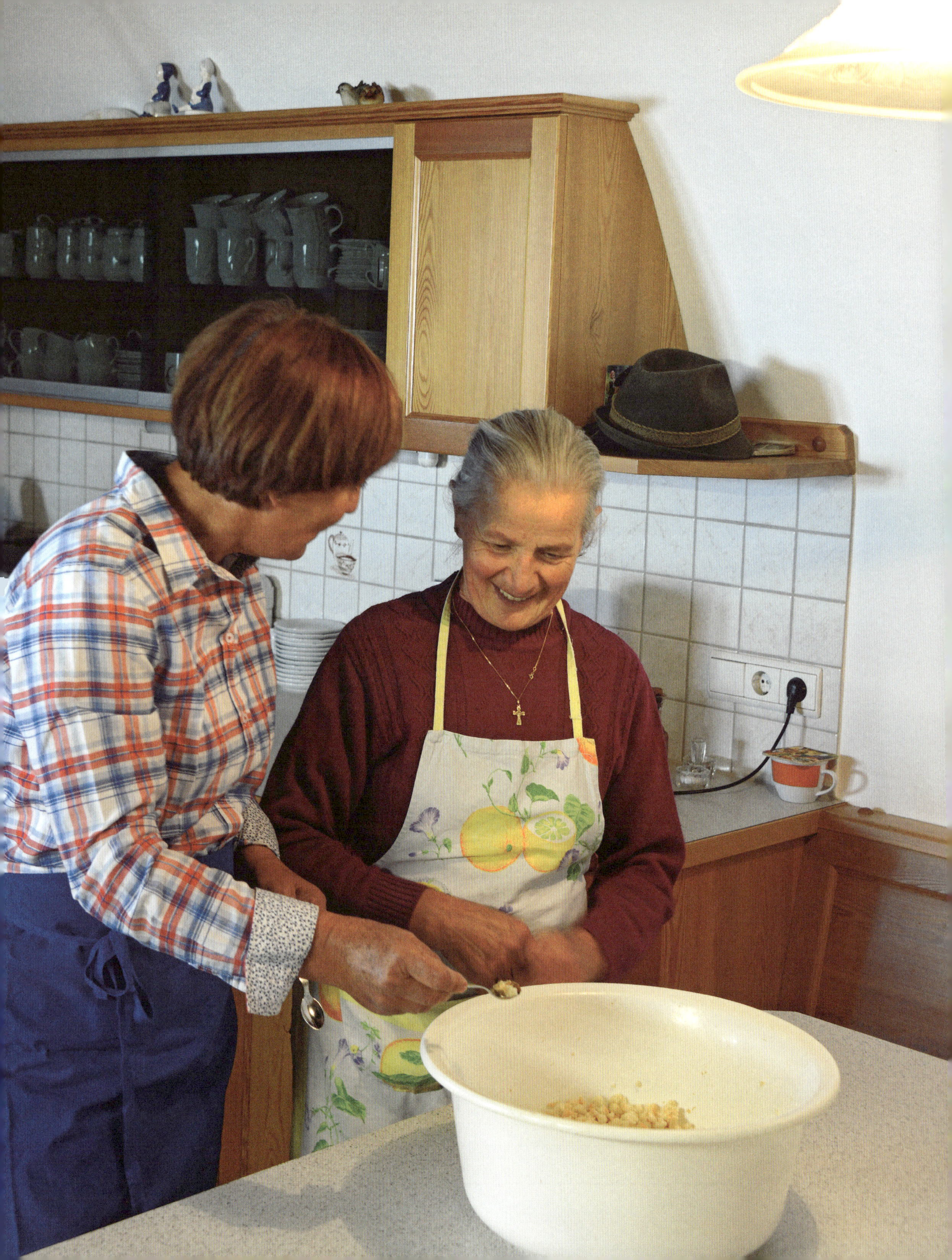

Bisher haben wir uns ausschließlich in der modernen Küche aufgehalten. Endlich ist es aber so weit. Feierlich, mit der weiß verschneiten Schneemilch in der Hand, führt uns Emma in die alte Stube. Sie stellt die Glasschüssel in die Mitte des runden Bauerntischs, holt drei Löffel und Weingläser und fragt, ob wir vielleicht lieber einen Kaffee zur Süßigkeit hätten. Es herrscht eine andächtige Stille. Ich fühle mich fast wie in einer Kirche, gehe langsam an den holzverkleideten Wänden mit dem Feldergetäfel entlang und lese an dem gemalten Fries die Jahreszahl 1781. Das große Kruzifix im Herrgottswinkel und die Heiligenbilder daneben beherrschen den Raum. „Rette Deine Seele 1884", steht über einem der Fenster und, wohin ich auch blicke, wird mir klar, wie stark die Frömmigkeit und der Glaube an Gott die Generationen dieses Hofes geprägt haben. Ich bin direkt froh, als ich auch Fotos von der jungen Emma und vom heutigen Leben auf dem Hof entdecke. Da dürfen natürlich auch die Jagdtrophäen nicht fehlen, denn die Leidenschaft für die Jagd steckt tief im Blut dieser Gebirgler und ist Ausdruck ihrer Naturverbundenheit.

Wir sitzen am Tisch, die Schneemilch steht noch unversehrt vor uns und am liebsten würde ich wie bei einem unberührten Tiefschneehang mit dem Löffel Schwünge in den Schlagrahm ziehen. Doch noch ist es nicht so weit. Emma ist es wichtig, dass wir vor dem Essen noch ein Tischgebet sprechen. Ich fühle mich um Jahre zurückversetzt in die Kindheit auf dem Bauernhof und bedaure, dass wir diese Kultur verloren haben.

Wir haben nicht lange Zeit, die Schneemilch zu verkosten, es wird laut ums Haus, die Tür geht auf und Leonhard, der Sohn von Emma, kommt aufgeregt in die Stube. Er sieht ihr wie aus dem Gesicht geschnitten ähnlich. Kalte Nebelluft dringt hinter ihm herein. Die Jäger haben einen Steinbock geschossen, wir sollen hinauskommen. Das Jagdglück stellt alle Empfindungen in den Schatten, ein Heimatfilmer hätte die Szene nicht archaischer und dramatischer inszenieren können. Vor uns liegt der Steinbock, zwei Latschenbüschel als Bruchzeichen im Maul, drumherum die Jäger und Männer des Hauses, die eifrig diskutieren. Der Nebel hängt vom Ötziberg herunter und wir hören bruchstückhaft vom glücklichen Zufall dieses Ereignisses. 20 Steinböcke leben hier im Schnalstal, die Tiere sind streng geschützt und der Abschuss wird ausgelost. Die Jäger haben den Steinbock schon lange beobachtet, er hatte keine Überlebenschance, da sein Unterkiefer samt den Zähnen verschoben war. So konnte er seine Nahrung nicht mehr vernünftig aufnehmen. Zehn Jahre alt durfte er werden, Steinbockfleisch gilt als Delikatesse, doch dieses Tier soll ausgestopft werden.

Was passt besser zu uns als „Schneemilch"?

Südtiroler Stauseen

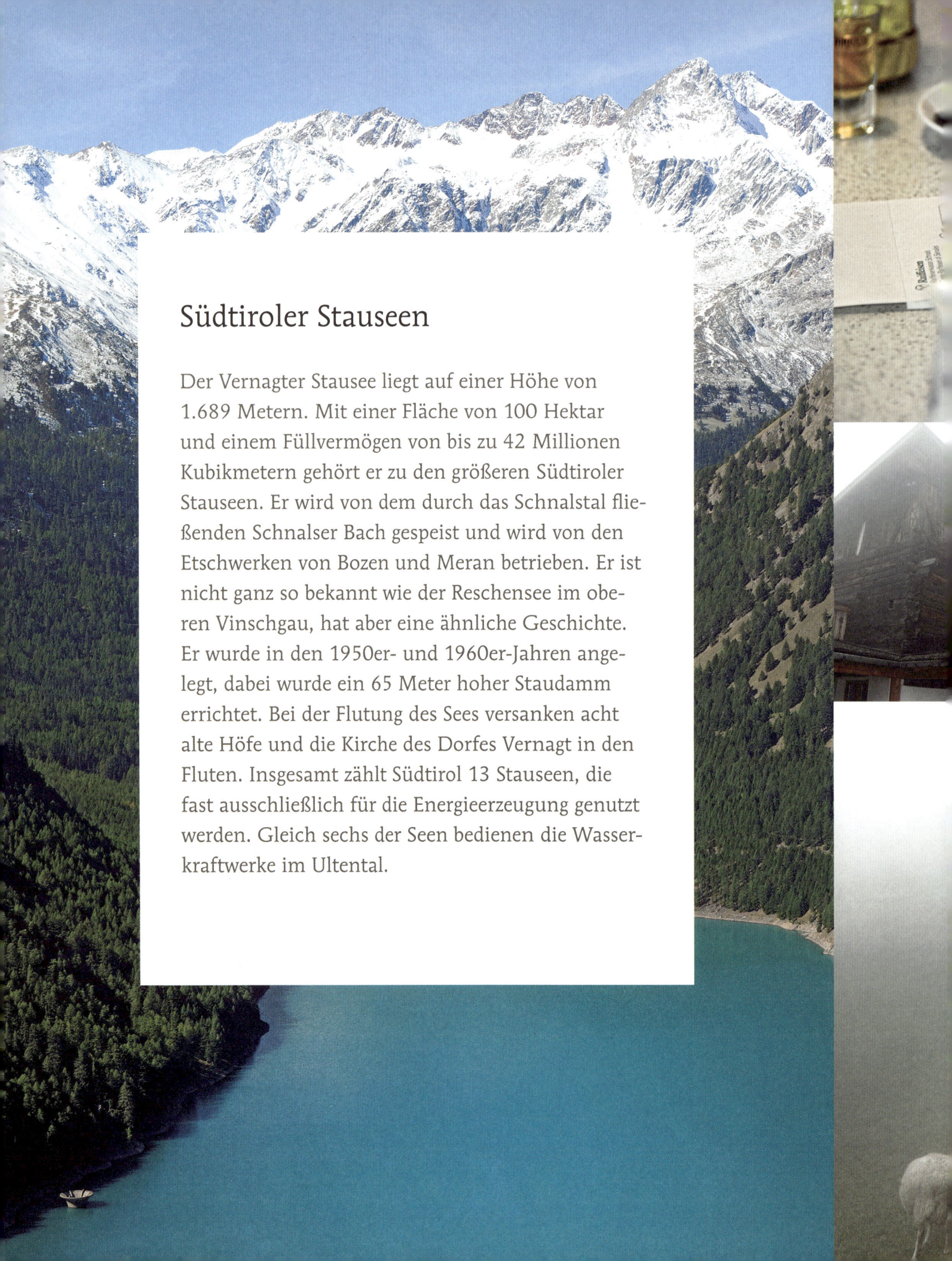

Der Vernagter Stausee liegt auf einer Höhe von 1.689 Metern. Mit einer Fläche von 100 Hektar und einem Füllvermögen von bis zu 42 Millionen Kubikmetern gehört er zu den größeren Südtiroler Stauseen. Er wird von dem durch das Schnalstal fließenden Schnalser Bach gespeist und wird von den Etschwerken von Bozen und Meran betrieben. Er ist nicht ganz so bekannt wie der Reschensee im oberen Vinschgau, hat aber eine ähnliche Geschichte. Er wurde in den 1950er- und 1960er-Jahren angelegt, dabei wurde ein 65 Meter hoher Staudamm errichtet. Bei der Flutung des Sees versanken acht alte Höfe und die Kirche des Dorfes Vernagt in den Fluten. Insgesamt zählt Südtirol 13 Stauseen, die fast ausschließlich für die Energieerzeugung genutzt werden. Gleich sechs der Seen bedienen die Wasserkraftwerke im Ultental.

Es herrscht
eine andächtige
Stille

Schnalser Schneemilch

Zutaten

10 Semmeln (ca. 3 Tage alt)	
250 ml Milch	
6 EL Zucker	
50 g Rosinen	
1 Stamperl Rum	
1 Zitrone	
120 g Pignoli	
250 ml Sahne	

Zubereitung

1 Die Semmeln in Würfel schneiden und in eine flache Schüssel geben. **2** Die kalte Milch darüber träufeln und mit dem Zucker gut durchmischen. **3** Rosinen waschen, in Rum einweichen und ziehen lassen. **4** Dann auch die Rosinen, die Zitronenschale, je nach Geschmack auch den Zitronensaft, und die Pignoli unter die Semmelwürfel mischen. **5** Die Schneemilch 1 Stunde zugedeckt im Kühlschrank ziehen lassen. **6** Die Masse auf einen Teller oder in eine Schüssel geben und mit nicht zu steif geschlagener Sahne bedecken.

Tipp: Nachdem die Masse durchgezogen hat, kann es sein, dass sie nicht die gewünschte feuchte Konsistenz hat. Geben Sie eventuell noch Milch dazu.

Variante: Die Schlagsahne kann mit etwas Zimt bestreut werden.

Rosis Wildgulasch

Zutaten

1 kg Rehfleisch (oder ein anderes Wildfleisch)	
5 EL Kräuter (Salbei, Rosmarin, Lorbeer, Thymian)	
1 EL Salz	
Pfeffer	
2 EL Mehl	
1 EL Öl zum Anbraten	
1 Zwiebel	
4 Knoblauchzehen	
2 Karotten	
1 Selleriestange	
2 Tomaten	
1 roter Paprika	
1 EL Tomatenmark	
500 ml Rotwein	
1 l Fleischsuppe (siehe Seite 99)	
Pfeffer	
1 EL Wacholderbeeren	
1 Lorbeerblatt	

Zubereitung

1 Das Fleisch in große Würfel schneiden. **2** Die Kräuter hacken und vermischen. **3** Das Fleisch gut mit den Kräutern einreiben und ca. 5 Stunden ziehen lassen. **4** Die Kräuter wieder abklopfen, das Fleisch salzen und pfeffern und mit Mehl bestäuben. **5** In einen großen Topf etwas Öl geben und die Fleischstücke darin anbraten, die grob gehackte Zwiebel und Knoblauch dazugeben und mitrösten. **6** Karotten, Sellerie, Tomaten und Paprika in Stücke schneiden, ebenfalls anrösten und das Tomatenmark dazugeben. **7** Mit Rotwein ablöschen und etwas einkochen. **8** Nach und nach die Fleischsuppe eingießen. **9** Mit Pfeffer, Wacholderbeeren und dem Lorbeerblatt abschmecken. **10** Den Topf zudecken und bei geringer Hitze 1,5 Stunden schmoren lassen, zwischendurch immer wieder mal umrühren.

Tipp: Dazu passen Rosis Kartoffelknödel halb und halb (siehe Seite 178) oder die Breznknödel (siehe Seite 63).

Rosis Kartoffelknödel halb und halb

Zutaten

1 Scheibe Toastbrot
1 EL Butter
1 EL Salz
2 kg Kartoffeln, festkochend
2 EL Stärkemehl

Zubereitung

1 Die Toastbrotscheibe in Würfel zerteilen, in einer Pfanne die Butter zerlassen, die Brotwürfel goldbraun rösten, etwas salzen, anschließend beiseitestellen. **2** 1 kg Kartoffeln mit der Schale kochen. **3** Die restlichen Kartoffeln roh schälen. **4** Die geschälten Kartoffeln mit einer Küchenreibe reiben, zwischendurch die Masse immer wieder in ein Sieb drücken, sodass das Wasser nach unten ablaufen kann. **5** Wenn alle geschälten Kartoffeln gerieben sind, die Masse in ein sauberes Küchenhandtuch geben, das Handtuch oben zudrehen und die Kartoffeln auspressen. **6** Die gekochten Kartoffeln leicht auskühlen lassen und mit der Kartoffelpresse in eine große Schüssel drücken. **7** Die ausgepresste Kartoffelmasse darüber geben und mit Salz würzen. **8** Beide Kartoffelmassen werden gut miteinander vermengt. **9** Wenn sie zu klebrig sind, wird so lange Stärkemehl zugefügt, bis der Teig nicht mehr an den Fingern kleben bleibt. **10** 12 gleich große Kugeln formen, in jede Kugel mit dem Finger ein Loch bohren und ein Toastbrot-Würfelchen legen. **11** Dann die Teigkugeln wieder gut verschließen. **12** In einem großen Topf Salzwasser zum Kochen bringen, die Knödel in das Wasser einlegen und ca. 15 Minuten köcheln lassen. **13** Wenn die Knödel oben schwimmen, sind sie gar.

Tipp: Die Kartoffelknödel passen gut zu Wild (siehe Seite 177) oder Schweinsbraten (siehe Seite 74).

„Rette Deine Seele"

Genuss am Gletscher

Die Schöne Aussicht am Schnalser Gletscher

Leo hat das verschlafene Tal groß gemacht

Jeder Rennfahrer aus unserer Generation kennt das Skigebiet im Schnalstal von unzähligen Trainingsfahrten. Bitterkalt konnte es da oben auf dem Gletscher sein. Einer der besten Slalomfahrer der Welt von damals, Peter Popangelov, hat sich dort, auf über 3.000 Metern, die Zehen am linken Fuß so erfroren, dass er danach nie mehr an seine alte Form anschließen konnte. Die touristische Entwicklung des Schnalstals hat ein Mann geprägt, zu dem mich eine besondere Beziehung verbindet. Leo Gurschler hat das verschlafene Tal groß gemacht. Ganz hinten im Tal, in Kurzras, steht klein und geduckt zwischen hohen Neubauten immer noch sein Elternhaus: der alte, mit Holzschindeln verkleidete und gedeckte Kurzhof. Ich weiß nicht, wie er es aus diesem bäuerlichen Milieu heraus schaffen konnte, aber in den 1970er-Jahren ist es ihm tatsächlich gelungen, das gesamte Tal und die Region hinter seine Idee zu bringen, die bis heute höchste Seilbahn Südtirols auf den Gletscher zu bauen. Das war ein Mammutprojekt. 1975 wurde sie eröffnet und danach waren wir ständig zum Training dort. Eine besondere Freundschaft verband den Leo mit Ingemar Stenmark, den besten Rennfahrer aller Zeiten. Ingemar genoss am Gletscher sämtliche Möglichkeiten und Privilegien. Der Leo hat ihn mit seinem Privathelikopter zu den Rennen geflogen und wieder abgeholt. Kein Wunder, dass er uns alle „geputzt" hat. Dafür wurde Ingemar zum Werbeträger des Skigebiets – und einen besseren Werbeträger konnte es nicht geben. Eigentlich, denke ich mir, hätte es den Stenmark zu meiner Rennfahrerzeit überhaupt

Eigentlich
hätte es den
Stenmark
damals
gar nicht
gebraucht

nicht gebraucht, der hätte ruhig acht Jahre später geboren werden können. Doch Spaß beiseite, zu Ingemar verbindet mich bis heute eine enge Freundschaft und damals hatte ich das Glück, dass der Leo auch mich gerne im Heli mitgenommen hat. Leo war ein Mensch, der anderen nie seine Hilfe versagte. Er sprang immer ein, wenn Not am Mann war. Mit seinem Hubschrauber und seinem Mut rettete er einigen Menschen das Leben. Leider lebt der Leo nicht mehr, aber mit Freude entdecken wir noch den Namen auf seinem Hotel, das die Kinder weiterführen.

Anscheinend bringt dieses Tal ganz besondere Menschen hervor. Paul Grüner ist Inhaber des Hotels Zur Goldenen Rose im Dorf Karthaus weiter unten im Tal. Dort lebt er auch mit seiner Frau Stefania und seinen drei Kindern. Zur Goldenen Rose – das könnte auch über unserem Eingang stehen, denk ich mir, man kennt die Rosi ja noch heute als „Gold-Rosi". Doch Paul ist nicht nur Hotelier. Seit über 20 Jahren gehört ihm auch die Schutzhütte Schöne Aussicht oben auf dem Gletscher in 2.845 Metern Höhe. Sie liegt am Hauptkamm zwischen Österreich und Südtirol, von dort hat man einen wunderbaren Blick auf das Gletschergebiet. Der Gletscher faszinierte den Visionär Paul schon in seiner Kindheit. Er beobachtete das Kommen und Gehen von Schnee und Eis und bemerkte, dass die Pflanzen am Gletscherrand besonders farbintensiv blühten. Paul beschäftigte sich mit alten Überlieferungen und fand Berichte über die heilende Wirkung des Gletschers, in einer Schrift von 1865 ist etwa die Rede von der Heilwirkung bei verschiedenen Krankheiten und von einer „Erheiterung der Seele bei griesgramen Individuen". Pauls Seele braucht nun sicher keine Erheiterung, er forschte trotzdem und entwickelte nach intensiver Forschung seine eigene Kosmetik- und Pflegelinie: „Glacisse". Das „reinste Wasser" vom Gletscher soll Basis dieser Kosmetika sein und „einen außergewöhnlichen Feuchtigkeitsspender mit straffender Wirkung" liefern. Ich finde, dass Rosi eigentlich richtig jung und straff aussieht, trotzdem überreicht ihr Paul mit einem verschmitzten Lächeln seine Glacisse-Proben, als er uns auf der Schönen Aussicht empfängt. Die beste Verjüngungskur liefert allerdings der Blick in die beeindruckende Bergwelt rund um uns herum. Die Sonne scheint und das Gletschereis glitzert. Von hier ist es nur ein Steinwurf bis nach Österreich rüber, hier haben früher Schmuggler und „Finanzer" Katz und Maus gespielt, und nur ein paar Schneehänge weiter wurde 1991 der Ötzi gefunden, die 5.000 Jahre alte Gletscherleiche. Wahrscheinlich ist der so gut erhalten, weil er sich mit Glacisse eingecremt hatte! Ein riesiger, indianischer Totempfahl, der eigentlich gar nicht hierhergehört, wacht über die unterhalb im Geröllfeld grasenden Steinböcke genauso wie über alle Gäste die hier heraufkommen. In Pauls Hütte ist immer was los, hier treffen die Skifahrer auf die Bergsteiger, die Einheimischen auf die Touristen. Hier befindet sich auch die höchstgelegenste Sauna Europas, mitten im Gletscherskigebiet, Wahnsinn!

Ötzis Wegzehrung

Jedes Jahr treiben Schnalstaler Bauern Tausende von Schafen über den Gletscher nach Österreich. Ihr Ziel sind die Weiden des Ötztals, wo die Schafe den Sommer über bleiben, bis sie im Herbst wieder denselben Weg zurück nehmen. Den beschwerlichen Weg über den Gletscher hat auch Ötzi genommen. Über seine Todesumstände gibt es zahlreiche Theorien, dafür haben Wissenschaftler aber tatsächlich herausgefunden, was der Mann aus dem Eis vor seinem Tod zu sich genommen hat. Bei einer Autopsie konnte festgestellt werden, dass Ötzi als letzte drei Mahlzeiten Steinbock-, Hirsch- und dann wieder Steinbockfleisch verzehrt hat. Das Hirschfleisch war offenbar nicht mehr ganz frisch gewesen, denn es enthielt eine Fliegenmade, welche die Forscher im Darm der Mumie entdeckten. Als Beilage aß Ötzi eine Art Brot sowie Pflanzen in Form von Gemüse oder Salat. Er ernährte sich recht ausgewogen, hat aber Fleisch durchaus bevorzugt. Dafür sprechen nach Ansicht der Forscher vor allem auch die Gallensteine, die bei einer computertomografischen Untersuchung gefunden wurden.

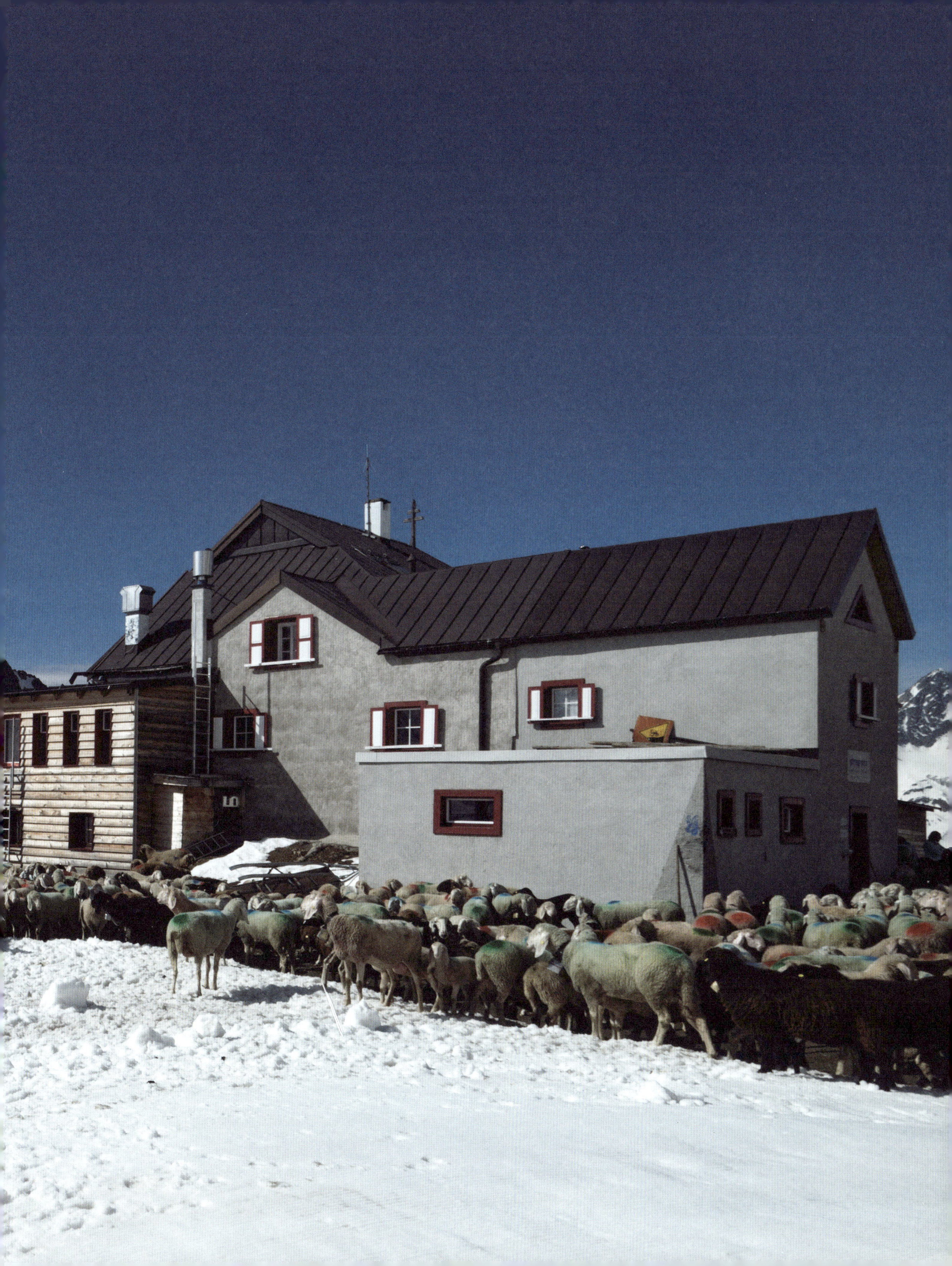

Knödel sind Pauls Spezialität. Überall auf der Welt hat er sie schon gekocht: in Amsterdam, in New York, in Mailand, in Lappland, in Rom. Und in allen Varianten: mit Trüffel, mit Pfifferlingen, mit Garnelen, mit Buchweizen und gerösteter Zwiebel ... Der Knödel ist ja so vielfältig, je nach Jahreszeit kann man ihn mit den passenden Zutaten zubereiten. Und genauso viele Knödel wie der Paul schon gekocht hat, genauso viele Witze kann er erzählen. Kostprobe: „Was haben Frauen und Schnecken gemeinsam? Wenn sie gehen, nehmen sie das Haus mit." Rosi findet den Witz nicht so lustig, ihr fällt aber auf, dass auf der „Bella Vista", wie die Hütte auf Italienisch heißt, ausschließlich junge, richtig gut aussehende Madln arbeiten. Kein Wunder: Wer den Paul reden und erzählen hört, erkennt auf Anhieb den Herzensöffner und guten Koch, der halt nichts anbrennen lässt.

Die Hütte ist liebevoll und unerwartet individuell eingerichtet. Man spürt in jedem Raum die Liebe des Wirtes zu seinem Eigentum. Rot-weiße Vorhänge hängen an den kleinen Holzfenstern und alte Zeitungsartikel erzählen von einer bewegten Geschichte seit der Erbauung im Jahr 1886. Paul liebt halt das Außergewöhnliche, die Schöne Aussicht ist die einzige Berghütte, die ich kenne, bei der man mit Silberbesteck isst. Heute, bei dem Sonnenschein, sitzt niemand in der gemütlichen Stube, die großzügige Terrasse ist dagegen voll mit Bergsteigern und Wanderern. Wir haben ein schlechtes Gewissen, weil wir nun in die Küche vom Paul eindringen und mit ihm kochen wollen, doch das stört ihn überhaupt nicht. Ich glaube, der ist total stressresistent. Alles läuft hochprofessionell weiter, jeder Handgriff stimmt, Suppe da, Kartoffeln hier, Pfanne rüber. Nur ich verdrück mich ins hinterste Eck und mache mir meine Notizen über die große Südtiroler Kunst des Knödelkochens, die nun der Rosi vom Weltmeister höchstpersönlich beigebracht wird. Wahrscheinlich liegt sie in der DNA der Südtiroler! Ich als Bayer kenn nur Semmel- und Kartoffelknödel, hier aber ist der Knödel keine Beilage, sondern ein Hauptgericht.

Der Knödel ist traditionell die letzte Möglichkeit, aus altem, harten Brot etwas zu machen. Unglaublich, was mit Können und Fantasie daraus werden kann. Der Rosi imponiert das besonders, denn Brot wegwerfen ist für sie eine Sünde. Paul macht uns Buchweizenknödel. Der Knödel steht im Mittelpunkt, die Rolle der Beilage übernimmt der Krautsalat. Dann salzt er den Teig. „Aber nicht zu viel, weil da ist ja schon Salz im Wasser." Ich glaub, ich hör nicht recht, als die Rosi dem Paul erklären will, wie sie Knödel macht und dass sie die Knödel zu Pressknödeln in die Pfanne drückt. Aber bei Paul hat sie keine Chance. „Knödel müssen rund sein", sagt er. „Kugelrund wie Schneebälle." Jetzt wird der Krautsalat gehobelt, Kümmel rein, ein wenig Essig dazu, „kein Balsamico", befiehlt Paul, und nur Samenöl. Und auch beim Knödel, Samenöl! „Olivenöl hat zu viel Eigengeschmack", erklärt er.

Natürlich haben wir so viele Knödel zubereitet, dass auch die Gäste auf der Holzterrasse probieren können. Rosi fühlt sich an die Winklmoosalm erinnert und bedient mit Begeisterung. Wir genießen die atemberaubende Kulisse der Dreitausender und denken an einen unserer Lieblingsaussprüche von Gustave Flaubert: „Es gibt Gegenden, die sind so schön, dass man sie an sein Herz pressen möchte."

Knödel sind Pauls Spezialität

SCHÖNE AUSSICHT

Liebe(r) Gast und Innen!

In unserem Schutzhaus sind uns folgende Dinge **wichtig**:

1. Um 24⁰⁰ ist Hüttenruhe.
2. Die Sauna und alle sanitären Einrichtungen rücksichtsvoll benützen.
   (kein Sex im Pool vor 21⁰⁰)
3. Rauchen im Skiraum und Draussen.

Der Hüttenwirt alias Mäc Gaiwer

Man spürt
die Liebe des
Wirtes zu
seinem
Eigentum

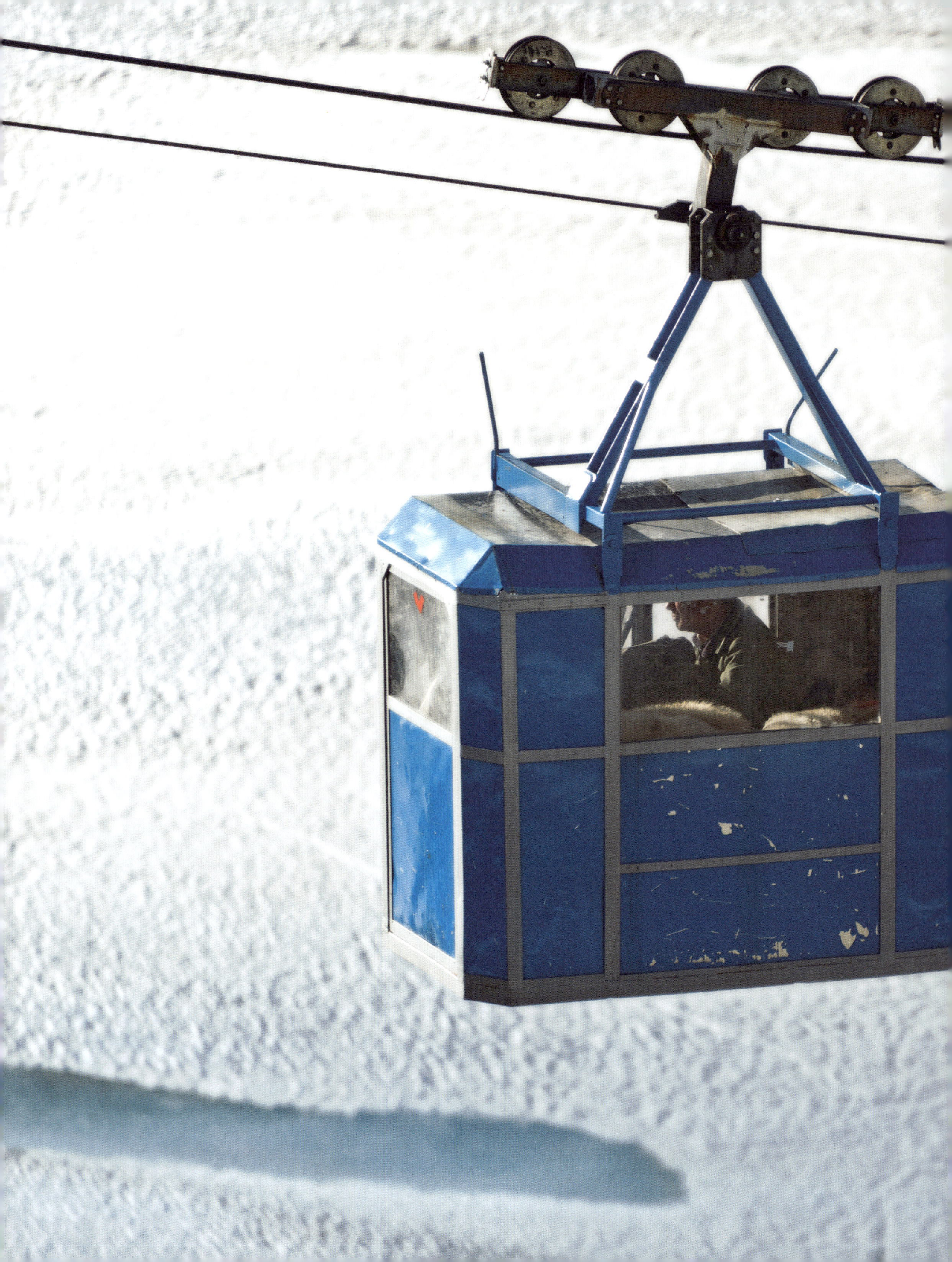

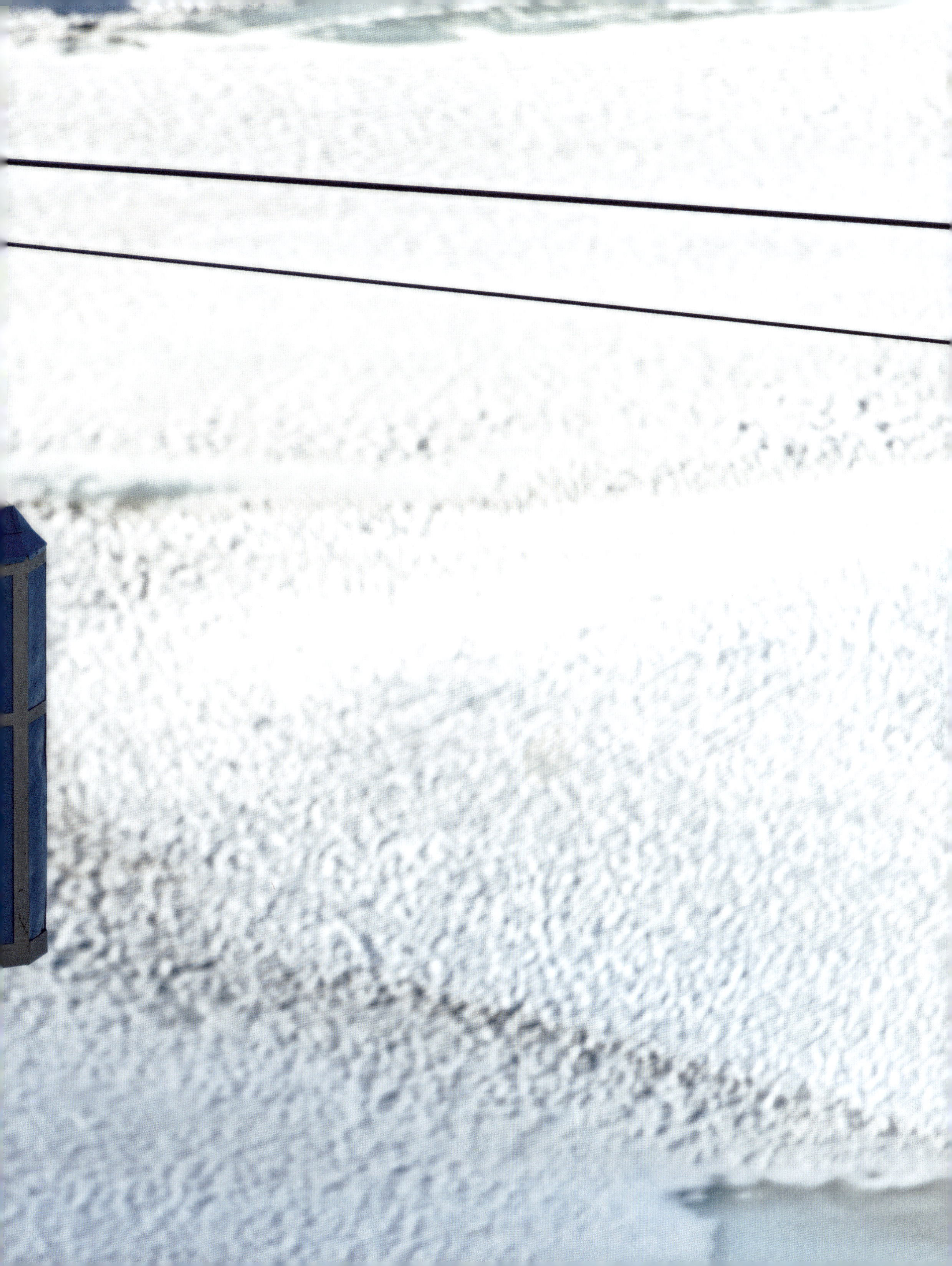

„Schworzplentene" Knödel

Zutaten

- 500 g Vinschger Paarlbrot
- 1 EL Mais- oder Samenöl
- 1 Handvoll Buchweizenmehl, grob
- 200 ml Wasser
- 1 Zwiebel
- Samenöl
- Salz
- Pfeffer
- Muskatnuss
- Zwiebelringe, Parmesan, Schnittlauch und braune Butter zum Garnieren

Zubereitung

1 Die Rinde vom Paarlbrot abschneiden, das Brot in Würfel schneiden und mit Öl vermengen, bis das ganze Brot angefeuchtet ist. **2** Anschließend das Buchweizenmehl und Wasser dazugeben und nochmals vermischen. **3** Ca. 20 Minuten ruhen lassen. **4** Die Zwiebel fein hacken und im Samenöl goldgelb anrösten. **5** Die noch warmen Zwiebeln und das Brot gut vermengen, dann Salz, Pfeffer und Muskatnuss dazugeben. **6** Knödel formen. **7** Einen Topf mit Wasser füllen, salzen, zum Kochen bringen und die Knödel darin ca. 10 Minuten köcheln lassen. **8** Zwiebelringe in etwas Öl anbraten und die Butter erwärmen, sodass sie leicht braun wird. **9** Anschließend die Knödel mit den Zwiebelringen, dem Parmesan und dem Schnittlauch garnieren und die braune Butter darüberträufeln.

Tipp: Diese Knödel werden ohne Eier gemacht und können, ohne Parmesan und Butter, auch vegan zubereitet werden.

Rosis Speck-Krautsalat

Zutaten

- 1 Weißkohlkopf
- Salz
- Pfeffer
- Kümmel
- 250 g Speck
- 1 EL Butter

Zubereitung

1 Das frische Weißkraut in schmale Streifen schneiden, salzen, unterrühren und einige Stunden in einer Schüssel stehen lassen. **2** Pfeffer und Kümmel hinzugeben. **3** Den Speck in kleine Würfel oder Streifen schneiden, in einer Pfanne mit etwas Butter anrösten, unters Kraut mischen.

Tipp: Mit Rosis Krautsalat kann man nichts falsch machen, er schmeckt immer allen unseren Gästen. Die Geister scheiden sich beim Kümmel: Manche nehmen nur Kümmel oder nur Speck, andere mögen beides zusammen.

193 ✷ SCHÖNE AUSSICHT

Die Vordere Flatschbergalm im Ultental

Dem Ursprung
entgegen

Eine Alm wie aus dem Bilderbuch!

Die Fahrt ins Ultental ist wie eine Reise in die Vergangenheit. Links und rechts an den steilen Berghängen krallen sich uralte Bauernhäuser fest, mit von der Sonne schwarz gebräuntem Holz, Schindeldächern und großen Steinen oben drauf. Sie drücken eine solch überwältigende Ursprünglichkeit aus, dass man eine Gänsehaut bekommt. Die Höfe sind von saftigen, bewirtschafteten Wiesen umgeben, wir staunen und fragen uns, wie auf diesen Hängen bloß gemäht werden kann. Die Bergwiesen sind so steil, dass keine Mähmaschine dort sinnvoll eingesetzt werden könnte. Ich bin selber in einem Bauerndorf groß geworden und habe als kleiner Bub schon das Mähen mit der Sense gelernt. Ich weiß, wie schwierig und kräftezehrend diese Arbeit gerade bei „einmahdigen" Wiesen ist. Wir fahren weiter, dem Ursprung des Tales entgegen. Immer wieder führen Transportseilbahnen hoch zu den Höfen, mit denen die Bewohner versorgt werden und das Heu ins Tal gebracht wird. Ganz hinten, im letzten Dorf St. Gertraud begrüßen uns die Urlärchen. 2.000 Jahresringe sollen bei einer umgestürzten Lärche gezählt worden sein. Unglaublich, was diese mächtigen, alten Riesen schon erlebt haben. Ein mystisches Gefühl befällt uns, Nebelschwaden wabern um uns herum und geben nur ab und zu den Blick auf die Berge frei, die uns in ihrer Gewalt zusätzlich beeindrucken. Fast meinen wir, am Ende der Welt angekommen zu sein. Von den Ultnern kann man das aber nicht behaupten.

Hier im Ultental wird das Alte noch geschützt, jeder einzelne Grashalm wird geschätzt, denn die Menschen sind bodenständig, ehrlich, geradeheraus, aber auch weltoffen. So wie der Dominik Paris, ein Skirennkollege von Felix, ein wilder Hund und einer der besten Abfahrer der Welt. Alle lieben und schätzen den Dominik und auch uns imponiert, wie er auf seine typische Art Althergebrachtes und Modernes verbindet. Er spielt hervorragend und leidenschaftlich Gitarre, singt in einer Metal-Band und hat gleichzeitig die Liebe zur Tradition und zu seinem Heimattal nie verloren, das ist einmalig. Trotz Computerzeitalter und moderner Umlaufseilbahn: Die Natur schenkt einem hier nichts und prägt die Menschen. Ein angerissener Muskel hinderte den Dominik Paris nicht daran, beim Weltcupfinale in St. Moritz an den Start zu gehen, um seine kleine Chance auf den Sieg im Abfahrtsweltcup zu wahren. Aus solchem Holz sind nur wenige geschnitzt.

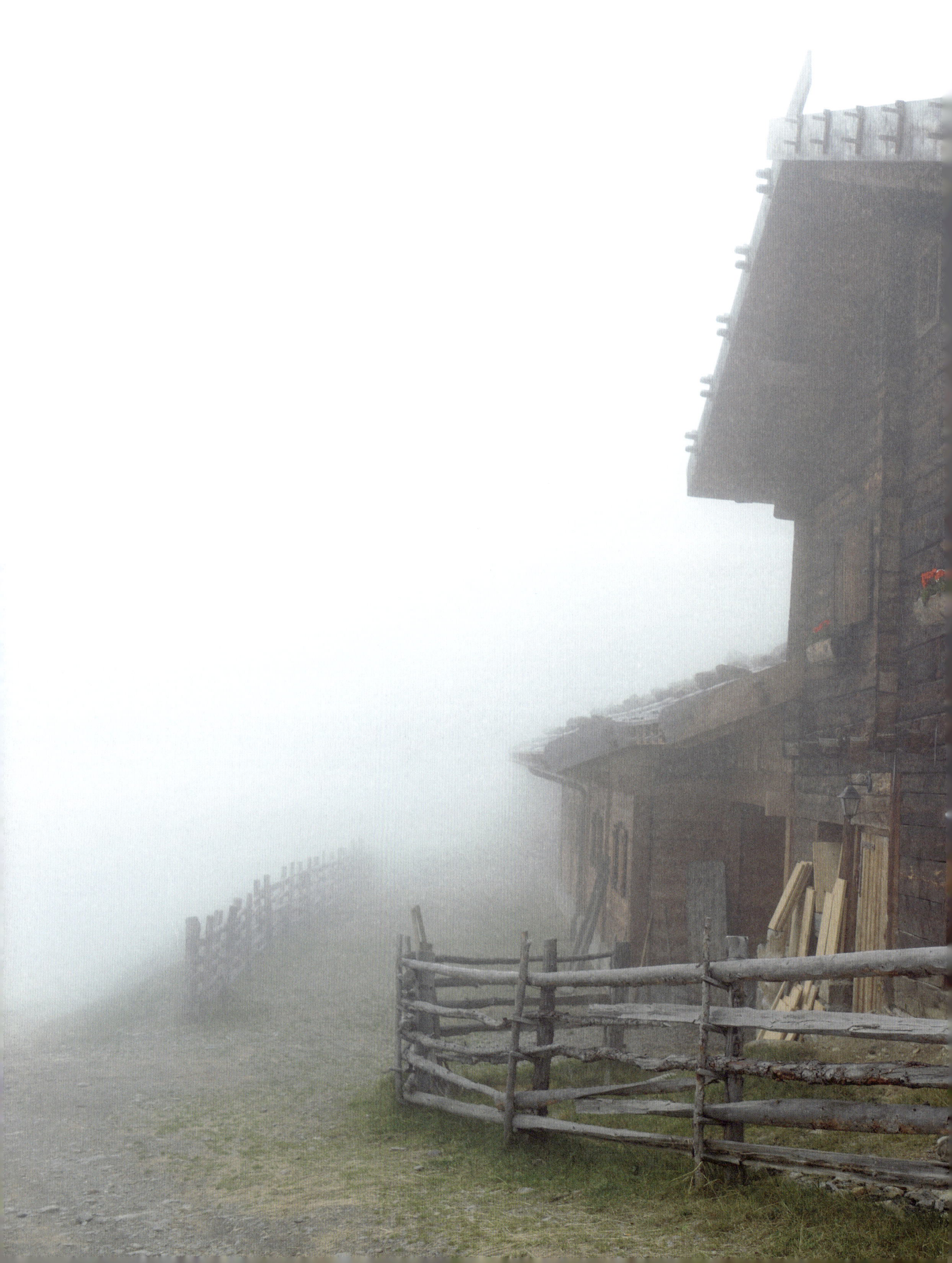

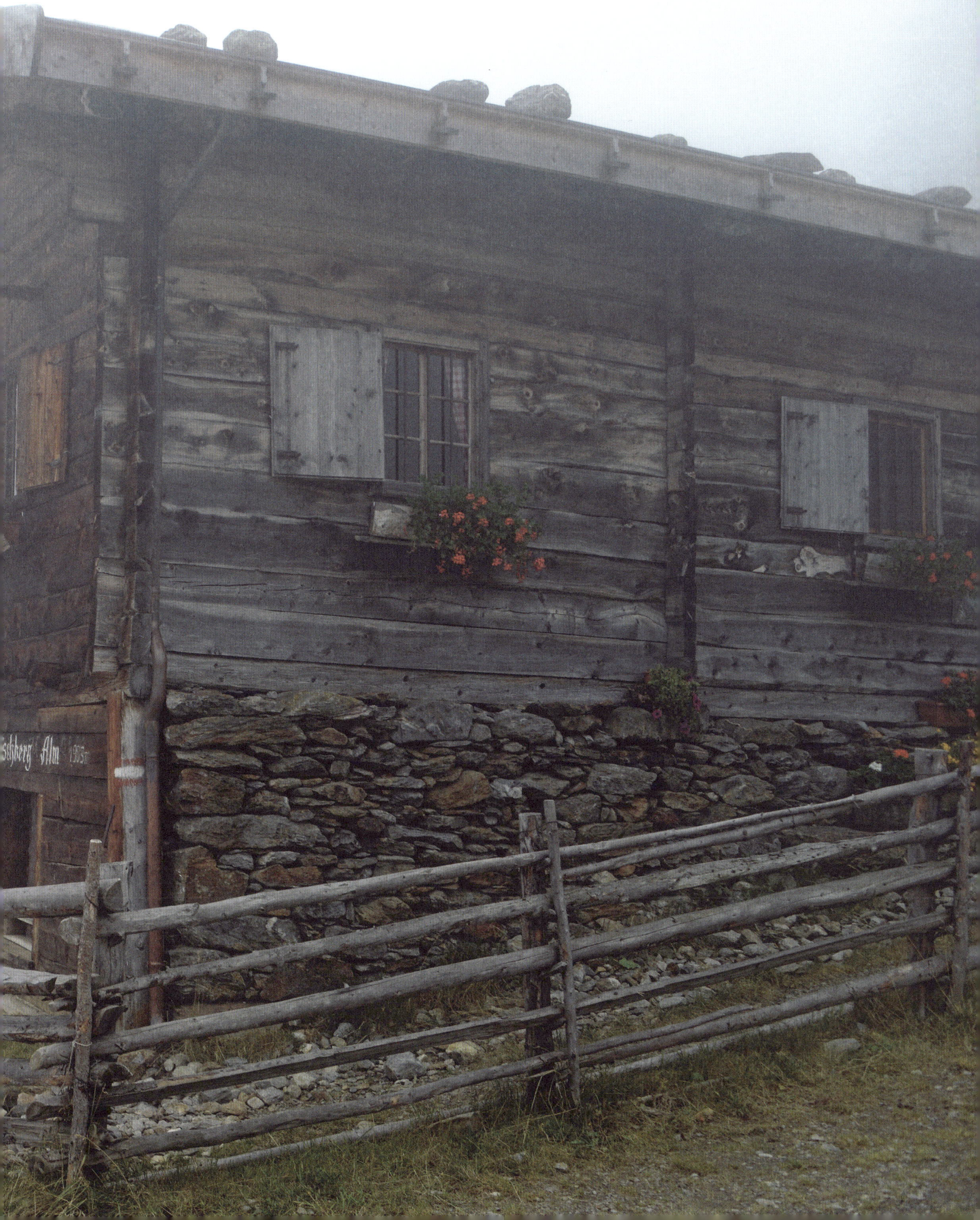
Alm

Überall Einfachheit und Demut

Wir wandern eine halbe Stunde zu Fuß hoch zur Flatschbergalm – unserem Ziel. Der Nebel liegt immer noch überm Tal, wir wandern ins Ungewisse und spüren eine steigende Spannung, was und wer uns erwarten wird. Wertvolle Begegnung muss man sich erarbeiten. Solch philosophische Gedanken gehen mir durch den Kopf. Wir kennen die Menschen hier nicht, wir sind Fremde, und plötzlich lichtet sich der Nebel, die Berge tauchen auf und vor uns – eine Alm wie aus dem Bilderbuch! Das angespannte Gefühl ist sofort weg, denn die Irmgard Schwarz, die Hüttenwirtin mit ihrem selbst gestrickten „Jangger" begrüßt uns so herzlich, dass alles Fremdsein beim ersten Händeschütteln verflogen ist. An den Fenstern der Alm und in einem Holztrog blühen Geranien und Edelweiß nebeneinander. Ein Blumenmeer rund um die Hütte empfängt uns, und das auf 1.905 Metern. Das ist Rosis Welt, da bin ich mir sicher, ganz nach ihrem Motto: „Wer sich nicht mit Blumen umgibt, bei dem kann die Seele nicht fröhlich werden."

Gemeinsam mit ihrem Mann Hiasl hat Irmgard vier Kinder und vier Enkel. Im Sommer sind sie hier oben und bewirtschaften die Hütte, die sie vom Dekan aus Lana gepachtet haben. Mit dem sind sie gut befreundet und schon bis nach Sibirien gereist. Im Winter leben sie etwa 100 Höhenmeter tiefer auf ihrem Hof, dem höchsten im Ultental. Dort versorgen sie 16 Rinder, vier Schweine und 40 Hühner. Die Irmgard und ihr Hiasl sind fleißig, sie jammern nie, sie sind stolze Leut! Da hat sich der Dekan schon die richtigen Schäflein für seine Alm ausgesucht. Irmgard und Hiasl leben den christlichen Geist vor, von dem sich die offizielle Kirche leider oft entfernt hat. Tritt man ins Haus, dann sieht man überall Einfachheit und Demut. Es geht nicht um Äußerlichkeiten, sondern um innere Werte. Das Wasser bekommen sie vom Gletscher, den „Kas" und die berühmten „Vinschgerlen" machen sie selber. Sie sind gastfreundlich, sie helfen anderen, sie verköstigen die hungrigen Wanderleute und leben ein Leben, von dem wir uns einiges abschauen können. Sie haben diesem Haus eine Seele gegeben.

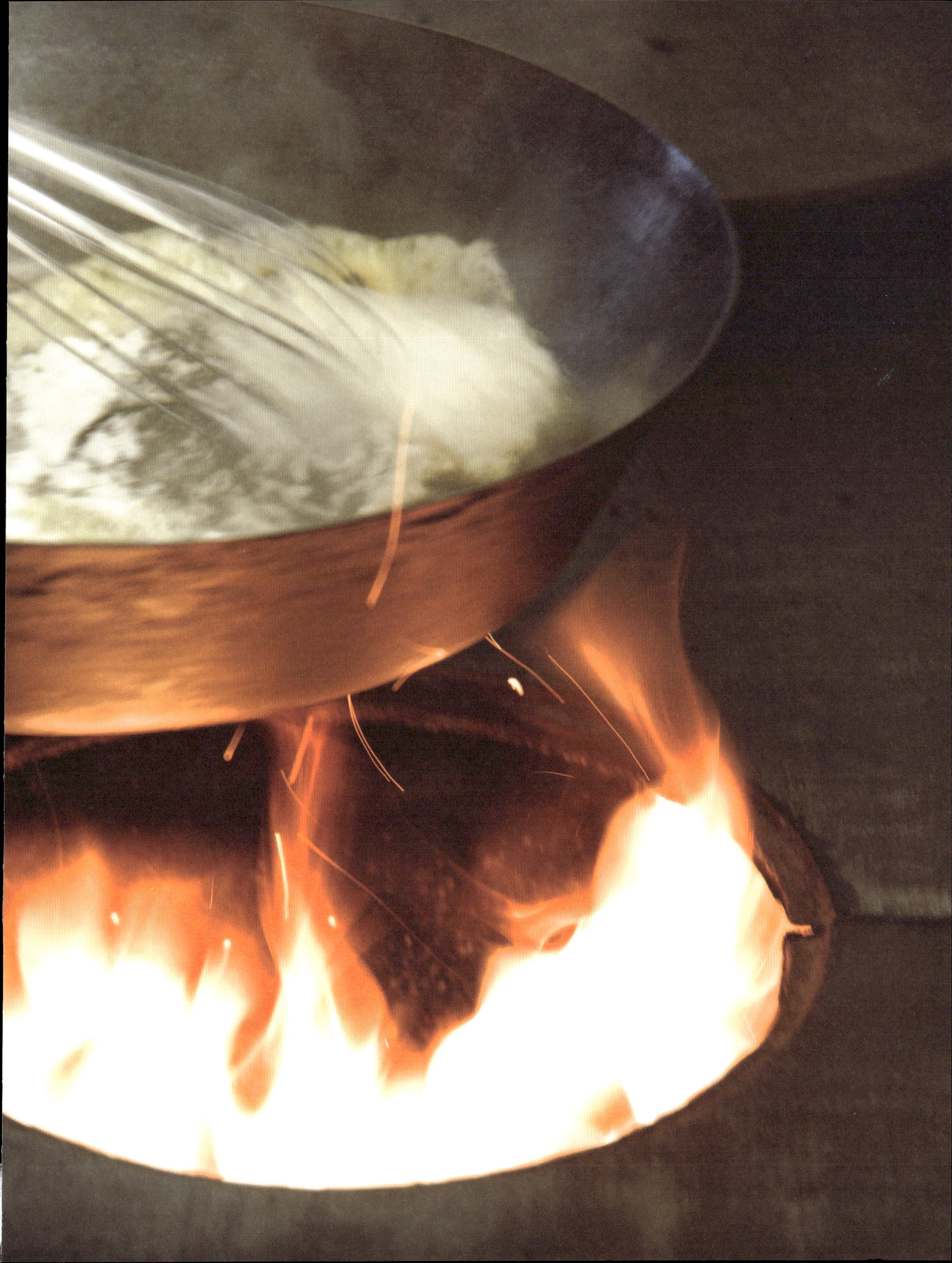

Eine Reise in die Vergangenheit

Vinschgerlen

Die Vinschgerlen sind das Südtiroler Nationalbrot, wenn man so will. Diese Roggen-Fladenbrote sind meistens als Pärchen „zusammengewachsen" und werden daher oft auch „Paarln" genannt. Sie schmecken besonders gut zu Speck, Käse und Rotwein – aber auch einfach nur mit etwas Butter obendrauf. Durch die enthaltenen Gewürze Kümmel, Brotklee und Fenchelsamen bekommt es seinen intensiven Geschmack. Das Sauerteigbrot hat einen Anteil von etwa 70 Prozent Roggenmehl, dem Weizenvollkorn- und Dinkelmehl beigemischt werden. Durch den Sauerteig ist es besonders gut verdaulich und bleibt lange frisch.

So göttlich, dass ich sogar die Kalorien vergesse

Alles hier ist authentisch: die rot-weiß karierten Vorhänge, die kleine Küche und die einfachen Holztische und Bänke. Rund um den Herd hängen oder stehen nur wenige Gerätschaften und mir ist es ein Rätsel, wie die Irmgard damit ihre Köstlichkeiten zaubert! An der Wand entdecke ich alte, vergilbte Fotos vom Großvater und von unvergesslichen Jagderlebnissen. Die Muspfanne aus Eisen und die alten Löffel hängen daneben.
Die Rosi hat inzwischen schon die typisch blaue Südtiroler Schürze an und unterhält sich mit der Irmgard wie mit einer vertrauten Schwester. Und tatsächlich wirken die beiden, als würden sie sich schon ewig kennen. Die Irmgard arbeitet hart und viel und doch strahlt sie so viel Lebensfreude aus, dass das richtig ansteckend wirkt. Ich kenn das von der Rosi, der ist auch keine Arbeit zu viel und nichts kann sie aus der Ruhe bringen. Unvorstellbar: Da kommen zwei ehemalige deutsche Skirennläufer daher, halten den ganzen Betrieb auf und die Irmgard meint, wir dürften immer wiederkommen. Da kann ich noch was lernen!
Die Irmgard hat natürlich verschiedene Spezialitäten auf der Karte: Speckknödelsuppe, Kaiserschmarrn, „Schwarzplentener Riebl" und ich lese auch „Selbst gemachter Zirbenschnaps". Aber wir machen heute das ursprünglichste aller Südtiroler Bauerngerichte: das „Muas" in der Pfanne. Ganz ehrlich, ich passe schon sehr darauf auf, dass ich nicht zu viele Kalorien zu mir nehme, damit ich nicht zu dick werde. Als ich jetzt sehe, was Irmgard und Rosi alles bereitstellen, befürchte ich das Allerschlimmste: eingedickten Bauernrahm und zwei Packerl Butter …
Ich fange bereits an, auszurechnen, wie viele Kalorien ich mir da jetzt draufpacke und wie viele Trainingseinheiten ich brauche, um sie wieder loszuwerden. Die hart arbeitenden Bauern von früher haben diese Kalorien natürlich gebraucht, um Kraft zu tanken. Morgens und abends haben sie das Muas gegessen, und die geschmolzene Butter oben drüber war ihnen das Liebste. „Rühren! Rühren!", sagt die Irmgard zur Rosi und gibt weitere Milch dazu. „Aber nicht am Boden rühren, unten muss es fest werden." Die nicht entrahmte Milch schmeckt natürlich doppelt so gut, denke ich mir, hat aber auch doppelt so viele Kalorien. Nur vom Anschauen der Pfanne werde ich schon runder. Maismehl wird noch reingerührt, aber ganz langsam, damit es keine Bröckerl gibt. Man muss aufpassen, dass die Kalorienbombe nicht zu dick wird, sonst würde sie überlaufen, es braucht halt die richtige Konsistenz. Dazu darf das „Muas" nur blubbern, nur leicht köcheln. Und wieder: rühren, rühren, ohne den Boden zu berühren – und das 45 lange Minuten lang.
Als Nachtisch hat Irmgard schon Krapfen vorbereitet – manche sind mit Mohn gefüllt, wie wir sie schon kennen. Bei anderen schimmert die Fülle rot durch den dünnen Krapfenteig, da sind „Grantn" drin, erklärt uns Irmgard, so nennen die Ultner die Preiselbeeren.

Vor dem Essen sprechen der Hias und die Irmgard ein kurzes Gebet: „Lieber Herrgott, gib uns jeden Tag, was wir zum Leben brauchen." Nicht mehr und nicht weniger erbitten sie. Da ist sie wieder, die Bescheidenheit, die mich so an den Ultnern beeindruckt. Wir greifen zu den Löffeln und lassen es uns schmecken. Und es schmeckt so herrlich, göttlich, dass ich sogar die Kalorien vergesse.

Südtiroler „Muas"

Zutaten

25 g Butter

½ EL Weizenmehl

2 l Milch

Salz

250 g Maismehl, fein

5 EL Butter, zerlassen

Zubereitung

1 Die Butter in der Pfanne erhitzen und das Weizenmehl einrühren, sodass eine Einbrenne entsteht. **2** Unter ständigem Rühren die Milch eingießen und erhitzen, salzen und feines Maismehl („Muasmehl") langsam mit dem Schneebesen einrühren. **3** Ca. 45 Minuten lang köcheln lassen, während dieser Zeit nicht mehr mit dem Schneebesen umrühren, sondern ab und an mit einem Holzlöffel, damit sich am Pfannenboden eine braune Kruste bildet. **4** Vom Herd nehmen und ein wenig abkühlen lassen. **5** Die zerlassene, braune Butter auf dem Muas verteilen. **6** In der Pfanne servieren, aus der alle am Tisch gemeinsam löffeln.

Tipp: Am besten gelingt das Muas auf dem Gasherd zubereitet in der Eisenpfanne, weil die braune Kruste am Pfannenboden dann am schönsten entsteht.

Variante: Das Muas kann auch glutenfrei zubereitet werden, wenn Sie den ersten Schritt, also die Einbrenne aus Weizenmehl, weglassen und einfach gleich die Milch erhitzen.

Für das Rezept der Südtiroler Krapfen siehe Seite 126.

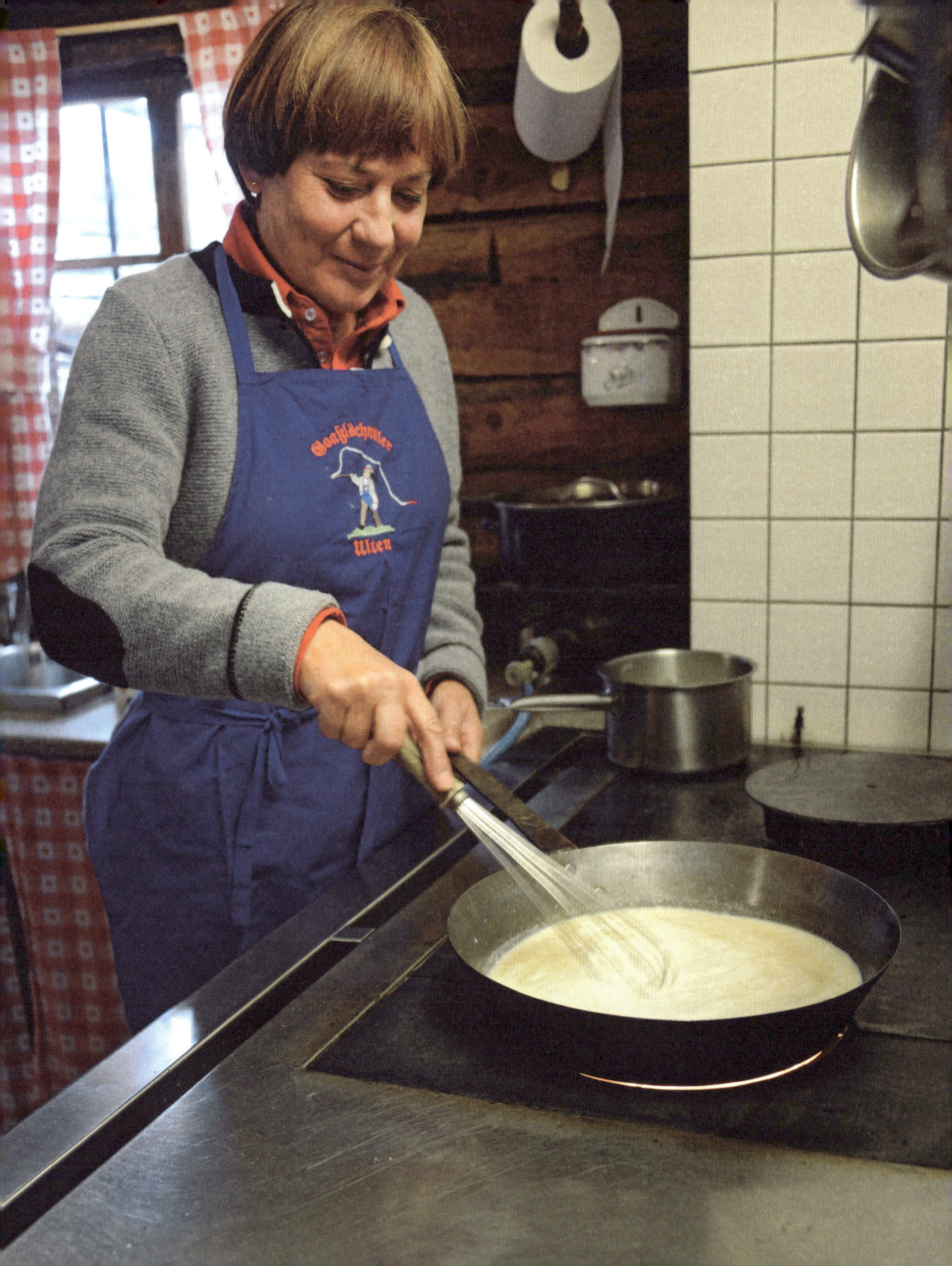
Ulten

Rosis Reisauflauf mit Äpfeln

Zutaten

750 ml Milch
150 g Reis
1 Prise Salz
1 Stück Zitronenschale
4 Eiklar
1 Prise Salz
60 g Butter
60 g Zucker
4 Dotter
2 Äpfel
etwas Zitronensaft

Zubereitung

1 Die Milch in einem Topf erhitzen. **2** Den Reis mit einer Prise Salz und einem kleinen Stück Zitronenschale in die Milch geben und unter Rühren einkochen lassen. **3** Den Deckel auf den Topf geben, Herd ausschalten und den Reis 10 Minuten ausquellen lassen. **4** Eiklar mit einer Prise Salz zu festem Eischnee rühren. **5** Butter, Zucker und Dotter schaumig rühren. **6** Nun die Reismasse, die Buttermasse und den Eischnee vorsichtig miteinander vermischen. **7** Die Äpfel schälen, vierteln, entkernen, blättrig schneiden und mit etwas Zitronensaft beträufeln. **8** Eine feuerfeste Form ausbuttern und abwechselnd mit der Reismasse und den geschnittenen Äpfeln füllen. **9** Im vorgeheizten Backrohr bei 180 °C Unter- und Oberhitze ca. 30 Minuten garen.

Tipp: Dazu passt eine Beerengrütze, z. B. das Johi-Gelee (siehe rechte Seite).

Rosis Johi-Gelee

Christians Lieblingsgericht

Zutaten

160 g Rote Johannisbeeren

90 g Himbeeren

3 EL Zucker

1 TL Zitronensaft

250 ml Wasser

1 EL Speisestärke

Zubereitung

1 Johannisbeeren und Himbeeren, falls nötig, säubern, von den Rispen befreien und in einen Topf geben. **2** Zucker und Zitronensaft dazugeben und mit Wasser auffüllen. **3** Zum Kochen bringen. **4** In der Zwischenzeit Speisestärke mit etwas Wasser glatt rühren. **5** Unter Rühren zu den kochenden Beeren geben, einmal aufkochen lassen, zur Seite stellen und etwas auskühlen lassen. **6** Entweder in eine Schüssel oder gleich in Portionsschälchen füllen und für einige Stunden kühl stellen. **7** Diese Beerengrütze kann man pur genießen, Christian mag sie zum Reisauflauf.

Tipp: Wenn man die harten Kerne in den Johannisbeeren und Himbeeren nicht mag, muss man die Beeren nach dem Aufkochen passieren, dann nochmals in den Topf geben, mit der Speisestärke vermischen und nochmals aufkochen. Johi steht übrigens für Johannisbeeren und Himbeeren.

Variante: Statt der Johannisbeeren und Himbeeren kann man auch 250 g andere frische Beeren verwenden.

Die Hütten-WG

Die Griap auf Meran 2000

Das erste Flascherl macht gleich die Runde

Eine Privathütte mitten in einem Skigebiet, ich glaube davon träumt jeder Skifahrer. Im Skigebiet von Meran 2000 gibt es eine von diesen Traumhütten, die einige Meraner schon seit Jahren von der Almgenossenschaft gepachtet haben und nie mehr hergeben wollen. Man kommt mit den Skiern direkt hin und natürlich auch wieder weg. Morgens aus dem Bett raus, die Skier anschnallen und direkt ab auf die Piste. Da sind wir Skifreaks natürlich auch „hin und weg". Doch auch zu den anderen Jahreszeiten wird die Griap-Hütte genauso gerne genutzt. Wir wandern an einem herrlichen Herbsttag hinauf, der erste Schnee hat das bunte Herbstlaub mit Puderzucker bestreut und die Vorfreude auf den kommenden Winter packt uns bei diesem Anblick wie früher als kleine Kinder, als wir den ersten Schnee gar nicht erwarten konnten. Mutterseelenallein sind wir dort unterwegs, wo sich im Winter Tausende Skifahrer tummeln.

Ein paar befreundete Familien leben hier ihren Wochenendtraum fernab der Städte und des Trubels. Manchmal sind nur ein paar von ihnen da, manchmal alle – es funktioniert. Die Freundschaft hat nicht darunter gelitten, im Gegenteil, sie ist noch enger geworden.

Nach einer Stunde Aufstieg sind wir genau auf 2.000 Metern Höhe und werden von den Hüttenbewohnern herzlich empfangen. Das erste Flascherl Wein macht gleich die Runde und ich merke an mir, wie schnell man sich an gute Bräuche gewöhnen kann. Unter Skifahrern ist man natürlich sofort beim „Du". Wir kommen aus der gleichen Welt und sind durch unsere Liebe zum Alpinismus irgendwie verbrüdert, irgendwie „ticken" wir alle gleich. Nur so kann auch so eine Hütten-WG funktionieren, durch die gemeinsame Liebe zu den Bergen und zum Sport. Das ist nicht selbstverständlich, denn hier muss jeder mit anpacken, die Gemeinschaft muss sich unterordnen und die Regeln der Berge einhalten. Hier führt keine Straße herauf und daher muss alles heraufgetragen und auch wieder sauber entsorgt werden. Das fängt beim Holz fürs Heizen und Kochen an und betrifft natürlich auch den Wein, den wir so locker genießen dürfen. Da darf nie das Gefühl aufkommen, dass sich einer ausgenützt fühlt.

Rund um den Haushalt haben die Frauen das Sagen, doch wenn man sich in der Hütte umschaut, dann spürt man das handwerkliche Geschick und die Liebe zum Detail, das sich nur Männer ausdenken können. Wo man hinschaut, wurde Erfindergeist und Pragmatismus mit pfiffigen Ideen verbunden. Für alle Notwendigkeiten gibt es so unkonventionelle wie überraschende Lösungen: für den Klopapierhalter wie die Dusche. An die Schubkarre zum Beispiel wurden Skier wie an einen Skibob unten drangebaut, um das Holz im Winter von draußen besser an die Eingangstür zu bringen. Aus wenig wird viel gemacht. Jeder freie Platz ist in der engen Hütte genutzt, aber immer so, dass die Augen vergnügt auf Entdeckungsreise gehen, und bemerken, wie die Pfannenhalter und die Gitarre an der Wand eine optische Einheit bilden. Alles ist ein einziges geniales Durcheinander – aber ein Sammelsurium mit Charme und enormer Ausstrahlung.

Die Teller sind alle unterschiedlich, die Tassen auch, die Töpfe, das Besteck, eigentlich alles, was man erblickt. Und doch ist alles wie aus einem Guss, weil es dem Leben dient und eine echte Aufgabe erfüllt. Irgendwie wird man beim Eintreten in die Hütte von einer Sehnsucht an eine Zeit gepackt, die man vielleicht selber als Kind erlebt hat oder aus Bilderbüchern kennt. Ich glaube, selbst wenn im Winter der Skizirkus um die Hütte herum schwingt, bis hier herein wird er es nicht schaffen. Schön, dass die Familien diesen Wert so erhalten.

Wir haben das große Glück, zu solchen besonderen „Einkehrschwüngen" mitgenommen zu werden. Wir kennen das aus gemeinsamen Jugendzeiten bei Trainingskursen und Skirennen, wo wir auch tagelang eingeschneit waren oder uns wochenlang selber versorgen mussten. Rücksicht nehmen, ordentlich und diszipliniert sein, so lauteten die Regeln. Für Rosi war nicht der Sieg wichtig, sondern die Harmonie im Team, davon wird sie heute noch getragen und wenn sie ehemalige Kolleginnen oder Kollegen trifft, dann spürt man noch den Geist oder – modern gesagt – den „Teamspirit" von damals. Hier auf der Hütte geht es nicht um Hundertstel Sekunden, doch die Schwingungen sind die gleichen.

Ein Blick ins Bettenlager: Auch hier ist alles provisorisch, aber urgemütlich. Der Lattenrost besteht aus lauter ehemaligen Skiern mit dem Belag nach unten. Einfach nur genial. Ich leg mich unten ins Stockbett und beim Blick nach oben packt mich die Nostalgie. Ich entdecke die alten Rossignol-Skier, die ich selber gefahren bin, sogar die seltenen Maxel-Skier, die es schon lange nicht mehr gibt, aber im benachbarten Sarntal hergestellt wurden. Der einzige Rennfahrer, der die überhaupt in Weltcuprennen gefahren ist, war unser Freund Erwin Stricker. Für uns war es ein Rätsel, wie er mit diesen Latten so schnell sein konnte. Und sofort fallen mir wieder die alten Geschichten ein. Über den Erwin könnt ich Hunderte erzählen. Wie er in Kitzbühel an der Hausbergkante mit 130 km/h abspringt und später – O-Ton Stricker – sagt: „Schau ich nach unten, was sehe ich? Überholt mich mein eigener Ski!" Der Sturz danach wird noch heute in jedem Hahnenkamm-Rückblick gezeigt. Der Erwin war ein Südtiroler durch und durch, seine Maxel hat er nicht aufgegeben – aus Heimatverbundenheit.

Erwin war aber nicht nur „todesmutig" und ein extrem guter Techniker, sondern ein Tausendsassa und Tüftler, der Ideen in den Rennsport brachte, die revolutionär waren. Er hat die „Geierschnäbel" an den Skispitzen erfunden, damit man nicht so leicht einfädelt, er hat die lackierten Rennanzüge erfunden, den aerodynamischen Sturzhelm und den Rückenschutz. Jahrelang hat er auf der Plose bei Brixen eines der größten internationalen Kinderskirennen, Fila Sprint, organisiert – nicht umsonst heißt es heute, nach Erwins Tod, „Stricker Sprint". Die Nudelparty und das Seilziehen samt Dancing Contest waren für die Kinder wichtiger als das Rennen. Der gesamte Domplatz von Brixen wimmelte von Skikindern in ihren Clubkleidungen, die auch noch prämiert wurden. Besser konnte man Kinderrennen nicht organisieren. Auch der Basti Schweinsteiger und der Felix haben sich damals oben auf der Plose heiße Skiduelle geliefert, aus denen eine tiefe Freundschaft entstanden ist.

Aus wenig
wird viel
gemacht

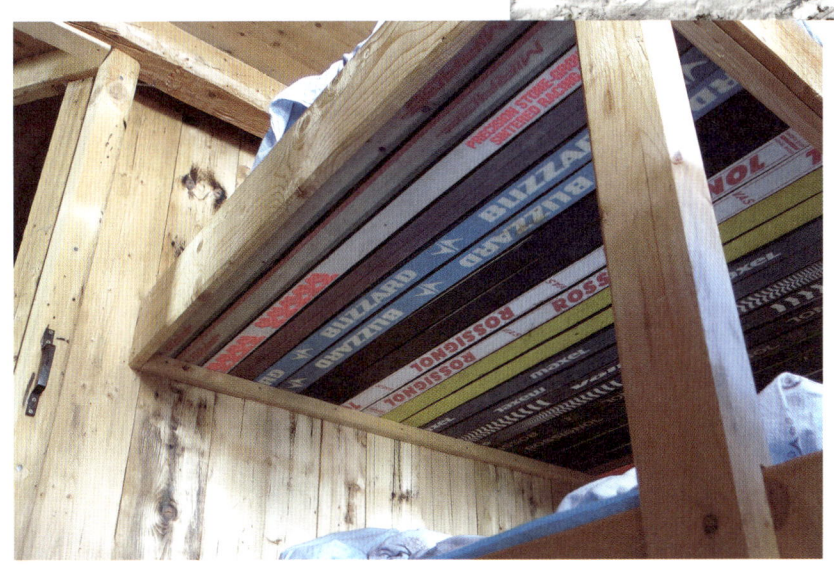

Erwin Stricker

Erwin Stricker, 1950 in Mattighofen in Österreich geboren und in Südtirol aufgewachsen, ist eine schillernde Skilegende – auch wenn er nie die ganz großen Erfolge einfahren konnte. Schon während seiner aktiven Zeit war er ein Visionär, ein Tüftler und „Macher" mit ausgeprägtem Geschäftssinn. Er hat zu zahlreichen Neuerungen im Skisport beigetragen: 1979 ließ er in Südtirol die erste Schneekanone aufstellen, ohne die heute Skifahren nahezu unmöglich wäre. Sein Skiverleih „Rent and go" ist über Franchisenehmer in 450 Skigebieten in aller Welt vertreten. Auch die Idee der Panoramakameras stammt von ihm, außerdem war er an der Entwicklung chinesischer Skigebiete beteiligt und hat eine Stiftung für in Not geratene Skirennfahrer ins Leben gerufen. Stricker starb nach einem Krebsleiden 2010 in Bozen.

Sammelsurium
mit Charme
und Austrahlung

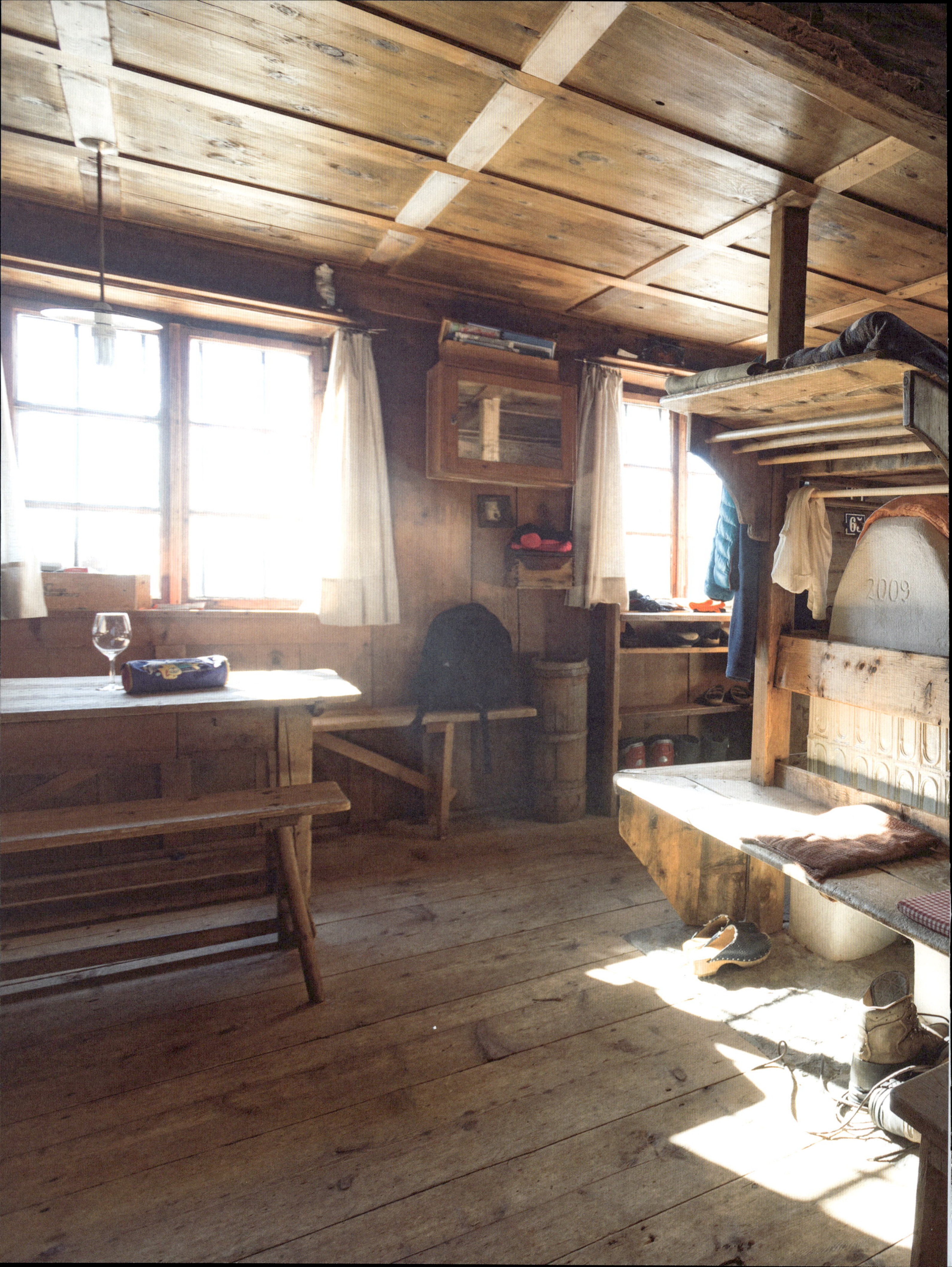
2009

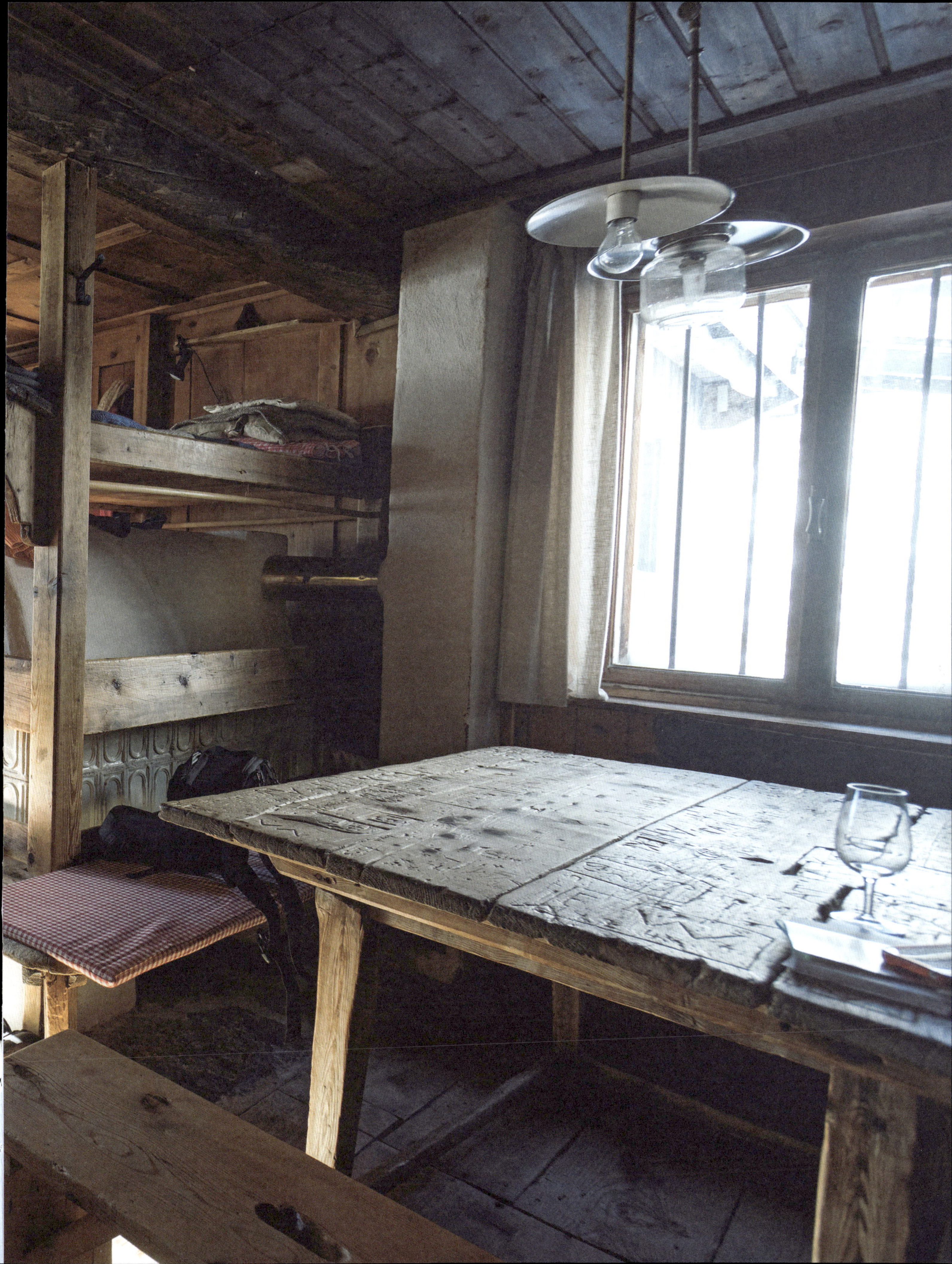

Macht nix.
Verdampft ja

In der Küche ist die Renate die Chefin. Sie ist auch beruflich Köchin und kocht in einem Kindergarten für viele Kinder. Sie weiß also, wie's geht und dass man „hinlangen" muss. In der Küche geht es eng zu, doch Renate gibt klare Anweisungen und sogar ich darf mal schälen und schnipseln. Das Schafsfleisch vom Südtiroler Bauern hat die Renate schon zerteilt. Alle Zutaten sind frisch von heute und zu Fuß heraufgetragen. An den Kartoffeln klebt noch die Südtiroler Erde. Ich bekomme eine ernste Ermahnung von Renate, weil ich zu großzügig schäle. Rosi strahlt begeistert, denn sinnlos etwas verschwenden oder wegwerfen, ist für sie ein absolutes No-Go. Das hat sie in den Nachkriegsjahren auf der Winklmoosalm gelernt, wo ohne große Budgets für 60 Studenten gekocht werden musste.

Trotz der Ermahnung beobachte ich mit Freude, wie schnell die Arbeit hier von der Hand geht. Die Frauen bilden ein richtiges Dream-Team, jeder Griff sitzt an der richtigen Stelle und ergänzt sich. Durchs Küchenfenster sehe ich draußen in der Sonne ein weiteres Dream-Team bei der Arbeit. Die Männer sitzen in der Sonne an der Hüttenwand und besprechen die Weltlage! Jeder hat ein Weißweinglas in der Hand und mir wird mit einem Mal klar, dass ich hier in der Küche völlig fehl am Platz bin und dass die Welt nur gerettet werden kann, wenn ich der draußen tagenden UNO-Vollversammlung beitrete. Ich schiebe die Karotten daher der Rosi rüber, eile hinaus in die Sonne und werde mit großem Hallo und mit einem Weinglas empfangen. Sogleich besprechen wir die Rolle des Mannes im Haushalt, sind stolz, wie gut wir die Küchenarbeit organisiert haben und dass sich die Stellung der Frau in der Ehe doch sehr zum Guten gewandelt hat.

Durch das geöffnete Küchenfenster hören wir, wie der Holzofen prasselt. Renate lässt das Fleisch beidseitig anbraten, die Rosi schält noch an den Karotten, die gewürfelten Zwiebeln stehen schon bereit. Alles kommt in den Topf, in dem die Kartoffeln schon köcheln. „Zuerst müssen die mehligen hinein und später erst die festkochenden, das bindet besser", erklärt die Renate. Auch Tomatenmark gibt sie dazu. Die Knochen werden ebenso mitgekocht, außerdem sechs Zehen Knoblauch und eine ganze Flasche Rotwein – für das gewisse Etwas im Geschmack. „Wenn man will, kann man auch anderthalb Liter Wein dazutun", meint die Renate und lacht. „Macht ja nix. Verdampft ja." Und eine weitere Flasche Rotwein wird geöffnet. Das „Schöpserne" mag zwar ein unkompliziertes Gericht sein, aber ich finde es doch sehr aufwendig, denn es braucht viele helfende Hände. Dass alles in einem großen Topf zubereitet wird, hat allerdings wieder etwas männlich Einfaches.

Die Renate ist ein Genie. Selbst draußen riechen wir schon, was uns bald erwartet, und allen läuft das Wasser im Mund zusammen.

Schöpsernes Bauernbratl mit Kartoffeln

Zutaten

1 kg Schaf- oder Lammfleisch (mit Knochen, Schlegel, auch Keule)

Salz

Pfeffer aus der Mühle

2–3 Knoblauchzehen

Rosmarin

Majoran

Thymian

3 EL Mehl

etwas Öl

2 Zwiebeln

100 g Speck

2 Karotten

2 Selleriestangen

1 EL Tomatenmark

½ l Rotwein (auch mehr)

3 Kartoffeln, mehlig

4 Kartoffeln, festkochend

½ l Wasser oder Fleischsuppe

Zubereitung

1 Das Fleisch in grobe Stücke schneiden, mit Salz, Pfeffer und gepressten Knoblauchzehen, Rosmarin, Majoran und Thymian gut einreiben und in Mehl rundherum wälzen. **2** Eine tiefe, große Bratpfanne mit Deckel auf der Herdplatte erhitzen, wenig Öl hineingeben und das Fleisch darin gut anbraten, es soll richtig Farbe bekommen. **3** Die Zwiebeln grob und den Speck fein schneiden, dazugeben und etwas mitbraten. **4** Die Karotten und die Selleriestangen grob schneiden und mitbraten, dann auch das Tomatenmark hineingeben und kurz mitbraten. **5** Mit ¼ l Rotwein löschen und weiterkochen, bis die ganze Flüssigkeit eingekocht ist. **6** Dann mit dem restlichen Wein ablöschen und halb zugedeckt weiterschmoren lassen. **7** Die Kartoffeln schälen und grob schneiden. **8** Wenn die Flüssigkeit in der Pfanne verkocht ist, das Fleisch herausnehmen und warm stellen. **9** Wasser oder Suppe in die Pfanne gießen, mit dem Schneebesen durchrühren und aufkochen lassen. **10** Das Fleisch wieder hineingeben, jetzt auch die Kartoffeln dazugeben und zugedeckt ca. 1 Stunde weiterschmoren lassen.

Rosis ausgezogene Schmalznudeln

Zutaten

- 30 g Germ
- 125 ml Milch, warm
- 500 g Mehl, glatt
- 20 g Zucker
- 35 g Butter
- 3 Eidotter
- 1 Prise Salz
- Zitronenschale
- Mehl zum Bestäuben
- Öl zum Backen
- Preiselbeermarmelade und Staubzucker zum Garnieren

Zubereitung

1 Germ in 6 EL warmer Milch auflösen, mit 30 g Mehl und dem Zucker glattrühren, mit Mehl bestäuben und zugedeckt an einem warmen Ort gehen lassen (das ist das sogenannte Dampfl). **2** Butter schmelzen und abkühlen lassen. **3** Das restliche Mehl in eine Schüssel sieben, eine Vertiefung machen, das Dampfl hineingeben, dann die Dotter, die abgekühlte Butter, eine Prise Salz und die Zitronenschale dazugeben und mit dem Knethaken oder mit der Hand (Kochlöffel aus Holz) kneten (abschlagen). **4** Immer wieder ein bisschen warme Milch dazugeben, bis sich der Teig vom Rand löst und geschmeidig erscheint. **5** Nochmals zugedeckt gehen lassen. **6** Teig in 9 Teile schneiden, zu Kugeln formen, durch kreisende Bewegungen mit der Hand auf bemehlter Unterlage bearbeiten (das nennt man schleifen) und etwas flach drücken. **7** Die flach gedrückten Kugeln auf ein bemehltes Tuch legen, leicht mit Mehl bestäuben und zugedeckt an einem warmen Ort gehen lassen, bis sich das Teigvolumen verdoppelt hat. **8** Reichlich Öl erhitzen. **9** In die Küchlein mit dem Daumen in der Mitte eine Mulde drücken, mit dem Loch nach unten in das Öl einlegen, zugedeckt anbacken, umdrehen und mit dem Löffel etwas Fett über die Nudeln gießen, dann bekommen sie eine schöne runde Form. **10** Aus dem Fett heben, auf einer Küchenrolle abtropfen lassen und abkühlen lassen. **11** In die Vertiefung Preiselbeermarmelade (oder auch eine andere Marmelade) füllen und mit Staubzucker bestreuen.

Die Kunst des Kochens

Die Miil in Tscherms

Kreuz und quer durch Lana

Rund um Meran kennen wir uns eigentlich gut aus. Wir sind in Tscherms verabredet, wir wollen pünktlich sein und unsere Gastgeber nicht warten lassen. Wie's der Teufel will, habe ich ausgerechnet heute keine genaue Adresse fürs Navi und auch den Namen unseres Lokals nicht genau aufgeschrieben, unser Christjan Ladurner geht auch nicht ans Handy und ich erinnere mich nur, dass Tscherms direkt bei Lana liegt. Das kenn ich und kann es mir auch gut merken, denn da kommt der Zöggeler her, einer unserer Lieblingssportler und Italiens bester Rennrodler aller Zeiten. Was für uns der Hackl Schorsch, ist für die Südtiroler der Armin Zöggeler. Er hat bei sechs Olympischen Spielen hintereinander eine Medaille geholt, das hat kein anderer Sportler weltweit je geschafft – zwei davon waren Goldene. Wir durften ihn und den Schorsch hautnah bei den Spielen in Turin erleben. Wie die zwei Konkurrenten miteinander umgegangen sind, ist für uns unvergesslich und einfach nur vorbildlich. Im Wettkampf die erbittertsten Gegner, jeder mit dem Messer zwischen den Zähnen, und danach faire, völlig normale Sportler, die auch in der Niederlage die Leistung des anderen anerkennen und miteinander zum Feiern gehen. Und feiern kann der Armin, das haben wir dann im legendären Bayrischen Bobstüberl von Sestriere anlässlich der Olympischen Spiele in Turin mehrere Abende hintereinander erleben dürfen.

Wir fahren kreuz und quer durch Lana und finden unser Ziel nicht. Wir suchen die „Miil" im Kränzelhof. Wo ist das nur? Die Rosi sucht im Handy schon nach der Nummer vom Hackl Schorsch, damit der uns die Handy-Nummer vom Armin gibt. Doch glücklicherweise hilft uns ein Passant, der gedanklich ziemlich kreativ ist, und schickt uns Richtung Tennisplatz – das ist schon mal richtig.

Als wir am Kränzelhof mit dem dazugehörigen Feinschmeckerlokal, der Miil, vorfahren, spüren wir schon beim Aussteigen, dass uns ein sehr spezielles Ambiente empfangen wird. Die alte, umgebaute Mühle gehört zu einem Weingut aus dem 14. Jahrhundert und ist umgeben von einem Meer von Reben. Von einer schöneren Seite kann sich Südtirol nicht zeigen.

Chef Othmar Raich begrüßt uns, auf Anhieb spüren wir, dass ein Künstler vor uns steht, der nicht nur am Herd, sondern auch in seinem Lokal seine eigenen, individuellen Ideen umsetzen will und somit dem Gast ein unvergessliches Gesamterlebnis ermöglicht. Wir erleben das immer wieder, bei Spitzenköchen hört die Kreativität und Kunstbegeisterung nicht am Herd oder auf dem Speiseteller auf, sondern dringt in jede Ecke seines Raumes. Othmar erzählt uns, dass er sich hier, in diesen alten Gemäuern, seinen Traum von Selbstständigkeit verwirklichen konnte. Sein innerster Antrieb ist es, Tradition und Moderne zu vereinen und gleichzeitig auch auf der Speisekarte Regionales mit Raffinesse zu verbinden. Davon profitiert der Gast mit allen Sinnen. Die Achtung vor Naturprodukten hat ihm seine Mutter Agnes beigebracht und so holt er sich seine Inspiration aus den nahe liegenden Wiesen und Wäldern. Da kommt nichts „von der Stange", sondern alle Zutaten werden je nach Saison ausgewählt, liebevoll zubereitet und kommen frisch auf den Tisch.

Eine wunderschöne Gartenanlage erstreckt sich neben dem Restaurant die Weinstöcke entlang den Hügel hinauf. Wir spazieren am Seerosenteich vorbei, die Rosi entdeckt Pfauen, Enten und „Piselen", wie die Südtiroler zu den Küken sagen. Gartenskulpturen überraschen das Auge hinter Sträuchern oder Bäumen. Das Kuratorium Kränzel betreut diese Galerie im Garten und bietet Künstlern die Möglichkeit, ihre Werke zu präsentieren. Nur in das Gartenlabyrinth sind wir nicht eingedrungen – die Angst, nicht mehr herauszufinden und unseren Platz in der Miil zu verlieren, war zu groß. Eine Reservierung ist da absolut notwendig.

Wir spüren, dass ein Künstler vor uns steht

miil
küche·wein·kultur
cucina·vino·cultura

Rosi entdeckt Pfauen, Enten und „Piselen"

Castel Lebenberg

Schloss Lebenberg thront direkt über Tscherms und ist eines der wichtigsten Wahrzeichen der Umgebung. Der gut erhaltene Gebäudekomplex ist eine der größten, vollständig eingerichteten Schlossanlagen Südtirols. Entstanden im 13. Jahrhundert, ist Schloss Lebenberg bis heute bewohnt, kann aber auch besichtigt werden. Interessant sind vor allem die Kapelle aus dem 14. Jahrhundert, der Waffen- und der Rittersaal, in dem ein Stammbaum der Familie von Fuchs, in deren Besitz das Schloss lange war, mit 264 Porträts aus zwölf Generationen zu sehen ist. Ein für die Region recht ungewöhnliches Element sind der Rokoko-Ziergarten, der Schloss Lebenberg umgibt, und der Spiegelsaal, der ebenfalls im Rokokostil gehalten ist.

Nachdem uns Othmar sein Lokal gezeigt hat und ich von ihm die Adresse des Kunstschlossers bekommen habe, der diese sensationelle Theke geschaffen hat, bittet er uns in sein wichtigstes Reich. Ich mag Küchen, in denen alles blitzblank ist. Hier ist alles picobello. Absolut professionell. Ein junger Helfer ist schon eifrig beim Gemüseputzen und erzählt mir, dass es ein besonderes Glück ist, hier arbeiten und lernen zu dürfen. Othmar ist vorbereitet auf unseren Besuch. Viel Zeit bleibt für uns nicht, daher hat er schon entsprechende Vorarbeit für seine Basilikumravioli geleistet. Ich merke schon, dass der Künstler Othmar den Banausen Christian voll durchschaut hat. Sehr ernst werde ich nicht genommen, was ich aber wirklich gut verstehen kann. Es geht mir sowieso alles viel zu schnell, mein Selbstvertrauen ist auch leicht angeknackst – ich trau mich nicht nachzufragen und so kann ich nur einige wenige, bruchstückhafte Notizen in mein Buch schreiben: „Öl in Topf, bisserl Wasser in Topf, Ravioli ins heiße Wasser, Parmesan drüber", das war's. Und das soll ein Rezept werden? Ich merke aber, auch Rosi zeigt leichte Hemmungen und will den Meister nicht stören. Wie ich den Othmar so hingebungsvoll bei der Arbeit sehe, denke ich mir, der hätte auch Bildhauer oder Maler werden können. Die Besessenheit und Liebe, mit der er seiner Berufung nachgeht, müssen sich einfach auf das Werk und den Gast übertragen. Die Kunst des Kochens ist elementar und hat mit schönen Dingen zu tun, und mit Philosophie. Spitzenköche sind keine „normalen" Menschen, das sind – und das meine ich in ganz positivem Sinn – Verrückte, wie Spitzensportler auch.

Rosi steht neben Othmar am Herd und beobachtet also, wie er die Basilikumravioli zubereitet. Der Lehrling hat bereits sämtliche Zutaten zurechtgeschnippelt, hier passt alles auf die Sekunde genau. Im Imperativ gibt der Chef den Takt vor. Wir durften ja schon ein paar bekannten Köchen über die Schulter schauen, dem Alfons Schuhbeck und dem Johann Lafer zum Beispiel, da geht's auch ziemlich militärisch zu, da herrscht Befehlston. Hart aber herzlich, anders geht es nicht – wie soll eine auf Zeit und Qualität getrimmte Arbeit sonst funktionieren? Ganz ehrlich: Im Trainingslager eines Sportlers herrschen dieselben Regeln. Wenn du nach oben willst, musst du bereit sein, dich zu quälen und im übertragenen Sinne halt auch einmal ein halbes Jahr lang Kartoffeln schälen. Wichtig ist nur der hellwache Blick auf das, was der Meister einem zeigt, und dass man das Wissen des Chefs in sich aufsaugt. Um den Lehrling beim Othmar mache ich mir keine Sorgen, das sieht man sofort. Bei Lehrling Rosi sieht das anders aus, die zeigt mir zu wenig Offensive. Aber als sie am Ende das Sieb halten darf, bin ich stolz auf sie.

Wenig später sitzt sie am wunderschön gedeckten Tisch. Schlicht, aber kunstvoll. Das Auge isst mit. Der Teller sieht aus wie ein Gemälde. Anders als auf einer Skihütte sitzt Rosi mit geradem Rücken und Sakko am Tisch, nur beobachtet von zwei modernen Figuren in der Nische hinter ihr. Kein anderer Gast ist im Lokal. Fast ehrfurchtsvoll probiert sie die erste Teigtasche. Ihr Gesicht entspannt sich und der Genussmensch in Rosi kommt zum Vorschein. Ich schaue wehmütig auf den Teller und hoffe, dass sie mir etwas übrig lässt.

Spitzenköche sind keine „normalen" Menschen

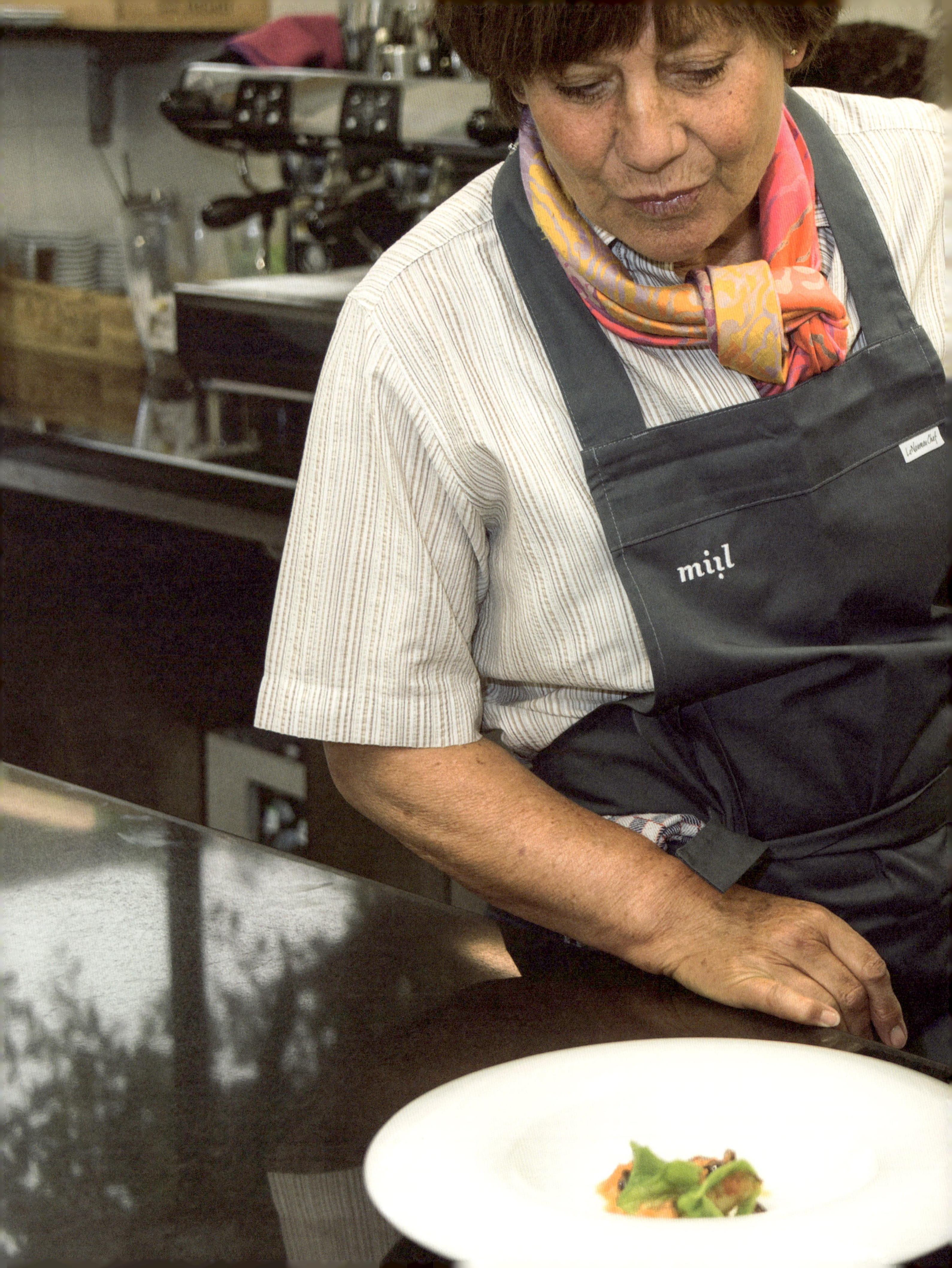

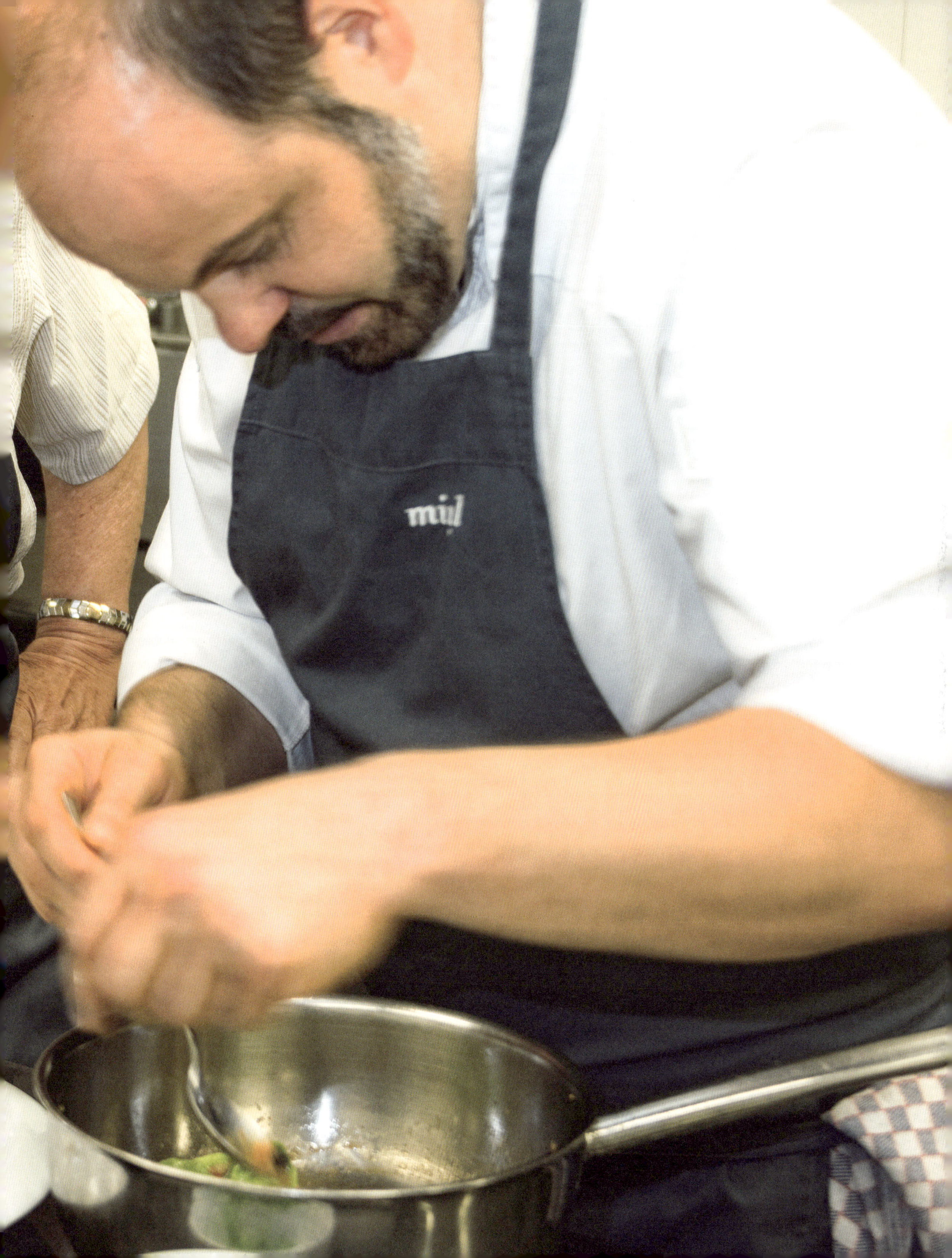

Basilikumravioli

Zutaten für den Teig

- 2 EL Spinat, blanchiert und ausgedrückt
- 150 g Mehl, glatt
- 400 g Hartweizengrieß
- 6 Eigelb
- 1 EL Olivenöl

Zutaten für die Fülle

- 250 g Büffeltopfen
- 1 EL Basilikumpesto oder 10 Basilikumblätter
- Salz
- Pfeffer
- 2 Tomaten
- 50 g Oliven, entkernt
- 80 g Butter
- Olivenöl
- Basilikumblätter und Parmesan zum Garnieren

Zubereitung

1 Den blanchierten und ausgedrückten Spinat passieren. **2** Mehl, Hartweizengrieß, Eigelb und Olivenöl vermengen und mit dem Spinat zu einem glatten, grünen Nudelteig verarbeiten. **3** Für die Fülle den Büffeltopfen mit dem Basilikumpesto bzw. den klein geschnittenen Basilikumblättern verrühren und nach Geschmack mit Salz und Pfeffer abschmecken. **4** Den Nudelteig länglich hauchdünn ausrollen. **5** Füllung mit einem Löffel in regelmäßigen Abständen auf eine Hälfte des Teigs häufeln. **6** Die andere Hälfte des Nudelteigs darüberklappen und die Ränder andrücken. **7** Mit einem Ausstecher Halbmonde ausstechen. **8** Die Ravioli in heißem Salzwasser ca. 2–3 Minuten kochen. **9** Die Tomaten schälen und in feine Würfel schneiden, die Oliven in feine Streifen schneiden. **10** Tomaten und Oliven in reichlich Butter und etwas Olivenöl schwenken. **11** Die Ravioli beigeben und nochmals kurz durchschwenken. **12** Auf den Teller geben und mit frischem Basilikum und Parmesanspänen garnieren.

Rosis Schwarzwurzelsuppe

Zutaten

250 g Schwarzwurzeln

1 EL Essig

500 ml Wasser

40 g Butter

40 g Mehl

1 l Flüssigkeit (Schwarzwurzelbrühe und Wasser)

1 Eigelb

3 EL Sahne

1 Prise Muskat

1 Prise Zucker

1 Prise Salz

Zubereitung

1 Schwarzwurzeln unter fließendem Wasser bürsten, schälen, nochmals waschen und in schwaches Essigwasser (1 EL Essig auf ca. 500 ml Wasser) legen, sodass sie bedeckt sind – dadurch werden sie nicht nochmals schwarz. **2** Die Schwarzwurzeln in ca. 2 cm lange Stücke schneiden, in einen Topf mit kochendem Salzwasser geben und 15 Minuten gar kochen. **3** Die Wurzeln abgießen, aber unbedingt die dabei entstandene Schwarzwurzelbrühe auffangen. **4** Butter erhitzen, Mehl zugeben und unter ständigem Rühren hellgelb andünsten. **5** Mit der aufgefangenen Schwarzwurzelbrühe unter Rühren ablöschen, dabei gut mit dem Schneebesen rühren, sodass keine Knöllchen entstehen. **6** Aufkochen lassen und die fehlende Flüssigkeit mit Wasser ergänzen. **7** Eigelb mit Sahne verrühren und in die nicht mehr kochende Suppe rühren. **8** Mit Muskat, Zucker und Salz abschmecken. **9** Schwarzwurzelstücke in die Suppe geben und 5 Minuten ziehen lassen, die Suppe sollte aber nicht mehr kochen.

Anmerkung: Die Schwarzwurzel ist der Arme-Leute-Spargel, da Südtirol aber ein bekanntes Spargel-Anbau-Land ist, kennen die Südtiroler die Schwarzwurzel kaum.

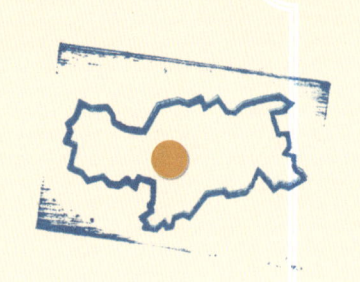

Epilog

Taubenwald in Vöran

Abschiedsstimmung liegt in der Luft

Wie so oft in den letzten drei Jahren stehen wir mit Christjan Ladurner, unserem Freund und Begleiter, an einem Südtiroler Parkplatz, um uns zu verabschieden. Doch dieses Mal liegt eine gewisse Abschieds-, oder eher Abschlussstimmung in der Luft, denn wir sind durch! Alle Menschen und Orte, die wir uns vorgenommen haben, sind besucht, alle Küchenherde bekocht. Wir haben viel miteinander geredet und sind einander ans Herz gewachsen. Diese ungute Endgültigkeit ist direkt greifbar, eigentlich will man sich gar nicht trennen, doch es hilft halt nichts – jeder hat seine nächsten Aufgaben und Pflichten. Aber traurig sind wir schon, dass kein neuer Treffpunkt verabredet wird. Da sagt Christjan: „Habt ihr noch Zeit bis morgen? Ich würde euch gerne noch etwas zeigen. Ich kenne da ein ‚Kleinhäuslerhaus‘, das wäre eine wunderbare Abrundung für unser Buch."

Wir übernachten also nochmals in Meran und folgen wie so viele Male vorher am nächsten Morgen dem graublauen Ford von Christjan. Wieder denke ich mir, warum er nur so langsam dahinzuckelt, aber das kenne ich von vielen Fahrten. Scheint in der Familie zu liegen, denn seine Frau Lotta, immerhin eine schwedische Helikopterpilotin, fährt auch nicht schneller. Es geht hinauf Richtung Meran 2000. Knapp unterhalb von Hafling biegen wir ab in Richtung Vöran. Neben uns verlaufen steile Abhänge bis ins Tal. Christjan setzt plötzlich seinen Blinker nach rechts. Fast unsichtbar windet sich ein steiler Weg hinunter in eine Schlucht. 90 Prozent aller Norddeutschen würden sich hier nie runtertrauen. Wir bleiben mitten im Hang auf einem eingeebneten Parkplatz stehen und steigen aus. Tiefer unter uns liegt, zwischen Bäumen versteckt, ein kleines, verwunschenes Häusel, das mich an Abbildungen in Märchenbüchern erinnert. Ob das das Elternhaus von Hänsel und Gretel ist? Zu Fuß geht's den Wiesenweg hinunter. Da öffnet sich die Tür und mit einem strahlenden Gesicht begrüßt uns eine ältere Dame auf das Herzlichste. „Darf ich euch meine Mutter vorstellen?", fragt der Christjan. „Ich bin die Margit", sagt die Mutter. „Ich hab schon viel von euch gehört, schön dass wir uns endlich kennenlernen."

Wir haben in den Jahren viel von Christjans Leben erfahren, aber so richtig in seine Familienvergangenheit hat er uns nie eindringen lassen. Wir wussten zwar von einem kleinen Haus am Hang mit dem schönen Namen „Taubenwald" und von einer bewegten Familiengeschichte. Dieser Moment der Begrüßung durch seine Mutter und des Einlassens in sein Privatestes war aber ein besonderes Momentum auf unseren gemeinsamen Wegen durch Südtirol. Als wir Margit ins Gesicht blicken, öffnen sich die Herzen. Wir schauen von Lotta zu Christjan und zu seiner Mutter und spüren deren Seelenverwandtschaft und innige Verbundenheit. Lotta und Christjan führen ein aufwendiges und stressiges Leben mit vielen Reisen und monatelangen Trennungen. Doch am Elternhaus, am Ursprung, bei der Mutter, ist alles gut, und die vermeintliche Wichtigkeit des Alltags ist Nebensache.

Hier also ist Christjan reingeboren und aufgewachsen, bis er irgendwann weg ist von diesem steilen, wertlosen Hang, die Enge des Milieus verlassen und sich die Berge der Welt erobert hat. Hier, am Abgrund, kämpfte sich Margit mit ihrer Familie durch ein scheinbar aussichtsloses Leben und strahlt uns nun mit 81 Jahren an, als wäre sie in einem Schloss aufgewachsen. Mit Stolz zeigen uns Margit und Christjan das Haus, er und seine Mutter leben zwar nicht mehr ständig hier, aber alles wird gemeinsam so erhalten und mit Liebe und Leben erfüllt, dass man nie auf die Idee käme, hier wäre niemand zu Hause. Die kleinen, niedrigen Zimmer wirken in ihrem Originalzustand fast wie ein Heimatmuseum. In Margits Schlafzimmer steht noch das alte Ehebett. Der Mann ist vor zwölf Jahren gestorben. Daneben zeigt sie uns den originalen Puppenwagen, selbst die Puppe liegt noch so brav mit großen Augen darin, als würde sie sich wundern, dass sie überlebt hat.

Margit hatte ein aufregendes Leben: Weil sich ihre Mutter wenig um sie kümmerte, nahm sich eine Ziehmutter ihrer an. Diese lebte auf dem kleinen Bauernhof Taubenwald. Im Zuge des faschistischen Irrsinns wurde Margit als 5-jähriges Mädchen dann mit ihrem Vater nach München ausgesiedelt. Kurz vor Kriegsende im April 1945 rafften sie sich auf und fuhren mit dem Rad als Flüchtlinge über Wörgl nach Innsbruck. Dort trafen sie Margits richtige Mutter, die inzwischen nicht mehr mit dem Vater, sondern mit dessen Bruder zusammen war. Trotzdem machten sich alle gemeinsam auf den Weg hinauf zur Grenze am Brenner, sie fielen in die Arme von italienischen Soldaten, die sie glücklicherweise mit zurück in die Heimat nahmen. Zurück in Südtirol, ging Margit zurück hinauf zu ihrer Ziehmutter, nach Taubenwald am Abhang. Es gab nichts außer einer Kuh, Hühnern, Schweinen und dem kleinen Garten, den sie dem Gelände abringen konnten. Damals führten noch kein Weg und keine Straße zum Häusel. Doch der kleine Hof reichte zum Überleben für Margit und all die anderen Ziehkinder, die den Hof bevölkerten. Hier lernte sie Christjans Vater kennen, er war der Neffe der Ziehmutter und hielt sich oft auf dem kleinen Hof der Tante auf.

So kam es also, dass Christjan eine Oma hat, die gar nicht seine richtige Oma ist, sondern seine Großtante. Als Christjan jünger war, mähte er noch eigenhändig mit der Mutter das wenige Gras für die Kuh und entwickelte trotz aller Not eine Liebe für diesen Ort, an dem der Ursprung seines Lebens liegt. Und so spüren Rosi und ich heute noch die Kraft, die von diesem Haus ausgeht. Christjan führt uns die steile Stiege hinauf unters Dach und zeigt uns sein Reich, wo er als Junge unter der engen Dachschräge geschlafen hat und wo heute viel mehr Platz für Lotta und ihn herrscht. Rosi ist begeistert, Betten unter einer Schräge sind ihr Kindheitstraum, weil man sich dort so wunderbar geborgen fühlt.

Wir gehen zurück in die Küche. Margit hantiert am alten Holzherd, denn sie meint, es wird Zeit, uns zu bewirten. Ich schleiche mich hinaus in die Stube und setze mich auf die Eckbank um den weiß geschlemmten Ofen. Es ist, als wäre die Zeit stehen geblieben, eine Zeit, die hart und entbehrlich war. Doch wenn man sich bewusst umsieht, sich die Erinnerungen an den Wänden verinnerlicht und sich vorstellt, was alles in der Zeit passiert ist und welche schönen und unschönen Geschichten hinter jedem Gegenstand stecken, dann wird man von einer wunderbaren inneren Ruhe ergriffen. Wie schön, dass dieses kleine Haus noch heute so viel erzählen kann und wie schön ist es, ihm zuzuhören. Ich fühle den unendlichen Reichtum des Kleinhäuslerhauses, der einem in die Seele schlüpft und einen zufrieden und dankbar macht.

Ein kleines, verwunschenes Häusel

Die ratschen wie die Waschweiber

Der Holzofen in der Küche ist voll auf Temperatur. Ich bekomme zufällig mit, wie Margit der Rosi gesteht, dass sie gestern schon alles einmal vorgekocht hat, damit heute nur ja nichts schiefgehen kann. Au weh, denke ich mir, Wirsingrouladen sind wahrscheinlich ein extrem schwierig zu kochendes Gericht, warum hat sie sich nichts Einfacheres ausgesucht? Ich erinnere mich, dass Rosi mal solche Krautwickerl bei Marianne Herzog, der Frau unseres ehemaligen Bundespräsidenten Roman Herzog, im Schloss Bellevue gekocht hat. Aber zu Hause habe ich sie nie bekommen. Ich nehme mir vor, sehr genau mitzuschreiben. Von Nervosität bei den beiden spüre ich gar nichts. Die ratschen und erzählen wie die Waschweiber, und so erfahre ich auch, dass Margit mit 17 Jahren nach München ging und dort drei Jahre lang zur Krankenschwester ausgebildet wurde.

Im Nu ist das Hackfleisch gewürzt und in die Wirsingblätter gerollt. Viele Notizen habe ich noch nicht gemacht, da kommt neuer Besuch ins Haus, die Küche füllt sich. Martha, die langjährige Freundin vom Nachbarhof, besucht uns und hat ein liebevolles Geschenk für Margit mitgebracht, eine neue Kochschürze. Wie bei einem Kindergeburtstag wird das Geschenk begutachtet, bewundert und anprobiert. Die Freude der Frauen erfüllt den ganzen Raum. Margit und Martha stehen sich in ihren neuen weißen Schürzen gegenüber und begutachten sich wie Claudia Schiffer und Heidi Klum, nur mit dem wesentlichen Unterschied der ungespielten Herzlichkeit. Martha kommt vom Hof oberhalb des „kleinen Hauses" und hat auch für uns ein Geschenk mitgebracht, einen Korb voller Äpfel, die von Bäumen stammen, die ihr Schwiegervater schon vor 50 Jahren angepflanzt hat. Martha ist für die Leberspätzlesuppe zuständig. Mir kommt vor, dass die viel aufwendiger ist als die Krautwickerl, ich bin aber klug genug, das nicht öffentlich zu machen. Lustig ist allerdings, dass Martha die Rosi Mittermaier sehr wohl aus dem Fernsehen kennt: „Die Sängerin, ja die kenn ich ... Ach so die Skifahrerin, ja aber die singt doch auch!" Leider Gottes hat sie auch noch Recht, aber über Jugendsünden reden wir lieber nicht.

Mit ihren 82 Jahren kocht Martha noch regelmäßig für zwölf Personen oben am Hof. Aus diesem Grund steht bald die Suppe am Tisch, wir sitzen eng gedrängt darum herum und als die Krautwickerl in der Reine aus dem Ofen gezogen werden, meinen wir, hier schon lange gelebt zu haben und ein Teil dieser wunderbaren Familie geworden zu sein.

Wieder stehen wir alle zusammen auf einem Parkplatz, der letzte Blick geht hinunter auf das „kleine Haus" mit den bunten Geranien und dem Kruzifix vor dem Eingang. Drei Autos stehen eng nebeneinander und zum Wenden bleibt nicht viel Platz. Wir umarmen uns und jeder steigt in sein Fahrzeug. Auch Margit erklimmt ihre kleine Knutschkugel. Gekonnt legt sie den Rückwärtsgang ein und biegt wie beim Start in Le Mans als Erste ein auf die Straße hinauf nach Vöran. Sie verschwindet bereits hinter der ersten Kurve – ich bin froh, dass wir Allradantrieb haben und ich ihr einigermaßen folgen kann. Rosi bemerkt ängstlich, dass es auf der Beifahrerseite ziemlich weit hinuntergehe und dass ich das Rennen nicht unbedingt gewinnen müsse. Wenig später kommen wir zur ersten Serpentine, aus der Margit bereits mit gutem Vorsprung hinausfährt. Durch die leicht spiegelnden Scheiben erkenne ich das Gesicht von Margit: Es trägt dieses siegessichere, überlegene Lächeln, das ich von den Stenmarks dieser Welt kenne. Ich kann nur hoffen, dass es ihrem Sohn Christjan gilt, der wie gewohnt weit hinter mir langsam nachzuckelt, und nicht dem anderen Christian, der diese Begegnung nie vergessen wird.

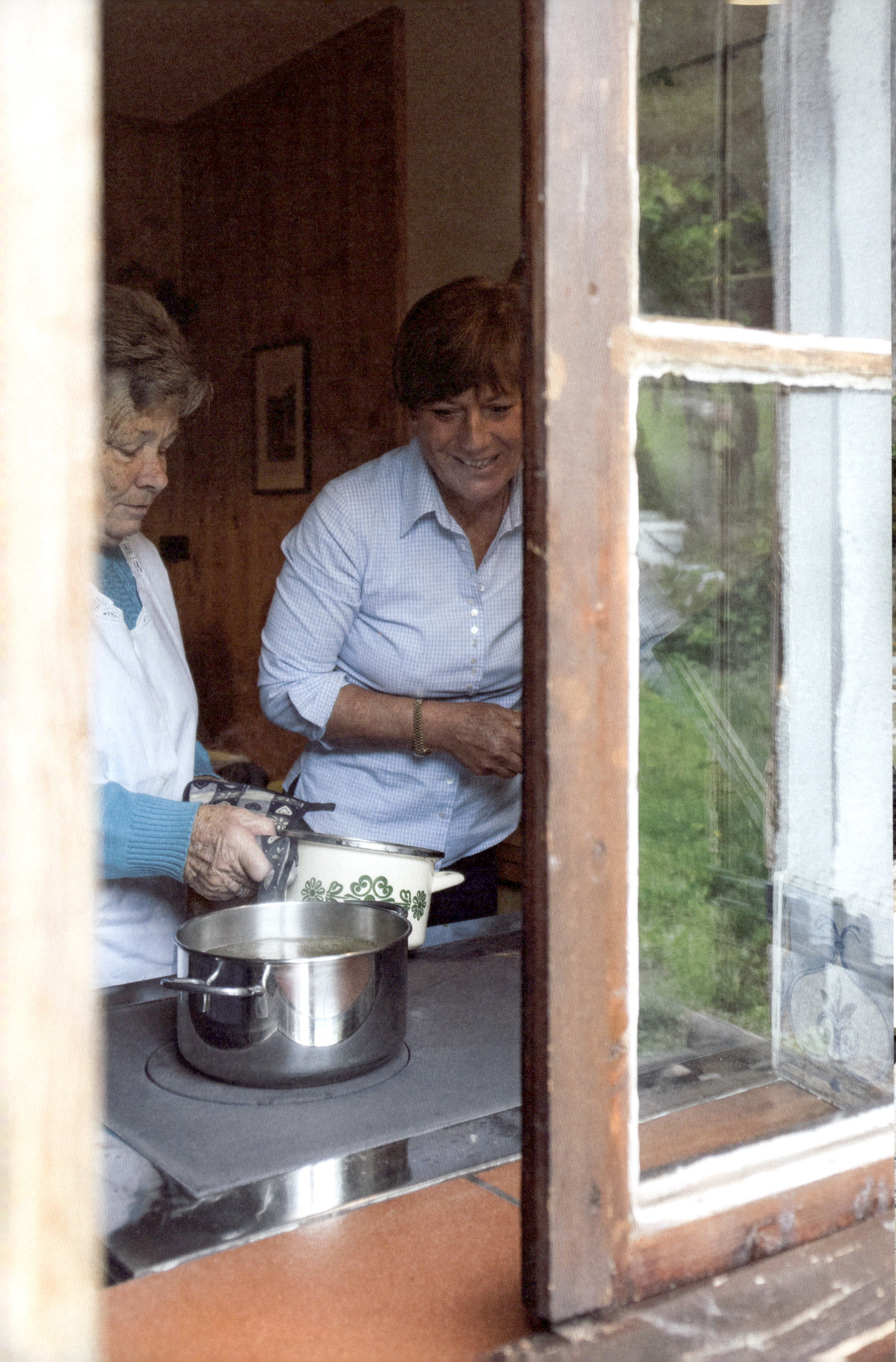

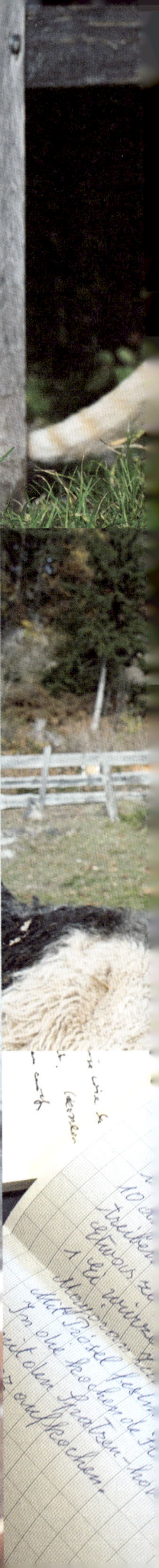

Fast wie
ein Heimat-
museum

Leberspatzl-Suppe

Zutaten

1 Semmel

5 EL Wasser

100 g Leber, fein faschiert

50 g Butter, zerlassen

1 Ei

Salz

Pfeffer

Majoran

½ Zitrone

1 El Semmelbrösel

1 l Fleischsuppe (siehe Seite 99)

Zubereitung

1 Die Semmel in Stücke reißen, in Wasser einweichen, danach Wasser ausdrücken und klein schneiden (wenn möglich faschieren). **2** Die Leber in eine Schüssel geben, die zerlassene Butter und das Ei dazugeben. **3** Mit Salz, Pfeffer und Majoran würzen und etwas Zitronenschale dazugeben. **4** Mit der klein geschnittenen Semmel vermischen, dann auch die Semmelbrösel untermischen, damit die Masse fester wird. **5** Die Fleischsuppe zum Kochen bringen und den Teig mit dem Spatzl-Hobel in die Suppe hobeln. **6** Kurz aufkochen lassen und servieren.

Krautwickel

Zutaten

1 Semmel

3 EL Wasser

½ Zwiebel, klein geschnitten

2 EL Butter oder Öl

600 g Faschiertes (Rind- und Schweinefleisch gemischt)

1 Ei

Salz

Pfeffer

1 Knoblauchzehe, gepresst

Petersilie, gehackt

1 EL Semmelbrösel

1 Weißkrautkopf

8 Scheiben Bauchspeck

¼ l Suppe

Zubereitung

1 Die Semmel mit Wasser einweichen, auspressen und klein schneiden (falls möglich faschieren). **2** Die Zwiebel im Fett anrösten, erkalten lassen. **3** Das Faschierte, Semmel, Zwiebel, Ei, Salz, Pfeffer, Knoblauch, Petersilie und Semmelbrösel gut vermischen. **4** Den Krautkopf von den Außenblättern befreien und den Strunk herausschneiden. **5** In einem großen Topf mit Wasser den ganzen Kopf kochen, bis sich die Blätter ablösen lassen, Blätter dann sofort in kaltes Wasser legen. **6** Die ganz kleinen Blätter aus der Mitte feinnudelig schneiden und in eine gefettete, feuerfeste Form legen. **7** Die großen Krautblätter flach auslegen, eventuell den mittleren, weißen Rippenansatz mit einem scharfen Messer abflachen, mit Salz und Pfeffer würzen. **8** Faschiertes zu so vielen Rollen formen, wie Krautblätter vorhanden sind, auf die Krautblätter legen und einrollen, dabei die Enden der Blätter umbiegen und mit einrollen. **9** Wer will, kann sie mit Küchengarn zubinden, sie halten aber normalerweise auch so. **10** Die Krautrollen in die feuerfeste Form, auf das geschnittene Kraut legen, mit Speckscheiben belegen, mit Suppe untergießen und im vorgeheizten Backrohr bei 200 °C Unter- und Oberhitze ca. 30 Minuten garen.

Variante: Statt Weißkohl kann auch Wirsing verwendet werden.

Rosis Fleischpflanzl

Zutaten

3 Semmeln (ca. 3 Tage alt)

250 ml Wasser

1 Zwiebel

1 EL Petersilie, gehackt

20 g Butter

1 Knoblauchzehe

400 g gemischtes Hackfleisch

1 Ei

Salz

Pfeffer

Majoran

Muskat

Öl zum Braten

Zubereitung

1 Semmeln in Würfel aufschneiden und in Wasser einweichen. **2** Zwiebel in kleine Würfel schneiden, mit Petersilie in Butter andünsten und die Knoblauchzehe dazupressen. **3** Semmeln ausdrücken und mit den Zwiebeln, dem Hackfleisch und dem Ei zu einem glatten Teig verarbeiten. **4** Mit Salz, Pfeffer, Majoran und Muskat abschmecken. **5** Pflanzl (Laibchen) formen und in heißem Öl von beiden Seiten braten.

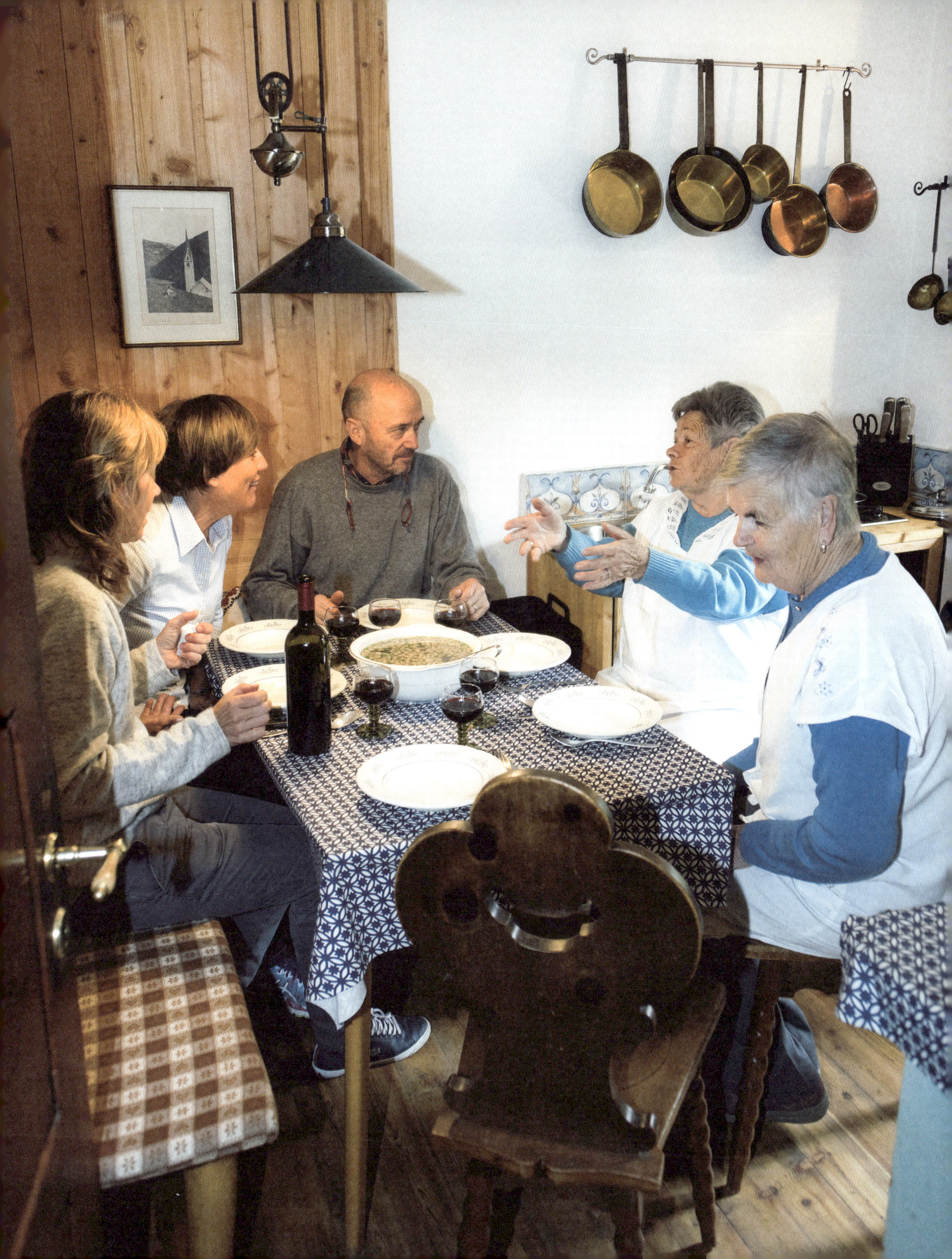

Rezeptverzeichnis

Suppen

Ladinische Bohnensuppe mit Knödeln	98
Leberspatzl-Suppe	240
Rosis Biersuppe	152
Rosis Fleischsuppe	99
Rosis Schwarzwurzelsuppe	231
Saure Suppe	164

Kalte Vorspeisen

Rosis Obazda	41
Ziegenfrischkäse mit selbstgebackenem Roggenbrot	40

Warme Vorspeisen

Basilikumravioli	230
Brioler Topfennocken mit Bergkräutern	86
Pressknödel mit Ahrntaler Graukäse	50
Rosis Pressknödel mit Varianten	50
Rosis Reiberdatschi	109
Rote-Bete-Spatzln mit Bergkäse	30
Schlutzkrapfen	108
„Schworzplentene" Knödel	192
Speckknödel	62
Südtiroler Krapfen	126

Hauptspeisen

Gemüsegröstl mit Kräuterpesto	142
Krautwickel	241
Marinierte Bachforelle	117
Polenta	152
Rindsgulasch	62
Rosis Fleischpflanzl	242
Rosis Reisauflauf mit Äpfeln	206
Rosis Wildgulasch	177
Schöpsernes Bauernbratl mit Kartoffeln	218
Schweinsbraten mit Kartoffeln	74
Südtiroler „Muas"	204

Beilagen

Eingeweckte Rote Bete	117
Gedünstetes Weißkraut	74
Polenta	152
Roggenbrot	40
Rosis Breznknödel	63
Rosis Kartoffelknödel halb und halb	178
Rosis Kartoffelsalat	75
Rosis Speck-Krautsalat	192
Rosis Steinpilze	86
Semmelknödel	98
Speckknödel	62
Speck-Kopfsalat	63

Nachspeisen

Karamellisierter Kaiserschmarrn mit glasierten Apfelperlen	118
Marillenknödel	164
Rosis Apfelmus	167
Rosis Apfelstrudel	18
Rosis „Arme-Leute-Schmarrn"	119
Rosis ausgezogene Schmalznudeln	219
Rosis Bayerische Creme	130
Rosis Blaubeerdatschi	30
Rosis Dampfnudeln	166
Rosis Hollermus	130
Rosis Ingwer-Ananas-Smoothie	143
Rosis Johi-Gelee	207
Rosis Rote-Herzen-für-die-Liebe-Smoothie	143
Rosis Vanillesoße	167
Schnalser Schneemilch	176
Südtiroler Apfelstrudel aus Mürbteig	16
Südtiroler Krapfen	126

Glossar

Dampfl: Vorteig
Faschiertes: Hackfleisch
Fatsch: Ledergürtel der Tracht, auch Verband / Mullbinde
Flaschlen: Fläschchen
Fockn: Schweine
Germ: Hefe
Gitsch: Mädchen
Grantn: Preiselbeeren
Hirtenbua: Hirtenjunge
Jangger: Strickjacke
Holzschachtelen: kleine Schachteln / Schatullen aus Holz
Keschtn: Kastanien
Kloatzn: getrocknete Birnen, auch getrocknete Pflaumen
Kommerfenschter: Zimmerfenster
Kraxen: Hosenträger der Tracht, auch Rückentragkorb
Kuhschellen: Kuhglocken
Muas: wörtl. Mus, traditionelles Südtiroler Gericht
Murmelen: Murmeltiere
Pignoli: Pinienkerne
Piselen: Küken
Plent: Polenta
Rohnen: Rote Bete
Schnolser: Schnalser
Schworzplenten: Buchweizen
Sgombro: Makrelen (ital. *filetti di sgombro*)
Spatzln: Spätzle
stollelen: nach Stall riechen
Suse / Suser, auch „Neuer": Wein vor der Gärung
Tirgg: Mais
Topfen: Quark
Tschurtschen: Zapfen von Nadelbäumen
Vinschgerle / Paarl: traditionelles, dunkles Brot
Weimerlen: Rosinen
zufleiß: erst recht / absichtlich

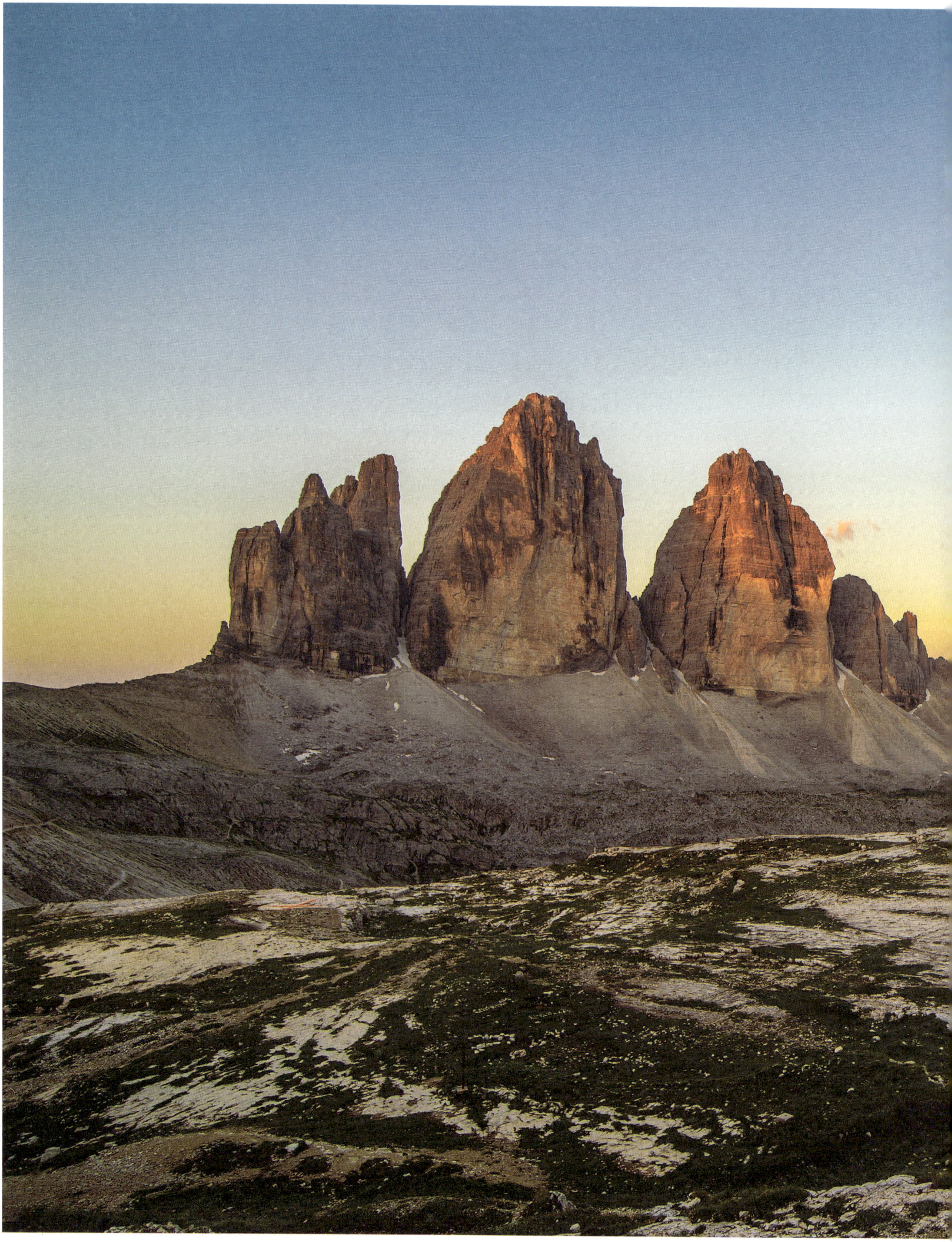

Genussregion Hochpustertal inmitten der Dolomiten

Mitten im UNESCO Welterbe der majestätischen Dolomiten gelegen, verbindet das Hochpustertal mit den Orten Sexten, Innichen, Toblach, Niederdorf und Prags Südtiroler Tradition und atemberaubende Naturlandschaften. Vor der imposanten Kulisse der Drei Zinnen – dem Wahrzeichen der Region – eröffnet sich dem Wanderer ein wahres Naturerlebnis. Panoramareiche Hochplateaus, kristallklare Bergseen wie der Pragser Wildsee und die zahlreichen gemütlichen Hütten mit ihren kulinarischen Schmankerln machen die Region im Sommer zu einem wahren Mekka für Wanderer, Spaziergänger und Radfahrer. Im Winter lockt die Region als tief verschneites Langlaufziel und Paradies für Skifahrer.

Das Südtiroler Hochpustertal ist aber nicht nur für seine atemberaubende Natur und spektakulären Bergpanoramen bekannt, sondern auch für seine vielseitige Küche, die mit zahlreichen köstlichen Spezialitäten aufwartet.
Im Hochpustertal treffen alpine und mediterrane Einflüsse nicht nur kulturell, sondern auch kulinarisch aufeinander und verbinden auf ganz eigene Weise herzhafte und leichte Küche. Besonderer Wert wird bei allen Gaumenfreuden auf hochwertige Zutaten gelegt, die im Hochpustertal angebaut werden. Von den verschiedensten Obst- und Gemüsesorten über Milchprodukte, Fleisch und Mehl für Teiggerichte – für die Zubereitung der Spezialitäten wird größtenteils auf einheimische Produkte zurückgegriffen. Die Gäste können die Köstlichkeiten in den vielen gemütlichen Restaurants und Hütten des Hochpustertals genießen und die Rezepte anschließend gleich selbst ausprobieren.

Tourismusverband Hochpustertal
Tel: +39 0474 913156
info@hochpustertal.info
www.hochpustertal.info

Abkürzungen

g	Gramm
kg	Kilogramm
ml	Milliliter
l	Liter
Msp.	Messerspitze
TL	Teelöffel
EL	Esslöffel
Pkg.	Packung

Alle Rezepte sind für vier Personen. Der Verlag erstellte dieses Kochbuch mit größtmöglicher Sorgfalt. Für dennoch vorhandene Fehler kann keine Haftung übernommen werden. Kritik und Anregungen sind erwünscht.

Impressum

© Edition Raetia, Bozen
1. Auflage, 2016

Redaktionelle Mitarbeit: Lenz Koppelstätter, Magdalena Grüner, Eva Simeaner
Korrektur: Ex Libris Genossenschaft, Bozen
Grafik: Philipp Putzer, www.farbfabrik.it
Fotos: Christjan Ladurner, Christian Neureuther
Zeichnungen: Rosi Mittermaier
Coverbild: Arik Oberrauch
Druckvorstufe: Typoplus, Frangart
Printed in Europe

ISBN: 978-88-7283-555-5
Dieses Buch ist auch als E-Book erhältlich.

Wir bedanken uns beim Tourismusverband Hochpustertal für die freundliche Unterstützung.

Unser Gesamtprogramm finden Sie unter www.raetia.com
Für Fragen und Anregungen wenden Sie sich bitte an info@raetia.com